中級トルコ語
読解と応用作文

勝田　茂　著

東京 **大学書林** 発行

Orta Seviye Türkçe
Okuma ve Uygulamalı Cümleler

Şigeru KATSUDA

DAİGAKUŞORİN KİTABEVİ
TOKYO

はじめに

　本書はトルコ語の初級を終えた学習者を対象に、その読解力と発信力を養成するために編集された教本です。読解力と発信力は密接に関連しており、私たちは多くの場合、「読解」を通して文法や語彙の知識を蓄積し、「発信」のパターンを習得してゆくといえます。この両者をリンクさせ、とりわけ「発信力」の習得に力点を置いたのが本書の基本的なねらいでもあります。

　「読解」のためのテキストは、『初等教育トルコ語教科書1-8』(Mevlüt Güden v.d.; *İlköğretim Türkçe Ders Kitabı 1-8*, Devlet Kitapları, Eskişehir, 1999) を利用しました。同教科書は、トルコ共和国において1997年度に5年制から8年制へと制度改革が行われた義務教育を反映して新たに編纂されたものです。

　本書では、学習者がテキストを読解するうえでの負担を極力軽減するために「語句と解説」で基本語彙の日本語訳を提示しました。これによって学習者は辞書の助けを借りずにテキスト内容をより一層容易に把握できることでしょう。「発信」のための「例文」は、すべて上記テキストから抽出されたものなので、文章の自然な流れを十分反映しています。したがって、私たちはこれに習熟することによって「何となく発信できる」から「自信をもってより自然で正確に発信できる」ための手段を獲得できるでしょう。

　本書で使用される「構文」ともいうべき「例文」は合計159パターンあり、各パターンには練習問題が2問ずつ付されています。この159パターンを何度も反芻して確実に習得してもらえば、発信力が飛躍的に伸びるものと確信しています。もちろんこの159パターンでトルコ語の全てのパターンおよび熟語がカバーされているわけではありません。したがって、トルコ語学習においてこれ以外にも新たなパターンや熟語に出会ったおりには、今度は自分だけの「発信用例文パターン集」を作成していただきたい。そしてそういった取り組みが学習者のトルコ語のさらなる発展へとつながれば、筆者としては望外の喜びです。

　本書を執筆する際に練習問題の作成等で、大阪外国語大学トルコ語専攻の

同僚 A.Kâmil TOPLAMAOĞLU 氏およびアンカラ大学トルコ言語・文学学科の友人 Ahmet ÖZPAY 氏から貴重な助言を得ました。ここに記して両氏に感謝の意を表します。

　ところで、本書の大部分は2003年度に大阪外国語大学「世界を学ぶオリジナル語学教材開発シリーズ」プロジェクト（代表：橋本勝 教授）の企画として出版されたものです。今回の出版に際して快く許可を与えられた同プロジェクト委員会に対して謝意を表します。今回は独習者の立場を念頭におき、次の項目をつけ加えました；1) 講読テキスト部分の全訳、2) 練習問題の解答例、3) テキスト本文および練習問題ヒントの全語彙を収めた語彙集、4) 同語彙集に基づく語彙頻度リスト。このような形がみなさんのトルコ語独習にささやかながら手助けになっていれば大変うれしく思います。最後に、いつもながら格別のご配慮をいただいた大学書林社長佐藤政人氏に心よりお礼申し上げます。

2006年11月

筆者

Önsöz

Bu kitap temel seviyede Türkçeyi almış öğrenciler için okuma ve ifade güçlerini kuvvetlendirmek amacıyla hazırlanmış bir ders kitabıdır. Okuma yeteneği ve ifade yeteneği, birbiriyle çok sıkı şekilde bağlıdır ve biz çoğu zaman, denilebilir ki "okuma" yoluyla gramer ve sözcük bilgisini artırarak "ifade" için gerekli cümle kalıplarını kendimize mal ederiz. Bu ikisini birbiriyle birleştirip, özellikle "ifade gücüne" hakim olmaya önem vermek, bu kitabın temel amaçlarından biridir.

"Okuma" kısmı için metinlerde, Türkçe ders kitaplarından (Mevlüt Güden v.d.; *İlköğretim Türkçe Ders Kitabı 1-8*, Devlet Kitapları, Eskişehir, 1999) yararlanılmıştır. Adı geçen ders kitapları, Türkiye Cumhuriyeti'nde 1997 öğretim yılında 5 yıldan 8 yıla değiştirilen zorunlu eğitim sistemini yansıtarak yeniden hazırlanmıştır.

Bu kitapta, öğrencilerin metinleri okurken yüklerini mümkün olduğu kadar hafifletmek için "sözcük ve açıklama" kısmında temel sözcüklerin Japoncası verilmektedir. Bu şekilde öğrenciler sözlük kullanmadan metinleri daha kolay kavrayabilirler. "İfade" için gösterilen "örnek cümleler"in tamamı yukarıda adı geçen kitaplardaki metinlerden alınmıştır ve dolayısıyla yazıların doğal akımlarını yeterince yansıtmaktadır. Bu yüzden biz bunlara hakim olmak yoluyla "herhangi bir şekilde ifade etmek"ten "kendimize güvenerek daha doğal ve doğru ifade edebilme" yollarını kazanabiliriz.

Bu kitapta kullanılan "cümle kalıpları" diyebileceğimiz "örnek cümleler" toplam olarak 159 kalıp bulunmaktadır ve her kalıp için 2'şer alıştırma sorusu eklenmiştir. Bu 159 cümle kalıbını defalarca tekrarlayıp tam anlamıyla kendinize mal edebilirseniz ifade gücünüzün inanılmaz ölçüde gelişeceğinden eminim. Elbette ki bu 159 kalıp, Türkçe'deki tüm kalıp ve deyimleri içermemektedir. Bu yüzden Türkçe çalışmalarınızda bundan başka yeni Türkçe kalıp ve deyimler ile karşılaştığınız zaman kendinize ait "ifade için faydalı cümle kalıpları"nı hazırlamaya çalışmanızı istemekteyim. Ve bu türlü girişiminiz de Türkçenizin daha da gelişmesini sağlarsa yazarın sevinci umduğundan çok fazla olacaktır.

Bu kitabı yazarken alıştırma sorularının hazırlanması gibi konularda Osaka Yabancı Diller Üniversitesi Türkçe Anabilim Dalından meslektaşım A. Kâmil TOPLAMAOĞLU ve Ankara Üniversitesi Türk Dili ve Edebiyatı Bölümünden arkadaşım Ahmet ÖZPAY'dan değerli bilgiler aldım. Kendilerine tekrar şükranlarımı sunarım.

Ayrıca bu kitabın büyük kısmı 2003 yılında Osaka Yabancı Diller Üniversitesi "Dünyayı öğrenmek için orijinal ders kitapları serisi" projesi (Başkan: Prof. Masaru Haşimoto) tarafından yayımlanmıştı. Bu seferki yayıma izin verdiği için adı geçen proje komitesine teşekkür ederim. Bu sefer kendi kendine Türkçe öğrenemeye çalışanların durumunu göz önünde tutarak şu konuları ekledim; 1) okuma metinlerinin tercümeleri, 2) alıştırmaların örnek cevapları, 3) metinlerde ve alıştırma bölümlerindeki ipuçlarında geçen tüm sözcükleri içeren bir sözlükçe, ve 4) buna dayalı olarak sözcüklerin kullanılma sıklığını gösteren bir liste. Bu şekilde tek başına Türkçe çalışmalarınızda benim de tuzum bulunursa, çok sevinirim. Burada satırlarıma son verirken her zamanki gibi bana özel ilgi ve anlayış gösteren Daigaku Şorin Kitabevi'nin sahibi Sayın Masato Sato'ya candan teşekkür ederim.

Kasım 2006
Şigeru KATSUDA

目　次

はじめに ……………………………………………………………………………… i

Önsöz ………………………………………………………………………………… iii

第1課＜1. Ders＞：Doğuran Kazan ……………………………………………… 2
　［構文］1．〜するとき（-irken）
　　　　　2．〜であるのを信じていながらどうして（-diğine inanıyorsun da neden）
　　　　　3．「・・・」と尋ねる/答える（... diye sor-/... diye yanıt ver-）

第2課＜2. Ders＞：Rüzgâr ile Güneş ……………………………………………… 4
　［構文］1．Xには・・・は無理だ（X'in güc* yetmez）
　　　　　2．〜のどちらが/〜の誰が（hangi*）
　　　　　3．〜すればするほどますます（-dikçe daha da）

第3課＜3. Ders＞：Diş Doktoru …………………………………………………… 6
　［構文］1．〜しなければならない（-mesi gerektir）
　　　　　2．〜して（-ince）
　　　　　3．〜する必要がないことがわかる（-mesinin gereksiz olduğunu anla-）

第4課＜4. Ders＞：Bir Kaza ………………………………………………………… 8
　［構文］1．〜することになった（-ecekti）
　　　　　2．〜しなければならなかった（-mek zorundaydı）
　　　　　3．〜する/したのを見る（-diğini gör-）

第5課＜5. Ders＞：Bayramlarımız ………………………………………………… 10
　［構文］1．Xの準備をする（X hazırlığı yap-）
　　　　　2．〜を忘れないようにしましょう（-i unutmayalım）
　　　　　3．あと2つX（iki X daha）

第6課＜6. Ders＞：Karga ile Koyun ……………………………………………… 12
　［構文］1．ほどなくして（çok geçmeden）
　　　　　2．力が及ばなかった＝できなかった（güc* yetmedi＝-emedi）
　　　　　3．〜しようとして・・・を失う（-mek isterken ... -den ol-）

第7課＜7. Ders＞：Okulun Açıldığı Gün ································14
　［構文］1. ～する必要はない（-me*e gerek yok）
　　　　2. Xが・・・するのを願う（X'in -mesini dile-）
　　　　3. ～のあまり今にも・・・しそうになった（-den -ecek gibi oldum）

第8課＜8. Ders 1＞：Okul Yıllarım (1) ································16
　［構文］1. 私はうっかり～してしまった（-mişim）
　　　　2. どのように～したか覚えている（nasıl -diğ*i anımsa-）
　　　　3. 最初～した（Önce....）。そのあとは～した（Sonra da ....）

　　　＜8. Ders 2＞：Okul Yıllarım (2) ································18
　［構文］1. ～から遠ざかっている（-den uzak kal-）
　　　　2. ～することが適切とみなされた（-me* uygun görüldü）
　　　　3. ～としよう（～ olsun）

第9課＜9. Ders 1＞：Mektup (1) ································20
　［構文］1. （できたら）～したい／～してもらいたい（-mek/me*i isterdim）
　　　　2. ああ、～していればよかった（Keşke -seydi）
　　　　3. Xはと言えば（X'e gelince）

　　　＜9. Ders 2＞：Mektup (2) ································22
　［構文］1. 私たちの～人は・・・（-miz）
　　　　2. （いつの間にか）～する時間になっていた（-me zamanı gelmiş）
　　　　3. Xへ赴くことがある（yol* X'e düş-）

第10課＜10. Ders 1＞：Cansu'nun Yeni Arkadaşları (1) ················24
　［構文］1. （彼らが）～したX（-dikleri X）
　　　　2. ～まで（-e kadar）
　　　　3. ～できなかったとき、・・・だと思った（-emeyince -diğini düşün-）

　　　＜10. Ders 2＞：Cansu'nun Yeni Arkadaşları (2) ················26
　［構文］1. Xのあまり・・・できなかった（X'den -emedi）
　　　　2. ～したこと／～することを恥じる（-diği*den/-mekten utan-）
　　　　3. Xに従うと約束する（X'e uyacağı*a söz ver-）

第11課＜11. Ders 1＞：Örnek Davranış (1) ································28
　［構文］1. ～するかのように（-ir/-ercesine）
　　　　2. ～しようとしているのを見る（-meye çalıştığını gör-）
　　　　3. ～しないように・・・した（-memesi için yap-）

— vi —

　　　　　＜11. Ders 2＞ : Örnek Davranış (2) ················30
［構文］1. ～したとき、～した様々なことを話す (-diğinde -diklerini anlat-)
　　　　2. ～したがっていることにXは慌てふためく
　　　　　　(-mek istemesi X-i telâşlandır-)
　　　　3. もし～ならば・・・してはならない (Eğer -iyorsan -memelisin)

第12課＜12. Ders 1＞ : Kim Haklı? (1) ················32
［構文］1. ～したXの一部 (-diği* X'in bir kısmı)
　　　　2. Xの全てが・・・であることを告げる (-X'in hepsinin ... olduğunu söyle-)
　　　　3. ～しているそうだが、それは本当か？ (-iyormuşsun, doğru mu?)

　　　　　＜12. Ders 2＞ : Kim Haklı? (2) ················34
［構文］1. ずっと前から (çoktandır)
　　　　2. Xを断念する (X'den vazgeç-)
　　　　3. 明らかになる (ortaya çık-)

第13課＜13. Ders 1＞ : Turizm (1) ················36
［構文］1. Xを重視する (X'e önem ver-)
　　　　2. Xで囲まれた (X ile çevrili)
　　　　3. ～をXの状態にする (-i X haline getir-)

　　　　　＜13. Ders 2＞ : Turizm (2) ················38
［構文］1. Xの関心を引く (X'in ilgi*i çek-)
　　　　2. Xを一番幸せな気分にするものはそれです (X'i en mutlu eden budur)
　　　　3. Xに貢献する (X'e katkıda bulun-)

第14課＜14. Ders 1＞ : Trafik Haftası (1) ················40
［構文］1. Xに関する・・・(X ile ilgili ...)
　　　　2. Xが～しないYはない (X'in -mediği Y yoktur)
　　　　3. ～するためにXに課された義務 (-mek için X'e düşen görev)

　　　　　＜14. Ders 2＞ : Trafik Haftası (2) ················42
［構文］1. Xが～するのを待つ (X'in -mesini bekle-)
　　　　2. ～することがある (-ebilir)
　　　　3. いろいろ～してくれたことで私は嬉しくなった
　　　　　　(-dikler* beni sevindirdi)

第15課＜15. Ders 1＞：Doğayı Kirletmeyelim (1) ……………44
　［構文］1．～して以来・・・になる（... dir -iyor）
　　　　2．Xのもの（X'e ait）
　　　　3．Xを処分/廃棄する（X'i yok et-）

　　　＜15. Ders 2＞：Doğayı Kirletmeyelim (2) ……………46
　［構文］1．～からXメートルほど遠くまで（-in X metre kadar uzağına）
　　　　2．～しながら（-irken）
　　　　3．一番いいことは～することだ（en iyisi -mektir/-me*dir）

第16課＜16. Ders 1＞：Tarihimiz ve Türkçemiz (1) ……………48
　［構文］1．Xを所有している（X'e sahiptir）
　　　　2．およそX年前の・・・（yaklaşık X yıl önceki ...）
　　　　3．Xのおかげで（X sayesinde）

　　　＜16. Ders 2＞：Tarihimiz ve Türkçemiz (2) ……………50
　［構文］1．Xがどのように～したのかに関して（X'in nasıl -diği hakkında）
　　　　2．やっと～できる（ancak -eþilir）
　　　　3．Xが～されるように（X'in -ilmesi için）

第17課＜17. Ders 1＞：Dünyamızı Sevelim (1) ……………52
　［構文］1．Xを支配する（X'e egemen ol-）
　　　　2．Xに直面している（X ile karşı karşıya）
　　　　3．今にも～しそうだ（-mek üzeredir）

　　　＜17. Ders 2＞：Dünyamızı Sevelim (2) ……………54
　［構文］1．最も～なXの一つ（en ～ X-lerden biri）
　　　　2．～することは・・・することと同義（-mek ... -mekle eş anlama gel-）
　　　　3．Xをめざして協力する（X için el ele ver-）

第18課＜18. Ders 1＞：Güzel Sanatlar (1) ……………56
　［構文］1．XはYで成り立つ（X Y ile olabilir）
　　　　2．XをYと呼ぶ（X'e Y de-）
　　　　3．Xなしでは～しえないだろうと思う（X'siz -emeyeceğini düşün-）

　　　＜18. Ders 2＞：Güzel Sanatlar (2) ……………58
　［構文］1．たとえそれがどこからのものであろうとも（... nereden olursa olsun）
　　　　2．Xが～したあと（X -dikten sonra）
　　　　3．みんな～になれるかもしれないが・・・になれるとは限らない
　　　　　（hepiniz ～ olabirsiniz ama ... olamazsınız）

第19課 <19. Ders 1> : Dilek'in Hastalığı (1) ·············60
［構文］1. Xを訪問したとき (X'i ziyarete gittiği*de)
　　　2. Xとの〜から・・・であることがわかる (X ile olan 〜den ... anla-)
　　　3. Xを次から次へと食べる (X'den bir ye-, bir ye-)

<19. Ders 2> : Dilek'in Hastalığı (2) ·············62
［構文］1. Xは重要視されない (X önemsenme-)
　　　2. 〜の結果 (X sonucu)
　　　3. 〜しないでは・・・しない (-meden ... yapma-)

第20課 <20. Ders 1> : Kar Tanesinin Serüveni (1) ·············64
［構文］1. 手をXの下に差し出す (elini X'in altına tut-)
　　　2. 聞きなさい、・・・話してあげるから (dinle de anlatayım)
　　　3. 2、3ヵ月前までは (birkaç ay öncesine kadar)

<20. Ders 2> : Kar Tanesinin Serüveni (2) ·············66
［構文］1. XはYが〜するのを妨げる (X Y'in -mesini önle-)
　　　2. Xを叶える/果たす (X'i yerine getir-)
　　　3. 一瞬のうちに〜する (-iver-)

第21課 <21. Ders 1> : Yurt Sevgisi (1) ·············68
［構文］1. 他のいかなるXにも似ていないY (başka hiçbir X'e benzemeyen Y)
　　　2. 自ら/勝手に/独力で (kendi kendi*e)
　　　3. 入ったり出たりして楽しんでいるようだ
　　　　 (girip çıkmakla eğleniyor gibi görün-)

<21. Ders 2> : Yurt Sevgisi (2) ·············70
［構文］1. 任意のX、たとえばY (rasgele X, örneğin Y)
　　　2. 〜したとき、見慣れていないXが見える
　　　　 (-diği* zaman alışık olmadığı* Y'i gör-)
　　　3. 全く違ったX (bambaşka bir X)

第22課 <22. Ders 1> : Okuma ve Biz (1) ·············72
［構文］1. XをYとみなす (X'i Y yerine koy-)
　　　2. 〜するだけでなく・・・もする (hem yapar hem de yapar)
　　　3. XはYと関係している (X Y'e bağlıdır)

<22. Ders 2> : Okuma ve Biz (2) ·················74
[構文] 1. 〜することは・・・することを意味する（〜-mek ... -mek demektir）
　　　 2. Xに〜年を費やしたが、それでも（X'e 〜 yılımı verdim, gene de）
　　　 3. XとYの間に橋をかける（X ile Y arasında bir köprü kur-）

第23課 <23. Ders 1> : Bilim Yolu (1) ·················76
[構文] 1. Xが〜されるのはほとんど不可能
　　　　　（X'in -ilmesi hemen hemen olanaksız）
　　　 2. Xが〜した理由は以下の通り（X'in -mesinin nedeni şudur）
　　　 3. Xを引き起こす/Xの原因となる（X'e neden ol-）

<23. Ders 2> : Bilim Yolu (2) ·················78
[構文] 1. 多数のX＜単数名詞＞（çok sayıda X）
　　　 2. まず最初にパッと思い浮かぶ（ilk anda akla geliver-）
　　　 3. （その）Xが狭い人たちが〜したY（X'i sınırlı kişilerin -diği Y）

第24課 <24. Ders 1> : Annem (1) ·················80
[構文] 1. XのYは一つもなかった（X'in hiç Y'i yoktu）
　　　 2. 写真を撮らせる/撮ってもらう（resim çektir-）
　　　 3. Xをやめる（X'i bırak-）

<24. Ders 2> : Annem (2) ·················82
[構文] 1. 〜する方法＜複数形＞を探す（-menin yollarını ara-）
　　　 2. 〜するつもりはなかった（-ecek değildim）
　　　 3. XはYのおかげです（X'i Y'e borçlu）

第25課 <25. Ders 1> : Hiroşimalar Olmasın (1) ·················84
[構文] 1. ＜時刻が＞〜になったとき（saat 〜 olduğunda）
　　　 2. X年Y月Z日午前α時β分に（X yılının Z Y günü, sabahın α. β'inde）
　　　 3. Xの写真を撮る（X'in resmini çek-）

<25. Ders 2> : Hiroşimalar Olmasın (2) ·················86
[構文] 1. いかなる/何らかのX（herhangi bir X）
　　　 2. （その）終わりのないX（sonu gelmeyen X）
　　　 3. それはあってほしくないと言われた（-mesin dendi）

第26課 <26. Ders 1> : İşitmek ve Dinlemek (1) ･･････････88
［構文］1. そうとは気づかずに（farkında olmadan）
2. ～していないと、はたして言えるだろうか？
(-miyorum, diyebilir miyim acaba?)
3. 私の頭はXのことでいっぱいだった（kafam X ile meşguldü）

<26. Ders 2> : İşitmek ve Dinlemek (2) ･･････････90
［構文］1. 見つけて連れて来たようだった（bulmuşlar ve getirmişler）
2. Xに～させたと思った（X'e -dirdiği*i san-）
3. 私たちのかなり多くの者にとってXを必要とする
(pek çoğumuz için X gerektir-)

第27課 <27. Ders 1> : Zeynep'e Mektup (1) ･･････････92
［構文］1. 1日おきにXが～するのにYは驚くでしょう
(1 gün arayla X'in -me*e şaşacak)
2. Xに賛成する（X'e katıl-）
3. まだ～したばかりです（daha yeni -di）

<27. Ders 2> : Zeynep'e Mektup (2) ･･････････94
［構文］1. どう思いますか？ ～しましょうか？（ne dersin? -elim mi?）
2. Xが～するまでごくわずかになった（X'in -mesine çok az kaldı）
3. ～できなかったら・・・したことを誰にも言わないで
(-emezsek, -diği*i kimseye söyleme-)

第28課 <28. Ders 1> : Kitaba Hürmet (1) ･･････････96
［構文］1. ～するのが好きでなかったら・・・しなかったでしょう
(-meyi sevmeseydiniz ... -mezdiniz)
2. ～するのは・・・しないのとほとんど同じです
(-mek hemen hemen hiç -memekle birdir)
3. XをYになるように誘う（X'i Y olmaya davet et-）

<28. Ders 2> : Kitaba Hürmet (2) ･･････････98
［構文］1. （その）XがYの関心をくようなZ（X'i Y'i ilgilendirecek Z）
2. Xに涙を流し、Yで喜ぶ（X'e ağla-, Y ile sevin-）
3. よく～する人は決して孤独にならない（çok -en insan yalnız kalmaz）

— xi —

第29課 <29. Ders 1> : Konuşma ve Hoşgörü (1) ················100
［構文］1. 他人のXを〜しないままどうして・・・できよう？
　　　　　(Başkasının X'ini -meden neden -edelim?)
　　　　2. 少しなりとも〜の部分がないのか、Xには？
　　　　　(Biraz olsun 〜 payı yok mudur X'de ?)
　　　　3. 相手のXも聴いて下さい（karşı tarafın X'ini dinleyiniz）
　　　<29. Ders 2> : Konuşma ve Hoşgörü (2) ················102
［構文］1. Xに従って〜しなさい、Yにとらわれてではなくて
　　　　　(X'e uyarak -yapınız, Y'e kapılarak değil)
　　　　2. Xにとらわれてもう Y を〜することもないでしょう
　　　　　(X'e kapılarak, artık -meyeceksiniz)
　　　　3. 〜するのに苦労しないでしょう
　　　　　(-mek konusunda zorluk çekmeyecek)
第30課 <30. Ders 1> : Bir Günüm (1) ····················104
［構文］1. Xをさっと〜しましょう、いいですね
　　　　　(X'i şöyle bir -edelim, bir fikriniz olsun)
　　　　2. XをYより好きだと思います（sanırım X'i Y'e yeğliyorum）
　　　　3. 並んでいた（yan yanaydı）
　　　<30. Ders 2> : Bir Günüm (2) ····················106
［構文］1. もう〜するのはうんざりだ（artık -mekten bıktım）
　　　　2. どうやらXとさらにYでZは辛抱できなくなったようだ
　　　　　(X ve Y Z'in sabrını taşırmıştı anlaşılan)
　　　　3. とても・・・だったので夕方は〜して過ごす
　　　　　(öylesine ... idi ki akşamı 〜-erek geçir-)

解答例 ··108

語彙集 ··162

　　［付録］<頻度順語彙リスト> ·······················227

中級トルコ語
読解と応用作文

Birinci Ders   1.

1. Doğuran Kazan

Hoca, bir gün komşusundan ödünç bir kazan istemiş. Kazanı birkaç gün kullanmış. Geri verirken içine bir tencere yerleştirmiş.

— Bu ne? diyen komşusuna,

— Senin kazan doğurdu, diye yanıt vermiş.

5　Hoca, birkaç gün sonra komşusundan yine kazanı istemiş. Komşusu kazanı sevinçle vermiş.

Aradan uzun bir süre geçmiş. Ama Hoca, kazanı geri getirmemiş. Merak edip kazanı soran komşusuna:

— Senin kazan öldü, demiş.

10　Buna çok şaşıran komşusu:

— Aman Hoca'm, kazan ölür mü? diye sormuş. Hoca hiç düşünmeden yanıtını vermiş:

— Kazanın doğurduğuna inanıyorsun da öldüğüne neden inanmıyorsun? demiş.　　　　　　　　　　　　　　　　[83語]

(İbrahim Z.BURDURLU: *Ömürsün Nasrettin Hoca*/*TDK 1:24-25)

語句と解説

doğur-(ur) 生む、産む　　kazan 大鍋、大釜　　komşu 隣人　　ödünç 借りの　kullan-(ır) 利用する　　geri 後ろ（へ）→ *g. ver- 返す＜*g. は直前の単語 geri を示す、以下同様＞　iç (-çi) なか、内 ⇔ dış 外　tencere 鍋　yerleştir-(ir) 収める、入れる　diye 〜 と（答える、尋ねる、思う、など）。ただし、「〜と言う」は、動詞 söyle- を用いると「〜 diye söyle-」は可能だが、「〜 diye de-」は不可で、diye なしの形「〜 de-」となる点に要注意。　yanıt(＝cevap) 返事 → y. ver- 答える　　yine ふたたび　　sevinçle 喜んで（← sevinç 喜び）　aradan それから、あれから　süre 期間　geç-(er) 過ぎる → geçir-(ir) 過ごす＜他動詞＞　getir-(ir) 持ってくる、(相手のところへ) 持って行く　merak 心配、興味 → m. et- 心配する、興味を抱く (-i)　sor-(ar) 求める (-i)　öl-(ür) 死ぬ　şaşır-(ır) 驚く (-e)　aman 何てこった！　düşün-(ür) 考える　inan-(ır) 信じる (-e)　neden なぜ、どうして

*(TDK 1:24-25) は「はじめに」で言及した「初等教育トルコ語教科書1年」(← *İlköğretim Türkçe Ders Kitabı 1*) および、：でページ数を指す。以下同様。

本文の以下の例文を参考にして、トルコ語で文章を作りなさい。

1) **Hoca kazanı geri verirken içine bir tencere yerleştirdi.**
ホジャは大鍋を返すときにその中に小鍋をいれた。

1-1) 私は君に本を返すときにその中にお礼状（teşekkür mektubu）を入れておいた。

1-2) 私は彼に車を返すときにきれいに洗っておきました。

2) **Kazanın doğurduğuna inanıyorsun da öldüğüne neden inanmıyorsun?**
君は大鍋が子どもを産んだのを信じていながら死んだのをどうして信じないのか？

2-1) 君はタバコが健康に有害である（sağlığa zararlı ol-）のを信じていながらどうして吸っているのか？

2-2) 君は今日学校へ来るつもりだと言っておきながらどうして来なかったのだ？

3)
... diye sor-	「…か？」と尋ねる
... diye yanıt ver-	「……」と答える
... ×diye de-	「……」と言う → ... de-

3-1) それではあす何時にどこで会いましょう（görüş-）かと私は尋ねた。

3-2) あす午前10時にこのバス停（otobüs durağı）で会いましょうと彼女は答えた。

İkinci Ders 2.

2. Rüzgâr ile Güneş

Bir gün rüzgârla Güneş karşılaşırlar.

Rüzgâr, Güneş'e:

— Ben senden güçlüyüm. Ağaçları bile deviririm. Sen yapabilir misin? dedi.

5 Güneş güldü.

— Ben daha güçlüyüm, dedi.

Bu sırada yoldan bir adam geçiyordu.

Rüzgâr:

— Bak! İstersem şu adamın giysilerini çıkarabilirim. Ama sen 10 yapamazsın. Senin buna gücün yetmez, dedi.

Sonra bütün hızıyla esti. Rüzgâr estikçe adam, giysilerine sıkı sıkı sarıldı.

Güneş:

— İnsanlar sertliği sevmez. Şimdi beni seyret. Hangimiz daha 15 güçlüyüz, dedi.

Güneş tatlı tatlı parlamaya başladı. Hava ısındı. Adam, paltosunu ve ceketini çıkardı. Derenin kenarına oturdu. [81語]

(Nesrin BARAZ: *Bir Okul Konuşuyor* /TDK 1:60-61)

語句と解説

rüzgâr 風　karşılaş-(ır) 出くわす (ile)　güçlü 力強い　devir-(ir) 倒す　gül-(er) 笑う　bu sırada その時　geç-(er) 通る、通過する (-den)　iste-(r) 望む　giysi 服　çıkar-(ır) はぎ取る、脱がせる　yap-(ar) する　güç 力 → g. yetmez 力が及ばない (e)　yet-(er) 及ぶ、十分である　hız 勢い、速度 → bütün hızıyla 全速力で、渾身の力で　es-(er) (風が) 吹く → estikçe (風が) 吹けば吹くほど　sıkı しっかりと　sarıl-(ır) 身を包む、くるまる (-e)　sertlik 厳しさ (← sert 厳しい)　sev-(er) 好む、愛する　seyret-(eder) 見つめる、観る (-i)　hangi どの〜 → hangimiz 私たちのうちどちらが　tatlı 甘い → tatlı tatlı ぽかぽかと　parla-(r) 輝く　başla-(r) 始まる → başla- 〜し始める (-e)　hava 大気、空気　ısın-(ır) 暖かくなる、熱くなる　palto コート　ceket(-ti) 上着、ジャケット　dere 川

本文の以下の例文を参考にして、トルコ語で文章を作りなさい。

1) Senin buna gücün yetmez.
きみにはそれは無理だ。

1-1) 私にはこの問題を解く（bu soruyu çöz-）のは無理だ。

1-2) もし君にそれをする能力があればやるべきだ。

2) Hangimiz daha güçlüyüz?
わたしたちのどちらがより強いか？

2-1) あなた方のどなたがこの花を私に持ってきてくれたのですか？

2-2) この子どもたちのどの子があなたの娘さんですか？

3) Rüzgâr estikçe adam giysilerine sıkı sıkı sarıldı.
風が吹けば吹くほど、男はますますしっかりと服に身を包んだ。

3-1) 君たちは勉強すればするほど（ders çalış-）、ますます賢く（daha akıllı）なる。

3-2) 私はトルコへ行けば行くほど、ますます（daha da）行きたくなる。

Üçüncü Ders　　　　3.

3. Diş Doktoru

Cengiz'in dişi ağrıyordu.

Babası:

— Oğlum, doktora gidelim, dedi.

— Hayır, gitmem! Ben diş doktorundan korkarım.

5　— Korkma! O, seni iyileştirir, dedi.

Cengiz, ister istemez doktora gitti. Doktor, onu koltuğa oturttu. Dişine baktı.

— Dişin çürümüş. Çekilmesi gerekir, dedi.

Cengiz, titremeye başladı. Doktor, onun korktuğunu anladı.

10　Çürük dişin zararlarını uzun uzun anlattı.

Cengiz, bunları duyunca başını koltuğa yasladı. Doktor, yavaşça dişi çekti. Babası:

— Oğlum, acı duydun mu?

— Hayır babacığım! Çok haklıymışsın. Korkmanın gereksiz

15　olduğunu anladım, dedi.

Güle oynaya doktordan ayrıldılar.　　　　　　　　　　[78語]

(Emin GÜNDÜZ: *Milliyet Çocuk*/TDK 1:77-78)

語句と解説

diş 歯　doktor 医者　ağrı-(r) 痛む　kork-(ar) 恐れる (-den)　iyileştir-(ir) 治す　ister istemez いやおうなしに　koltuk ひじ掛け椅子、診察椅子　oturt-(ur) 座らせる　bak-(ar) 見る、見つめる (-e)　çürü-(r) 腐る、朽ちる　çekil-(ir) 抜かれる (←çek- 抜く)　gerek-(ir) 必要となる、要する　titre-(r) 震える　anla-(r) 悟る、理解する　çürük 腐った、朽ちた → ç. diş 虫歯　zarar 害　uzun uzun 長々と　anlat-(ır) 説明する　duy-(ar) 聞く、感じる　yasla-(r) もたせかける　yavaşça そっと　acı 痛み → a. duy- 痛みを覚える　haklı 正当な　gereksiz 不必要な　gül-(er) 笑う　oyna-(r) 踊る、遊ぶ → güle oynaya 喜んで、喜び勇んで　ayrıl-(ır) 立ち去る (-den)

本文の以下の例文を参考にして、トルコ語で文章を作りなさい。

1) Çürümüş dişin çekilmesi gerekir.
虫歯は抜かなければならない。

    1-1) 汚れた（kirli）手は洗わ（yıkan-）なければならない。

    1-2) 壊れたコップ（bardak）は捨てなければならない。

2) Cengiz, bunları duyunca başını koltuğa yasladı.
ジェンギズはそれらを聞いて頭を椅子にもたせかけた。

    2-1) 私はその知らせを聞いてとても喜んだ。

    2-2) アリは痛みを感じて泣きだした。

3) Korkmanın gereksiz olduğunu anladım.
私は恐れる必要がないことがわかった。

    3-1) 私はそのことを長々と説明する必要がないことがわかった。

    3-2) 私はその歯は抜く必要がないのがわかった。

Dördüncü Ders   4.

4. Bir Kaza

Ali, o gün okula yalnız gidecekti. Çünkü, annesi kardeşinin yanında kalmak zorundaydı.

Ali, sabah evden çıktı. Bir kavşağa geldi. Kırmızı ışık yanıyordu. Kendi kendine:

5 — Beklemem gerek, diye düşündü.

O sırada çocuklar kaldırımda top oynuyorlardı. Top aniden caddeye düştü. Çocuklardan biri topun arkasından koştu.

Cadde birden karıştı. Büyük bir gürültü oldu.

— Ne oldu, yaralı mı? diye bağrışanlar vardı. Çocuk da:

10 — Topum, yeni topum patladı, diye ağlıyordu.

Sirenler çalmaya başladı. Çocuğu cankurtarana bindirdiler. Hastahaneye götürdüler.

Ali, yeşil ışığın yandığını gördü. Karşıya geçti. Hızlı hızlı okula doğru yürüdü.   [85語]

(Engin ÖZATALAY: *Trafik, Taşıtlar*/TDK 1:85-86)

語句と解説

kaza 事故   yalnız ひとりで   kardeş 兄弟（姉妹）   yan そば   kal-(ır) とどまる、いる   zor 強制 → -mek zorunda ～しなければならない   çık-(ar) 出る   kavşak 交差点   kırmızı 赤い   ışık 明かり → kırmızı ı. 赤信号   yan-(ar) 燃える、点灯する   kendi kendine 自分自身で［に］   bekle-(r) 待つ   düşün-(ür) 考える、思う   o sırada そのとき   kaldırım 歩道   top ボール → t. oyna- ボール遊びをする   aniden 急に、突然   cadde 大通り、道路   düş-(er) 落ちる、ころがる   biri ～のうちの一人 (den)   arka 後ろ   koş-(ar) 走る → X-in arkasından koş- Xを追いかける   birden 急に   karış-(ır) 混乱する   gürültü 騒ぎ、騒音   ol-(ur) 生じる   yaralı 負傷者   bağrış-(ır)＝bağırış- 叫びあう、がなりあう   patla-(r) 破裂する、パンクする   siren サイレン   çal-(ar) 鳴る   cankurtaran 救急車 (＝ambulans)   bindir-(ir) 乗せる ← bin- 乗る   hastahane (＝hastane) 病院   götür-(ür) 連れていく、運びこむ   yeşil 緑の   karşı 向こう側   geç-(er) 渡る   hızlı 急いで   yürü-(r) 歩く

> 本文の以下の例文を参考にして、トルコ語で文章を作りなさい。

1)
> Ali, o gün okula yalnız gid<u>ecekti</u>.
> アリはその日学校へ一人で行くことになった。

　　1-1) アイシェはその朝5時に家を<u>出ることになった</u>。

　　1-2) アリの飛行機は何時にイスタンブルに<u>到着の予定になっていたの</u>？

2)
> Annesi kardeşinin yanında <u>kalmak zorundaydı</u>.
> 彼の母は妹のそばにいなければならなかった。

　　2-1) 私はその日は入院中の（hastanedeki）母のそばに<u>いなければならなかった</u>。

　　2-2) 昨日アリは試験の準備のため（sınava hazırlanmak için）に朝まで<u>勉強しなければならなかった</u>。

3)
> Ali, yeşil ışığın yan<u>dığını</u> gördü.
> アリは信号が青になったのを見た。

　　3-1) アリは信号が<u>赤になったのを見て</u>すぐに（hemen）止まった。

　　3-2) 私は少し前、あの通りを白色の救急車が<u>通り過ぎる</u>（-den geç-）<u>のを見た</u>。

Beşinci Ders 5.

5. Bayramlarımız

Törenden sonra bizim evde toplandık.
Tuğçe abla:
— 23 Nisan Ulusal Egemenlik ve Çocuk Bayramı'nı kutladık. Bu Bayramı, Atatürk çocuklara armağan etti, dedi.
Sinan:
— Okula başladığımız aylarda da bir bayram kutlamıştık.
Tuğçe abla:
— Evet, 29 Ekim Cumhuriyet Bayramı. Bu bayram, en büyük bayramdır.
Doğa:
— Ablamlar da bayram hazırlığı yapıyorlar. O bayram ne zaman kutlanacak? diye sordu.
Tuğçe abla:
— 19 Mayıs'ta kutlanacak. Adı da Atatürk'ü Anma ve Gençlik ve Spor Bayramı. Atatürk, bu bayramı gençliğe armağan etti.
Emre:
— 30 Ağustos Zafer Bayramı'nı unutmayalım. Geçen yıl babamla izlemiştik, dedi.
Annem:
— Çocuklar, iki bayram daha var. Bunlar dinsel bayramlarımızdır. Şeker Bayramı ve Kurban Bayramı, dedi.

[101語] (Komisyon/TDK 1:95-96)

語句と解説

bayram バイラム、祝祭（日）　tören 式典、儀式　toplan-(ır) 集まる　Tuğçe トゥーチェ（名・女）　abla 姉　nisan 4月　ulusal 民族の、国民の　egemenlik 主権　kutla-(r) 祝う　Atatürk アタチュルク（姓）　armağan プレゼント → a. et- プレゼントする　Sinan スィナン（名・男）　başla-(r) 始まる → 〜を始める (-e)　ay 月　ekim 10月　cumhuriyet(-ti) 共和国、共和制　Doğa ドア（名・男）　hazırlık 準備 → A hazırlığı yap- Aの準備をする　mayıs 5月　ad 名　anma 回想、追悼 ← an-(ar) 回想する　gençlik 青年（層）　spor スポーツ　Emre エムレ（名・男）　ağustos 8月　zafer 勝利、戦勝　unut-(ur) 忘れる　geçen 過ぎた〜 → g. yıl 去年　izle-(r) 〜を観る、見る (-i)　〜 daha さらにあと〜の　dinsel 宗教的な　şeker キャンディー＜断食明けのバイラムで、şeker "アメ玉" がふるまわれる。"砂糖" ではない。念のため。＞　kurban 犠牲

本文の以下の例文を参考にして、トルコ語で文章を作りなさい。

1) **Ablamlar da bayram hazırlığı yapıyorlar.**
私の姉たちもバイラムの準備をしています。

1-1) 私の友人太郎は<u>トルコ旅行</u>（Türkiye seyahati）<u>の準備をしている</u>。

1-2) 明日の<u>試験の準備</u>のために私は今夜は徹夜で（sabaha kadar）勉強します。

2) **30 Ağustos Zafer Bayramı'nı unutmayalım.**
8月30日の戦勝バイラムを忘れないようにしましょう。

2-1) 5月の第2日曜日の母の日（Anneler Günü）<u>を忘れないようにしましょう</u>。

2-2) 今日は雨が降るとのことだ。傘（şemsiye）<u>を忘れないようにしましょう</u>。

3) **Çocuklar, iki bayram daha var.**
子どもたちよ、（まだ）あと2つバイラムがありますよ。

3-1) <u>あと1杯お茶はいかがですか</u>（← iç-）？

3-2) 夏休み（yaz tatili）までまだ<u>あと3週間</u>あります。

Altıncı Ders 6.

6. Karga ile Koyun

Karga, bir ağacın dalına kondu. Kendi kendine söyleniyordu.
— Kartaldan ne eksiğim var. Ben de koyunu kaptığım gibi kaldırabilirim.
　Ağacın dalından havalandı. Bir koyun sürüsü aramaya başladı.
5 Çok geçmeden bir sürü gördü. Kendine iri bir koyun seçti.
　Kanatlarını açtı, pençelerini gerdi. Kartal gibi sürülerek koyunun üzerine indi. Koyunu kaldırmak istedi. Gücü yetmedi. Pençeleri koyunun yünlerine dolaşmıştı. Ayaklarını kurtarmak istedi, kurtaramadı. Koyun meledi, karga gakladı.
10 　Sesleri duyan çoban, kargayı yakaladı. Evine götürdü. Bir kafese koydu.
　Karga kartala benzemek isterken özgürlüğünden de oldu.　[80語]
　　　　　(La Fontaine: *Seçme Hayvan Masalları*/TDK 1:102-103)

語句と解説

karga カラス　　dal 枝　　kon-(ar) とまる、舞い降りる　　söylen-(ir) ひとりごとを言う
kartal ワシ　　eksik 不足の、劣った点　　koyun ヒツジ　　kap-(ar) つかむ　　-diği* gibi
～したらすぐ → kaptığım gibi つかんだらすぐに　　kaldır-(ır) 持ち上げる　　havalan-(ır)
飛びたつ　　sürü 群　　ara-(r) 探す　　geç-(er) 過ぎる → çok geçmeden ほどなくして、や
がて　　iri 大きい　　seç-(er) 選ぶ　　kanat 翼　　aç-(ar) ひろげる　　pençe (動物の) か
ぎ爪　　ger-(er) 張る、拡げる　　sürül-(ür) 旋回する　　üzer 上　　in-(er) おりる　　güç 力、
能力 → gücü yetmedi 彼は出来なかった　　yün (羊) 毛　　dolaş-(ır) もつれる、引っかかる
ayak 足　　kurtar-(ır) 救う　　mele-(r) (ヒツジ等が) メーと鳴く　　gakla-(r) カラスがカ
ーと鳴く　　ses 声　　duy-(ar) 聞く、聞こえる　　çoban ヒツジ飼い、牧夫　　yakala-(r) つ
かまえる　　götür-(ür) 連れて行く、持って行く　　kafes かご　　koy-(ar) 入れる　　benze-(r)
似る、～のまねをする (-e)　　özgürlük 自由　　-den ol-(ur) ～を失う

本文の以下の例文を参考にして、トルコ語で文章を作りなさい。

1) Karga çok geçmeden bir sürü gördü.
カラスはほどなくして群を見た。

1-1) セリムはほどなくして元気になって（iyileş-）退院した（hastaneden ayrıl-）。

1-2) その子はほどなくして泣きやんだ。

2) Koyunu kaldırmak istedi. Gücü yetmedi.＝kaldıramadı.
ヒツジを持ち上げようとした。力が及ばなかった＝できなかった。

2-1) アリはその機械を持ち上げようとしたが、力が及ばなかった＝できなかった。

2-2) 私はそのテーブルを持ち上げようとしたが、力が及ばなかった＝できなかった。

3) Karga kartala benzemek isterken özgürlüğünden de oldu.
カラスはワシのまねをしようとして自分の自由をも失った。

3-1) 私のおじはギャンブル（kumar）で大儲けしようとして（çok para kazan-）全財産（bütün mallar）を失った。

3-2) その消防士（itfaiyeci）は少女を助けようとして自らの命を失った。

Yedinci Ders   7.

7. Okulun Açıldığı Gün

Okulun açıldığı gün, ne kadar sevinçliyim. Yeni önlüğümü giydim. Çantama, yeni kalemim ile tertemiz defterimi yerleştirdim. Kar gibi beyaz yakamı taktım.

Sabah erkenden anneme:

5   — Anneciğim, dedim. Ben bu yıl okula kendim gideceğim. Senin gelmene gerek yok. Artık birinci sınıfta değilim.

Annem beni uğurlarken iki yanağımdan öptü:

— Güle güle yavrum, dedi. Bu yılın başarılı bir yıl olmasını dilerim.

10   Yolda benim gibi tertemiz giyinmiş arkadaşlarımı gördüm. Onlara "Günaydın!" dedim. Onlar da bana "Günaydın!" dediler.

Okulun bahçesi, bir bayram yeri gibiydi. Okul arkadaşlarım, sınıf arkadaşlarım bahçede toplanmışlardı. Hepsi de benim gibi sevinçliydi. Arkadaşlarımı, öğretmenimi, okulumu ne çok 15 özlemişim! Onları görünce, mutluluktan uçacak gibi oldum.

Yaşasın güzel okulum.   [102語]

(Baki KURTULUŞ: *2. Sınıf Ansiklopedisi*/TDK 2:9-10)

語句と解説

açıl-(ır) 始まる、開く (← 開けられる)　 sevinçli 嬉しい　 önlük (学童の) 制服　 giy-(er) 着る　 çanta カバン　 kalem 鉛筆、ペン　 tertemiz (← temiz) 真新しい　 yerleştir-(ir) 収める、入れる　 kar 雪　 yaka (服の) えり　 tak-(ar) 付ける、留める　 kendim 私一人で　 gerek 必要性　 artık もう～でない (← 否定表現で)　 sınıf クラス、学年　 uğurla-(r) 見送る　 yanak 頬　 öp-(er) キスをする　 güle güle 行ってらっしゃい　 yavru (愛情を込めた) 子　 başarılı 成功した、実り多き　 dile-(r) 願う　 giyin-(ir) 服を着る　 günaydın おはよう　 bahçe 庭、校庭　 hepsi 全員　 öğretmen 先生　 ne çok どんなに (多く)　 özle-(r) 懐かしく [恋しく] 思う　 mutluluk 幸せ、嬉しさ　 uç-(ar) 飛ぶ　 -ecek gibi ol- 今にも～しそうになる　 yaşa-(r) 生きる → yaşasın ～、～万歳

本文の以下の例文を参考にして、トルコ語で文章を作りなさい。

1) Senin gelmene gerek yok.
君が来る必要はない（来るにはおよばない）。

   1-1) 君がお金を出す必要はない。

   1-2) 私もすぐに病院へ行く必要はないか？

2) Bu yılın başarılı bir yıl olmasını dilerim.
今年が実りある年になることを願います。

   2-1) 2007年が平和な（barış dolu）1年になることを願います。

   2-2) 今年も君に多くの幸運（uğur）がもたらされることを願います。

3) Onları görünce, mutluluktan uçacak gibi oldum.
みんなの姿を見たときには嬉しさのあまり今にも飛びそうなった。

   3-1) 飛行場で（havaalanında）君の姿を見たときには嬉しさのあまり今にも飛んでしまいそうになった。

   3-2) 試験に失敗（sınavı kaybet-）したときには悲しみ（üzüntü）のあまり今にも死にそうになった。

Sekizinci Ders 8-1.

8. Okul Yıllarım (1)

Bin sekiz yüz seksen bir yılında Selânik'te doğmuşum. Okula nasıl başladığımı anımsıyorum. Annem Zübeyde Hanım, mahalle okuluna gitmemi istiyordu. Babam Ali Rıza Efendinin ise seçimi başkaydı. Beni yeni açılan Şemsi Efendi Okulunda okutacaktı.
5 Önce mahalle okuluna başladım. Sonra da Şemsi Efendi Okuluna yazıldım.

Bu okula devam ederken babam öldü. Annem ve kardeşim Makbule ile birlikte dayımın çiftliğine yerleştik. Burada başlıca işim, tarla bekçiliğiydi.

[63／133語]

(Atatürk'ün Anılarından <*Ünite Ansiklopedisi*>／TDK 2:46-47)

語句と解説

Selânik サロニカ (現ギリシア領：テサロニキ)　doğ-(ar) 生まれる → テキスト本文において doğmuşum と -miş 過去形1人称単数で表現されているのは、「生まれたこと」に対して本人自らの意識・確認に基づくのではなく、人から聞かされた「伝聞」であることを意図的に強調している。おそらくその次の文章「学校へ通い始めた頃の明確な記憶」と対照させたものだろう。ところで、「自分自身の誕生」の事実は、本来的には話者によって「意識・確認」されない。ただその場合でも、一般的には「歴史的事実」を述べる場合と同様に -di 過去形による "doğdum" で表現するのが普通である。なお、次ページ「練習問題」1) では、「私はうかつにも～してしまった」(無意識の過去) の用法として練習する。
anımsa-(r) 思い出す、覚えている　başla-(r) 始まる → ～を始める (-e)　hanım 婦人、～さん (← 女性の名に付す、姓には付さない)　mahalle 地区、街区　efendi 紳士、～氏　～ ise ～はといえば　seçim 選択　başka 別の、異なった　okut-(ur) 学ばせる　önce 最初、先ず　sonra 後に　yazıl-(ır) 入学する (-e)　devam 継続 → d. et- 続ける、通う (-e)　kardeş 兄弟姉妹、(ここでは) 妹　～ ile birlikte ～と一緒に　dayı オジ (母方)　çiftlik 農場　yerleş-(ir) 住みつく　başlıca 主な　iş 仕事　tarla 畑　bekçilik 見張り役

本文の以下の例文を参考にして、トルコ語で文章を作りなさい。

1) Bin sekiz yüz seksen bir yılında Selânik'te doğmuşum.
私は1881年サロニカで生まれたそうです。

1-1) 私はこれまで無駄に（boşuna）人生を過ごし（yaşa-）てしまった。

1-2) グランドバザール（Kapalıçarşı）へは、まだ開いていないのに（açılmadan）行ってしまった。

2) Okula nasıl başladığımı anımsıyorum.
学校へどのように通い始めたか覚えています。

2-1) 君は日本語をどのように話し始めたか覚えていますか？

2-2) 昨夜は（知らぬ間に）よく飲んでしまった（çok iç-）。家にどのように帰ったか覚えていない。

3) Önce mahalle okuluna başladım. Sonra da Şemsi Efendi Okuluna yazıldım.
私は最初地区の学校へ通い始めました。そのあとはシェムスィ・エフェンディ学校へ入学しました。

3-1) 私は最初ビールを飲んだ。そのあとはラク酒（rakı）に切り替えた(-e geç-)。

3-2) アリは最初は話さず聴きます。そのあとに自分の意見を（kendi fikrini）述べます。

Sekizinci Ders 8-2.

8. Okul Yıllarım (2) <つづき>

10　Bir süre okuldan uzak kaldım. Annem çok üzülüyordu. Sonunda, Selânik'te bulunan teyzeme gitmem uygun görüldü. O sırada annem de Selânik'e gelmişti. Ona askerî okula girmek istediğimi söyledim. Sınavlara girdim ve kazandım.

　Okulda en çok matematik dersini seviyordum. Öğretmenimin
15　adı da Mustafa idi. Öğretmenim bir gün bana:

　― Oğlum, senin de adın Mustafa, benim de. Bu böyle olmayacak. Bundan sonra senin adın Mustafa Kemal olsun, dedi.

　O zamandan beri adım Mustafa Kemal'dir.

[70／133語]

(Atatürk'ün Anılarından<*Ünite Ansiklopedisi*>/TDK 2:46-47)

語句と解説

bir süre 一時期、しばらく　uzak 遠い →u. kal- 遠のいたままでいる (-den)　üzül-(ür) 悲しむ、心を痛める　sonunda ついに　bulun-(ur) いる　teyze オバ (母方)　uygun 適切な　görül-(ür) 見なされる　askerî 軍人の<← 語末の -î は、名詞を形容詞にするアラビア語の接尾辞；ただ、現代の正書法では、この -î が ˆ の付されない -i で表記されることが一般的であるため、対格語尾と混同しないように要注意>　gir-(er) 入る　söyle-(r) 言う　sınav 試験 → sınava gir- 試験を受ける　kazan-(ır) (試験に) 合格する　en çok 一番 (副詞)　matematik 数学　ders 授業、勉強　sev-(er) 愛す、好む　öğretmen 先生、教師　oğul(-ğlu) 少年、息子　böyle このまま → b. olmayacak このままではダメだ　~ olsun ~としょう (取り決め)　beri ~以来 (後置詞：-den)　Kemal(-li) ケマル (名・男)

本文の以下の例文を参考にして、トルコ語で文章を作りなさい。

1) Bir süre okuldan uzak kaldım.
一時期学校から遠ざかったままだった。

1-1) 私は一時期トルコ語から遠ざかっていたが、ふたたび勉強し始めた。

1-2) 君はどうして私たちのグループ（grup）から遠ざかったままなんだ？

2) Sonunda teyzeme gitmem uygun görüldü.
ついに私がオバさんのところへ行くことが適切だと見なされた。

2-1) ついに私がそのグループへ加わる（-e katıl-）ことが適切だと見なされた。

2-2) ついにその雑誌（dergi）が出版される（yayımlan-）ことが適切と見なされた。

3) Bundan sonra senin adın Mustafa Kemal olsun.
これからは君の名前はムスタファ・ケマルとしよう。

3-1)「あなたのコーヒー（の砂糖）はいかが（nasıl）いたしましょうか？」
「甘め（çok şekerli）でお願いします」

3-2) 我々の今年の売り上げ目標（satış hedefi）は1億円（yüz milyon yen）としよう！

Dokuzuncu Ders 9-1.

9. Mektup (1)

Yenice Köyü, 03.08.1999.

Sevgili arkadaşım,

Sana dedemin köyünden yazıyorum. Koskocaman bir ağacın gölgesindeyim. Senin de Yenice Köyü'nü görmeni isterdim.
5 Keşke birlikte olsaydık.

Burada sabahları kuş sesleri ile uyanıyorum. Yumurtayı kümesten kendim alıyorum. İçeceğe gelince, o da Sarıkız'ın yeni sağılmış taze sütü. Kahvaltıdan sonra Emine ile birlikte en yakın tepeye çıkıyoruz. Emine, dedemlerin komşusu Ayşe teyzenin
10 torunu. Onunla hırkalarımızı yastık yapıp çimenlere uzanıyoruz. Yanı başımızda akan derenin sesini dinliyoruz.   [70/138語]

(Komisyon/TDK 2:90-91)

語句と解説

yenice イェニジェ（地名：原義＝いくぶん新しい）　　sevgili 親愛なる　　dede 祖父　koskocaman とても大きい（←kocaman）　　gölge 影、陰　　-mek/-me*i isterdim（できることなら）〜したい [*に〜してもらいたい] ＜*は所有接尾辞、以下同様＞（←一種の仮定法表現）　keşke 〜であればいいのに　birlikte ol- 一緒にいる　sabahları 朝方　kuş 鳥　ses 声、さえずり　uyan-(ır) 目覚める　yumurta タマゴ　kümes 鶏小屋　içecek 飲み物　-e gelince 〜はといえば　Sarıkız サルクズ（←"薄茶の娘"←「乳牛」を表す＜俚言＞）　sağıl-(ır) 搾られる（←sağ- 搾る）　taze 新鮮な　süt (-tü) ミルク　Emine エミネ（名・女）　tepe 丘、丘陵　çık-(ar) 登る　dedemler 私の祖父の家（族）　cf. dedelerim「私の祖父たち（複数）」との違いに要注意　Ayşe アイシェ（名・女）　torun 孫　hırka キルティング　yastık 枕　yap-(ar) 作る、〜にする　çimen 草原　uzan-(ır) 寝そべる　yanı başımız 私たちのすぐそば　ak-(ar) 流れる　dere 小川　dinle-(r) 聴く

本文の以下の例文を参考にして、トルコ語で文章を作りなさい。

1) Senin de Yenice Köyü'nü görmeni isterdim.
（できることなら）君にもイェニジェ村を見てもらいたいな。

    1-1)　(できたら) 私もトルコへ行きたいな。でも、お金がありません。

    1-2)　(できたら) イルハン (İlhan) にも日本でプレーして (oyna-) もらいたいんだがね。

2) Keşke birlikte olsaydık.
ああ私たち一緒にいられたらなあ。

    2-1)　ああ君も昨日のパーティー (parti) に来ていればよかったのに！

    2-2)　朝から頭痛がする (başım ağrı-)。ああ昨夜あんなに飲まなければよかった！

3) İçeceğe gelince, o da Sarıkız'ın yeni sağılmış taze sütü.
飲み物と言えば、それもサルクズの搾りたての新鮮なミルクです。

    3-1)　トルコの酒と言えば、ラクの風味 (rakı tadı) はとても強烈 (sert) です。

    3-2)　トルコの小説と言えば、私たちは共和国期 (Cumhuriyet döneminde) に入ってモダンな実例に出会います (örneklerle karşılaş-)。

Dokuzuncu Ders　　　9-2.

9. Mektup (2) ＜つづき＞

Köpeğim Karabaş, bir kelebeği yakalamak için zıplıyor. O da ne! Kelebek, Karabaş'ın tam burnuna konmaz mı! Karabaş'ın şaşkınlığına ikimiz de gülüyoruz.

15　Çevreme bakıyorum. Köylüler tarlalarda çalışıyorlar. Küçük bir çoban, kuzuları otlatıyor. Burada günler çok çabuk geçiyor. Eve gitme zamanı gelmiş bile.

　　Özgeciğim, belki bir gün senin yolun da bizim köye düşer. Bütün güzellikleri birlikte yaşarız. Sana kurutulmuş bir çoban
20　çiçeği gönderiyorum. Uzaklardaki bu şirin köyden selamlar, sevgiler.

　　　　　　　　　　　　　　　　　　　　　　　　Aslı

[68/138語] (Komisyon/TDK 2:90-91)

語句と解説

köpek 犬　　Karabaş カラバシュ（"黒頭"←頭の黒い犬の愛称）　kelebek 蝶々 → bir kelebeği 一匹の蝶々を＜他動詞の目的語に bir が付されている場合、対格語尾 -i を伴うことは少ないが、1 が強く意識されていると、bir と対格語尾 -i の共起が可能＞　yakala-(r) つかまえる　zıpla-(r) 飛び跳ねる　O da ne! おや！（←あれは何？）　tam まさに、ちょうど　burun (-rnu) 鼻　kon-(ar) とまる → konmaz mı! 何と驚いたことにとまった！（←修辞疑問）　şaşkınlık 戸惑い　ikimiz 私たち二人とも　gül-(er) ～を見て笑う (-e)　çevre 周囲　kuzu 子ヒツジ　otlat-(ır) 草を食べさせる　gitme 行くこと　zaman 時 → -me zamanı ～する時間　bile さえ、すら　Özge オズゲ（名・男/女；ここでは女）　belki たぶん　yol 道 → yolun ～ e düş- 君が～へ赴く　bütün 全ての　güzellik 美しさ　yaşa-(r) 楽しむ、満喫する (-i)　kurutul-(ur) 乾燥される → kurutulmuş çiçek 押し花、ドライフラワー　çoban çiçeği 牧童花（?）＜←具体的には不明＞　uzaklardaki ずっと遠くの　şirin 麗しい、素晴らしい　selam 挨拶　sevgi 愛、愛情　Aslı アスル（名・女）

（本文の以下の例文を参考にして、トルコ語で文章を作りなさい。）

1)
Karabaşın şaşkınlığına ikimiz de gülüyoruz.
カラバシュの戸惑いぶりを見て私たちは二人とも笑っている。

1-1) アリの勤勉ぶり（çalışkanlık）を見て私たち全員感心しました（-e hayran ol-）。

1-2) 私たちの9人がアイシェの提案（teklif）に対して賛成し（-den yana idik）、1人だけ（sadece）が反対した（karşı çık-）。

2)
Eve gitme zamanı gelmiş bile.
（知らぬ間に）家へ戻る時間になっていることすらあった。

2-1) （いつの間にか）学校へ行く時間になっていた。

2-2) （ふと気づいたら）汽車が出発する（hareket et-）時間になっていた。

3)
Belki senin yolun da bizim köye düşer.
おそらく君も私たちの村へ来ることがあるでしょう。

3-1) おそらくいつの日か私たちもあなたの町へ赴くことがあるでしょう。

3-2) こちらへ（bu taraflara）お越しの節はぜひ（mutlaka）わが家にお立ち寄りください。

Onuncu Ders　　　10-1.

10. Cansu'nun Yeni Arkadaşları (1)

　Cansu, taşındıkları evi çok sevmişti. Hemen birçok arkadaş edindi. O, arkadaşlarını, arkadaşları da onu sevdiler.

　Her gün buluşup birlikte oyun oynuyorlardı. Yine coşku içinde saklambaç oynayacaklardı. Sayışma yaptılar. Cansu ebe oldu.

5　Söğüt ağacına yumulup yüze kadar saydı:

　— Arkam, önüm, sağım, solum ebe, diye bağırdı.

　Cansu, çevresine baktı. Kimseyi göremedi. Karnı çok acıkmıştı. Ebeliği hiç sevmiyordu. Doğru eve gitti. Başladı karnını doyurmaya...

10　Çocuklar saklandıkları yerde sıkılmaya başladılar. Teker teker ortaya çıkıp Cansu'yu aradılar. Bulamayınca başına kötü bir şey geldiğini düşündüler.　　　　　　　　　　　　　　[80／151語]

(Gülten DAYIOĞLU: *Uçurtma*/TDK 2:156-157)

語句と解説

Cansu ジャンス (名・男/女、オリジナル・テキストの挿し絵から女)　taşın-(ır) 引っ越す　hemen すぐに　edin-(ir) 手に入れる　buluş-(ur) 出会う　oyun 遊び → o. oyna-(r) 遊ぶ　yine ふたたび　coşku 興奮　～ içinde ～の中で　saklambaç かくれんぼう ← (saklan- 隠れる)　sayışma 遊びで"鬼"を決めること　ebe 遊びの"鬼"　ol-(ur) なる　söğüt 柳　yumul-(ur) 顔を伏せる　yüz 100 (数詞)　say-(ar) 数える　arka 後ろ　ön 前　sağ 右　sol 左　bağır-(ır) 叫ぶ　kimse 誰も…ない (← 否定表現で)　karın (-rnı) 腹 → k. acık-(ır) お腹がすく　ebelik "鬼"であること　doyur-(ur) 満たす　sıkıl-(ır) 飽きる、退屈する　teker teker 一人ずつ　orta 中央 → ortaya çık-(ar) 現れる　ara-(r) 探す　baş 身の上　kötü 悪い

本文の以下の例文を参考にして、トルコ語で文章を作りなさい。

1) Cansu, taşındıkları evi çok sevmişti.
ジャンスは、(家族で) 引っ越した家がとても気に入っていた。

1-1) アイシェは家族で (ailece) 行った旅行 (seyahat) があまり気に入って (-den hoşlan-) いなかった。

1-2) ジャンスは友だちと一緒にやっていたかくれんぼうを途中でやめてしまった (yarıda bırak-)。

2) Söğüt ağacına yumulup yüze kadar saydı.
彼女は柳の木に顔を伏せて100まで数えた。

2-1) どうかこの報告書 (rapor) をあすの夕方までに仕上げて (bitir-) ください。

2-2) この暑さは9月末 (Eylül sonu) までは続く (sür-) でしょう。

3) Bulamayınca başına kötü bir şey geldiğini düşündüler.
見つけられなかったときに彼女の身に悪いことが起こったと思った。

3-1) 私はその朝コーヒーが飲めなかったとき、胃 (mide) の調子が悪くなっている (ol-) と思った。

3-2) 私はバッグ (çanta) の中で携帯電話 (cep telefonu) を見つけられなかったとき、どこかで (bir yerlerde) 忘れたと思った。

Onuncu Ders   10-2.

10. Cansu'nun Yeni Arkadaşları (2) ＜つづき＞

Annesine haber vermeye gittiler. Kapıyı çalarken hepsi korku içindeydi. Kapı açıldı. Karşılarında Cansu'yu görünce
15 donakaldılar. Hiçbir şey söylemeden oradan ayrıldılar.

　　Cansu ne yapacağını, ne diyeceğini şaşırmıştı. Arkalarından bakakaldı... Utancından günlerce evden çıkamadı. Arkadaşlarının oyunlarını pencereden izlerken yaptığı yanlışı düşünüyordu.

　　Arkadaşları yine toplanmış oyuna başlayacaktı. Koşarak evden
20 çıktı. Arkadaşlarına:

－ Yaptığımdan çok utandım. Hepinizden özür diliyorum. Bundan sonra kurallara uyacağıma söz veriyorum, dedi.

　　Arkadaşları Cansu'yu seviyorlardı. Onu bağışladılar. Cansu çok mutlu oldu.　　　　　　　　　　　　　　　　　[71／151語]

　　　　　　(Gülten DAYIOĞLU: *Uçurtma*／TDK 2:156-157)

語句と解説

haber 知らせ → h. vermeye 知らせるために＜動名詞 -me の与格形による目的用法；ただし、この用法は後続主動詞が移動を表す動詞に限られる点に要注意＞　　kapı ドア、戸　　çal-(ar) ノックする　　korku 恐れ　　açıl-(ır) 開けられる、開く　　karşı 向かい、目の前　　donakal-(ır) 立ちすくむ (←<u>don</u>-a-kal- 凍りつく)　　ayrıl-(ır) 立ち去る (-den)　　şaşır-(ır) わからずにうろたえる　　bakakal-(ır) うろたえて立ちつくす (←<u>bak</u>-a-kal- 見て立ちつくす)　　utanç 恥ずかしさ　　günlerce 何日も　　yanlış 誤り、過ち　　koş-(ar) 走る　　utan-(ır) 恥じる (-den)　　özür 詫び → ö. dile-(r) 〜に詫びる (-den)　　kural ルール、規則　　uy-(ar) 従う (-e)　　söz ver-(ir) 約束する (-e)　　bağışla-(r) 許す　　mutlu 幸せな

本文の以下の例文を参考にして、トルコ語で文章を作りなさい。

1) Utancından günlerce evden çıkamadı.
彼女は恥ずかしくて何日も家から出られなかった。

1-1) アイシェは怒り (öfke) のあまりどうしていいのかわからなかった (-i şaşır-)。

1-2) 私の友人アリは恐れ (korku) のため、彼の先生の前に出る (karşısına çık-) ことができなかった。

2) Yaptığımdan çok utandım. Hepinizden özür diliyorum.
私は自分のしたことをとても恥ずかしく思った。みんなにお詫びします。

2-1) 私は嘘をついた (yalan söyle-) ことをとても恥ずかしく思っています。あなたにお詫びいたします。

2-2) 私の娘は客人のそばへ行く (misafirlerin yanına çık-) のを恥ずかしがっています。(私から) みなさんにお詫びします。

3) Bundan sonra kurallara uyacağıma söz veriyorum.
今後はルールに従うことを約束します。

3-1) どうかここでは我々の規則に従うと約束して下さい。

3-2) 君は私の命令 (emir) に従うと約束したじゃないか？ (değil mi?)

On Birinci Ders　　11-1.

11. Örnek Davranış (1)

　　Son dersten çıkış zili çalmıştı. Öğrenciler okulun kapısından koşarcasına çıkıyorlardı. Evlerine gitmek isteyen öğrencileri, dışarıda kar ve soğuk karşılamıştı.

　　Burcu, biraz ileride bir öğrenci kalabalığı gördü. Kalabalığa
5 hızla yaklaştı. Bazı arkadaşlarının, yaralı bir güvercini ayaklarıyla iterek uçurmaya çalıştıklarını gördü. Şaşkınlıkla, "Ne yapıyorsunuz? Hiç mi acımıyorsunuz?" dedi.

　　Arkadaşlarının hepsi sessizce dağıldılar. Burcu, korku ve acıdan kıvranan güvercini yerden aldı. Üşümemesi için
10 kollarının arasına alıp göğsüne bastırdı.

[65／152語]

(Komisyon/TDK 3:23-24)

語句と解説

örnek 模範（の）　davranış 行為、振る舞い　çıkış 出ること、退出　zil ベル　çal-(ar) 鳴る　-ir[-er]cesine ～するかのように　soğuk 寒さ　karşıla-(r) 出迎える、待ち受ける (-i)　Burcu ブルジュ（名・女）　ileride 前方で　kalabalık 人だかり、人混み　yaklaş-(ır) 近づく　bazı いくつかの　yaralı 傷ついた　güvercin 鳩　ayak 足　it-(er) 押す、押しやる　uçur-(ur) 飛ばす　şaşkınlıkla 驚いて　acı-(r) かわいそうだと思う (-e)　hepsi 全て　sessizce 黙って　dağıl-(ır) 散らばる　acı 痛み　kıvran-(ır) 身もだえする　üşü-(r) 身体が冷える　ara あいだ　göğüs (-ğsü) 胸　bastır-(ır) 抱きしめる

> 本文の以下の例文を参考にして、トルコ語で文章を作りなさい。

1)
> Öğrenciler okulun kapısından koşarcasına çıkıyorlardı.
> 生徒たちは校門から駆けるようにして出てくるのであった。

1-1) トルコ人は水を飲むかのようにひんぱんに（sık sık）紅茶を飲む。

1-2) アリはそのこと（o konu）を知っているかのように語り始めた（-e başla-）。

2)
> Bazı arkadaşlarının, yaralı bir güvercini uçurmaya çalıştıklarını gördü.
> 彼女は何人かの友達が傷ついた鳩を飛び立たせようとしているのを見た。

2-1) 私は父が生まれたばかりの子牛（yeni doğmuş bir buzağı）を立たせよう（-i ayağa kaldır-）としているのを見ました。

2-2) 私たちは興奮して眠れないでいる子供に母親が子守歌を歌って（ninniler söyle-）寝かせよう（uyut-）としているのを見ました。

3)
> Üşümemesi için kollarının arasına alıp göğsüne bastırdı.
> 彼女はそれが寒がらないように腕の間にかかえて胸に抱きしめた。

3-1) 私は君が寒くないように窓を閉めた（kapat-）。

3-2) アリは自分の娘がその箱（kutu）を開けないように鍵をかけた（kilitle-）。

| On Birinci Ders   11-2. |

11. Örnek Davranış (2) ＜つづき＞

Eve geldiğinde yaşadıklarını annesine anlattı. Birlikte güvercine pansuman yapıp yaralarını sardılar. Evin sıcak havası, verilen yiyecek ve su, güvercini kendine getirmişti. Bu güven içinde güvercin uykuya daldı.

15　Burcu ise, yeni arkadaşının durumunu düşünmekten sabaha kadar uyuyamamıştı. Bir hafta sonra güvercinin çırpınması, uçmak istemesi Burcu'yu telâşlandırdı. İyileşen ve özgürlüğünü isteyen güvercinden ayrılmak Burcu'ya zor geliyordu. Burcu'nun üzüldüğünü gören babası, "Kızım, eğer
20　hayvanları seviyorsan onları doğal çevresinden ayırmamalısın. Yoksa onlara iyilik değil, kötülük yapmış olursun. "dedi.

Burcu ertesi gün güvercinini kendi elleriyle özgürlüğüne kavuşturdu. Ama o gece yine uyuyamamıştı.

[87／152語]

(Komisyon/TDK 3:23-24)

語句と解説

yaşa-(r) 経験・体験する → yaşadıklarını の接尾形態は yaşa-dık-lar-ı-n-ı（彼女が体験した様々なことを）であり、yaşa-dık-ları-n-ı（彼女たちが体験したことを）ではない。　pansuman 傷の手当　sar-(ar) 包む、包帯をする　kendine getir-(ir) 元気にする　güven 安全、安心　uyku 眠り → uykuya dal-(ar) 眠りこむ　durum 様子　uyu-(r) 眠る　hafta 週　çırpın-(ır) 羽根をばたつかせる　telâşlandır-(ır) 慌てさせる　iyileş-(ir) 回復する　özgürlük 自由　zor 困難な → z. gel-(ir) 困難に思われる　üzül-(ür) 嘆き悲しむ　eğer もし　hayvan 動物　doğal 自然の（← doğa 自然）　çevre 環境 → doğal çevresi 彼ら動物たちの置かれた自然環境が意識されて -si が接尾している。一般的な自然環境ならば、doğal çevre となる。　ayır-(ır) 引き離す (-den)　yoksa そうでなければ　iyilik 良いこと　kötülük 悪いこと　ertesi gün 翌日　kendi ～ 自分自身の～　kavuştur-(ur) 再会させる、再び元の～な状態にする

> 本文の以下の例文を参考にして、トルコ語で文章を作りなさい。

1)
> Eve geldiğinde yaşadıklarını annesine analattı.
> 彼女は帰宅したときに自分が体験した様々なこと母親に話した。

1-1) アリは家に帰ったとき、学校で体験した様々なことがらを日記（günce）に書き留めた。

1-2) 私は職場（ofis）へ行ったとき、部屋の鍵を（odamın anahtarını）忘れてきたのに気づきました（-i fark et-）。

2)
> Güvercinin uçmak istemesi Burcu'yu telâşlandırdı.
> 鳩が飛びたがっていることにブルジュは慌てふためいた。

2-1) 娘がタバコを吸いたがっていることに父親はとても慌てふためいた。

2-2) あなたが日本語を学びたがっていることに私はとても嬉しくなった（sevindir-）。

3)
> Eğer hayvanları seviyorsan onları doğal çevresinden ayırmamalısın.
> もし動物を愛しているならば、それらを自然の環境から切りはなしてはならない。

3-1) もし君が僕を愛しているのなら嘘をついては（yalan söyle-）いけません。

3-2) もし彼女を信じているのなら彼女をだましては（aldat-）いけません。

On İkinci Ders　　　12-1.

12. Kim Haklı? (1)

　Köylünün biri, ineklerinin sütünden tereyağı yapardı. Her gün tereyağının bir kilosunu kasabadaki fırıncıya satardı. Aldığı paranın bir kısmıyla fırıncıdan bir ekmek alır, köyüne dönerdi.
　Bir gün fırıncı köylüye çıkışmaya başladı:
5　— Ben, sana güvenerek getirdiğin yağları hiç tartmadan aldım. Müşterilerime sattım. Oysaki sen yağları eksik tartıyormuşsun. Seni şikayet edeceğim.
　Köylü, yağları kendisinin tarttığını, hepsinin de bir kilo olduğunu söyledi.
10　Fırıncı, köylüyü mahkemeye verdi. Fırıncıyı dinleyen yargıç köylüye dönerek:
　— Sen bu adamı aldatıyormuşsun. Tartıda haksızlık yapıyormuşsun, doğru mu? dedi.

[77／150語]

(*Sevinç Çocuk Dergisi*/TDK 3:80-81)

語句と解説

haklı 正当な、正しい　　köylünün biri ある村人；＜単数名詞の属格形と biri のつながりに要注意＞。なお、よく用いられる類似形式表現に günün birinde「(未来/過去の) ある日 (に)」がある。　　tereyağı バター　　kilo キロ (重量)　　kasaba (田舎) 町　　fırın パン屋 (店) → *cf* fırıncı パン屋 (職人)　　para お金　　kısım (-smı) 一部　　dön-(er) 戻る　　çıkış-(ır) とがめる　　güven-(ir) 信用する (-e)　　yağ 脂、油 (→ここでは tereyağı "バター"のこと)　　tart-(ar) 計る　　müşteri 顧客　　oysaki しかし　　eksik 不足した　　şikayet 不平、不満 → ş. et- 訴える　　mahkeme 裁判所　　dinle-(r) 聴く　　yargıç 裁判官　　dön-(er) 向く (-e)　　aldat-(ır) 騙す　　tartı 目方を量ること　　haksızlık 不正　　doğru 正しい

本文の以下の例文を参考にして、トルコ語で文章を作りなさい。

1)

Aldığı paranın bir kısmıyla fırıncıdan bir ekmek alırdı.
彼は手にしたお金の一部でパン屋から一個のパンを買うのであった。

1-1) セリムは毎月手にする給料（maaş）の一部で必ず（mutlaka）宝クジ（milli piyango bileti）を買います。

1-2) 彼が与えた情報の一部は間違いだらけだった（yanlışlarla doluydu）。

2)

Köylü, hepsinin bir kilo olduğunu söyledi.
村人は、その全てが1キログラムであることを告げた。

2-1) アイシェは自分の子どもは全て女の子であると言った。

2-2) 私にはあの旅行者（turist）の全てが日本人であることがわかった。

3)

Sen tartıda haksızlık yapıyormuşsun, doğru mu?
君は計るときに不正をしているそうだが、それは本当か？

3-1) お前は最近ひそかに（gizlice）タバコを吸っているそうだが、それは本当か？

3-2) セリムは1カ月前から（1 aydan beri）日本語を学んでいるそうだが、それは本当ですか？

On İkinci Ders 12-2.

12. Kim Haklı? (2) ＜つづき＞

Köylü:

15 — Sayın yargıç! Ben fırıncıya her gün bir kilo yağ veririm. Alacağım paranın bir kısmıyla kendisinden bir ekmek alırım. Köydeki terazimin gramları çoktandır kayıp. Ben, gram olarak fırıncının bir kilo diye verdiği ekmeği kullanırım. Eğer fırıncının ekmeği bir kilodan azsa benim yağım da az olur.

20 Fırıncı birden telaşlandı. Davasından vazgeçmek istedi. Yargıç, kabul etmedi. Fırına adam gönderdi. Birkaç ekmek getirtip tarttı. Ekmeklerin hepsi bir kilodan azdı.

Köylü davayı kazanmış, fırıncının hilesi ortaya çıkmıştı.

[73／150語]

(*Sevinç Çocuk Dergisi*／TDK 3:80-81)

語句と解説

sayın ～様、～殿 terazi 天秤、計り gram グラム（分銅） çoktandır ずっと前から kayıp 紛失した kullan-(ır) 使用する az 少ない → azsa (=az ise) 少なければ birden 急に telaşlan-(ır) 慌てる dava 訴え、訴訟 vazgeç- (=vaz geç-)(ir) 断念する (-den) kabul (-lü) 承認 → k. et- 認める getirt-(ir) 持ってこさせる kazan-(ır) 勝つ hile ペテン、ごまかし ortaya çık- 明らかになる

本文の以下の例文を参考にして、トルコ語で文章を作りなさい。

1) Köydeki terazimin gramları çoktandır kayıp.
村のはかりのグラム分銅はずっと前からなくなったままだ。

    1-1) うちの愛犬ポチは（Bizim sevgili köpeğimiz Poçi）ずっと前から行方不明です。

    1-2) 私の姉の家族は（Ablamlar）もうずいぶん前からドイツ（Almanya）で暮らしています。

2) Fırıncı birden telaşlandı, Davasından vazgeçmek istedi.
パン屋は突然慌てふためいた。その訴えを取り下げようとした。

    2-1) その男は急に慌てふためき自分の主張（iddia）を断念しようとした。

    2-2) エミネ（Emine）は今朝急に気分が悪くなり（rahatsızlan-）、旅行（seyahat, -ti）を断念した。

3) Fırıncının hilesi ortaya çıkmıştı.
パン屋のごまかしは明らかになった。

    3-1) ついに（nihayet）明日全ての真相（bütün gerçekler）が明らかになる。

    3-2) あの先生は訴訟に勝ち、無実であること（masum ol-）が明らかになった。

On Üçüncü Ders 13-1.

13. Turizm (1)

İnsanlar, görmek, tanımak, dinlenmek ve eğlenmek için geziler yaparlar. Kendi ülkelerini gezdikleri gibi yabancı ülkeleri de gezmek isterler. Birçok ülke bu gezilerden gelir sağlar. Onun için ülkemiz de son yıllarda turizme önem vermiştir.

5 Ülkemiz doğal güzellikleri ve tarihî yerleri ile bir turizm cennetidir. Ülkemizin üç tarafı denizlerle çevrilidir. Ege ve Akdeniz kıyılarımızda güneş, yüksek dağlarımızda kar hiç eksik olmaz. Karadeniz kıyılarımızın yeşil görüntüsüne ise doyum olmaz.

10 Geçmişte, Anadolu toprakları üzerinde sayısız devlet kurulmuştur. Bu devletlere ait tarihî eserler, yurdumuzu bir müze hâline getirmiştir.   [83／154語]

(Komisyon/TDK 3:114-115)

語句と解説

turizm 観光、観光事業　　insan 人　　tanı-(r) 知る、認識する　　eğlen-(ir) 楽しむ　　gezi 旅行　　ülke 国　　gez-(er) 旅行する、見物する　　yabancı 外国の　　gelir 収入　　sağla-(r) 確保する　　son yıllar 近年　　önem 重要性 → ö. ver-(ir) 重視する (-e)　　tarihî 歴史的な　　cennet(-ti) 楽園、パラダイス　　taraf 方（面）　　çevrili 囲まれた　　Ege エーゲ（海）　　Akdeniz 地中海　　kıyı 海岸　　yüksek 高い　　eksik ol- 不足する　　Karadeniz 黒海　　görüntü 光景、景色　　doyum 満足、飽きること → d. olma- 飽きることがない　　geçmişte かつて、昔　　Anadolu アナトリア　　toprak 土地　　sayısız 無数の　　devlet 国家　　kurul-(ur) 樹立される　　ait ～にかかわる (-e)　　eser 作品、建造物　　yurt (祖)国　　müze 博物館、美術館　　hâl (=hal, -li) 状態 → -i A (名詞) haline getir-(ir) ～を A の状態にする

本文の以下の例文を参考にして、トルコ語で文章を作りなさい。

1) Ülkemiz de son yıllarda turizme önem vermiştir.
わが国も近年観光事業を重視したのである。

1-1) 私たちの学校も近年英語教育（İngilizce eğitimi）をより一層重視し始めた。

1-2) あなたは大学生活で何を一番重要視（en çok önem）していますか？

2) Ülkemizin üç tarafı denizlerle çevrilidir.
私たちの国の三方は海で囲まれています。

2-1) 日本は四方を海で囲まれた島国（bir ada ülkesi）です。

2-2) 私たちの村の前は川（dere）に、後ろは山々に囲まれています。

3) Tarihî eserler, yurdumuzu bir müze hâline getirmiştir.
歴史的な建造物が我が祖国を博物館さながらの状態にしてくれたのである。

3-1) 今回の禁止令（bu seferki yasak）は、セリムにとってその家を刑務所（hapishane）のような状態にした。

3-2) 新しい家具（mobilya）のおかげで、私たちの家は住める（yaşanacak）状態になった。

On Üçüncü Ders　　13-2.

13. Turizm (2) <つづき>

Açık hava tiyatroları, kiliseler, camiler, kaleler ve eski kent kalıntıları turistlerin ilgisini çeker.

15　Turistler, ülkemizin sahillerinde eğlenirler. Tarihî yerleri, müzeleri gezerler. Günün yorgunluğunu ise turistik otellerimizde dinlenerek giderirler.

　Bütün bu güzelliklere ulusumuzun konukseverliğini de ekleyebiliriz. Turistleri en çok mutlu eden de budur. Çünkü
20　onlar konuk sayılırlar. Güler yüzle karşılanmak isterler. Biz de yeni dostlar edinerek, onları ülkemize davet edelim. Böylece ülke turizmine katkıda bulunalım. Turizm, ülkemiz için önemli bir gelir kaynağıdır.　　　　　　　　　　　[71／154語]

(Komisyon/TDK 3:114-115)

語句と解説

açık hava 野外　tiyatro 劇場　kilise 教会　cami モスク　kale 城（塞）　kent (-ti) 都市　kalıntı 遺跡　ilgi 興味、関心　çek-(er) 引く　sahil 海岸、浜辺　yorgunluk 疲れ　dinlen-(ir) 休息する　gider-(ir) 取り除く　ulus 国民　konukseverlik 客をもてなす心　ekle-(r) つけ加える　konuk 客　sayıl-(ır) 見なされる　güler 笑った→g. yüz 笑顔　karşılan-(ır) 迎えられる　edin-(ir) 得る　davet 招待→d. et- 招待する　katkı 貢献→-e katkıda bulun- 〜に貢献する　kaynak 源

本文の以下の例文を参考にして、トルコ語で文章を作りなさい。

1) Eski kent kalıntıları turistlerin ilgisini çeker.
古代都市遺跡は観光客の関心を引くものです。

1-1) トルコではどんなスポーツが人々の関心を引いていますか？

1-2) トルコ旅行ではどこが（neresi）あなたの関心を一番引きましたか？

2) Turistleri en çok mutlu eden de budur.
観光客を一番幸せな気分にするものはそれなのです。

2-1) 私を一番幸せな気持ちにしてくれるものは、君の元気であるという（sağlık）便りです。

2-2) 人間を精神的に（manevî açıdan）一番幸せにするものは何でしょうか？

3) Böylece ülke turizmine katkıda bulunalım.
このようにして国の観光事業に貢献しましょう。

3-1) アタチュルクはトルコの発展（Türkiye'nin gelişmesi）のために大いに貢献したのである。

3-2) あなたは世界平和（dünya barışı）のためにどんな貢献（nasıl bir katkı）ができますか？

On Dördüncü Ders 14-1.

14. Trafik Haftası (1)

　Trafik haftası kutlanıyordu. Televizyonda, radyoda ve gazetelerde trafik haftasıyla ilgili bilgiler veriliyordu.

　Öğretmen, trafik haftasıyla ilgili tartışma açmak için:

　— Çocuklar, taşıtlar günlük yaşantımızın bir parçasıdır.

5　Taşıtlardan yararlanmadığımız, onlarla karşılaşmadığımız gün yoktur. Yayalara ve taşıtlara ayrılmış olan yolları kullanmayı çok iyi bilmemiz gerekir. Trafikte güvenliği sağlamak için bize düşen görevler nelerdir? Bugün, bu konuyu tartışalım.

　Birden parmaklar havaya kalktı.

10　— Söyle Özgür.

　— Yolun her yerinden karşıya geçilmez öğretmenim. Karşıya geçmek için yaya geçitlerini kullanırız.

[74／149語]

(*Gelişim İlkokul Ünite Ansiklopedisi*／TDK 3:119-120)

語句と解説

trafik 交通 → t. haftası 交通（安全）週間　　kutlan-(ır) 祝われる　　ilgili 〜と関係した (ile)　　bilgi 情報　　öğretmen 先生、教師　　tartışma 討論、議論 → t. aç-(ar) 討論を始める　　taşıt(-tı) 乗り物、輸送機関　　günlük 日常の　　yaşantı 生活　　parça 一部　　yararlan-(ır) 利用する (-den)　　karşılaş-(ır) 出会う (ile)　　yaya 歩行者　　ayrıl-(ır) 割り当てられる　　güvenlik 安全　　sağla-(r) 確保する　　düş-(er) 落ちる、課される　　görev 任務、義務　　konu テーマ　　tartış-(ır) 議論する　　birden 一斉に　　parmak 指（← 小学生レベルでは人差し指を立てて挙手する）　　havaya kalk-(ar) 上がる、挙がる　　Özgür オズギュル（名・女）　　karşı 向かい側　　geç-(er) 渡る　　geçit 通路 → yaya geçidi 横断歩道　cf. 横断歩道橋は yaya üstgeçidi、横断地下道は yaya altgeçidi という。

本文の以下の例文を参考にして、トルコ語で文章を作りなさい。

1)
> Öğretmen, trafik haftasıyla ilgili tartışma açtı.
> 先生は交通安全週間に関する討論を始めた。

　　1-1) 今日の新聞でトルコの大地震（Türkiye'deki büyük deprem）に関する情報が報道されています。

　　1-2) この件（konu）に関連して（ilgili olarak）他に質問はありますか？

2)
> Taşıtlardan yararlanmadığımız gün yoktur.
> 私たちが乗り物を利用しない日はありません。

　　2-1) 日本では大学生が携帯電話（cep telefonu）を利用しない日はほとんど（hemen hemen）ありません。

　　2-2) 私たちの町では交通事故（trafik kazası）に出くわさない（-ile karşılaşma-）日は皆無です。

3)
> Trafikte güvenliği sağlamak için bize düşen görevler nelerdir?
> 交通安全を確保するために私たちに課された義務は何でしょうか？

　　3-1) 子供を育てるために親（ana baba）に課された義務は少なくありません。

　　3-2) 学生たちが図書館を十分に（yeterince）利用できるように図書館司書（kütüphaneci）に課された任務はとても重要です。

On Dördüncü Ders 14-2.

14. Trafik Haftası (2) <つづき>

(- Özgür の発言つづき:) Trafik polisinin işaretlerine göre, yoldan karşıya geçeriz. Trafik polisi yoksa kavşaklardan geçerken yeşil ışığın yanmasını bekleriz.

— Söyle Fatma.

— Duran bir taşıtın hemen önünden ve arkasından geçmemeliyiz. Göremediğimiz bir taşıt ansızın çıkarak bizi çiğneyebilir.

— Sen neler söylemek istiyorsun, Ali?

— Caddelerde, sokaklarda, yaya kaldırımlarında hiçbir zaman oyun oynamamalıyız. Her an bir taşıt gelebilir. Oynamak için parklara, oyun bahçelerine gitmeliyiz.

— Çocuklar, söylediklereniz beni çok sevindirdi. Trafik kurallarını çok iyi öğrenmişsiniz. Öğrendiğiniz bu kurallara her zaman uymalısınız.

[75／149語]

(*Gelişim İlkokul Ünite Ansiklopedisi*/TDK 3:119-120)

語句と解説

polis 警察官　işaret 指示、合図　göre ～に従って (-e)　kavşak 交差点　bekle(-r) 待つ　Fatma ファトマ (名・女)　dur-(ur) 止まる　hemen すぐに　ön 前　arka 後ろ　ansızın 急に　çiğne-(r) 轢く (ひく)　Ali アリ (名・男)　sokak 道　kaldırım 歩道　hiçbir zaman 決して～ない (←否定表現)　oyun 遊び → o. oyna-(r) 遊ぶ　her an いつ何時　park(-kı) 公園　bahçe 公園、広場　sevindir-(ir) 喜ばせる　öğren-(ir) 学ぶ、習得する

本文の以下の例文を参考にして、トルコ語で文章を作りなさい。

1) Kavşaklardan geçerken yeşil ışığın yanmasını bekleriz.
私たちは交差点を渡る時には信号が青になるのを待ちます。

1-1) 私たちは大きい道路（cadde）で車が通過する（geçip git-）のを待ちます。

1-2) 私は帰宅途中（eve dönerken）駅で雨がやむ（din-）のを待ちました。

2) Göremediğim bir taşıt anasızın çıkarak bizi çiğneyebilir.
見えていなかった車が突然出てきて私たちをひいてしまうこともあります。

2-1) 今日は朝から曇っている（hava bulutlu）。いつ何時（her an）雨が降り出すかわからない。

2-2) 突然（aniden）私たちが直面する（karşılaş-）出来事が私たちを大いに驚かせる（şaşırt-）ことがある。

3) Çocuklar, söyledikleriniz beni çok sevindirdi.
君たち、みんながいろいろ言ってくれたことで私はとても嬉しくなった。

3-1) アリよ、君が手紙でいろいろ書いてくれたことで私はとても安心した（←私を安心させる beni rahatlat-）。

3-2) 息子よ、お前がトルコでいろいろ見たり聞いたりしたことを私に話しておくれ。

On Beşinci Ders　　15-1.

15. Doğayı Kirletmeyelim (1)

Denizin kıyısını yarım saattir tırmıkla temizliyoruz. Kumların üstünde neler yok ki! Plastik su şişeleri, ayakkabılar, giysi parçaları, ne olduğunu anlayamadığımız ıvır zıvır....
— Ne kadar çok çöp varmış Seyfettin amca!
— Evet, görüyorsun, bunların hiçbiri denize ait değil. İnsanlar tarafından atılmıştır. Bazıları denizi çöplük gibi kullanıyor. Deniz de kabul etmediği çöpleri kıyıya atıyor.
— İyi ki kıyıya atıyor. Böylece temizlenmiş oluyor.
— Deniz temizlendi diyelim, kıyıdakiler ne oluyor?
— Götürür, bir dereye dökeriz.
— O zaman da dereyi kirletmiş oluruz.
— Toprağa gömeriz.
— Bu kez de toprağın altındaki yer altı sularına sızar.
— Aman Allah'ım, bu atıkları nasıl yok edeceğiz?

[92／168語]

(Halil BANDIRMALI: *Çevre ve Sağlık Dergisi*／TDK 3:135-136)

語句と解説

kirlet-(ir) 汚す　　yarım 半分の → y. saat 半時間　　tırmık くま手　　temizle-(r) 清掃する　　kum 砂　　neler yok ki! 何だってある（← 何がないだろうか！）　　plastik プラスチック（製の）　　şişe ビン → plastik şişe ペットボトル　　ayakkabı(-yı) 靴　　giysi 服　　ıvır zıvır がらくた　　ne kadar 何と、何て（← 感嘆表現）　　çöp ごみ　　Seyfettin セイフェティン（名・男）　　amca オジ（← 父方　*cf.* dayı 母方のオジ）　　ait ～のもの (-e)　　～ tarafından ～によって　　bazı いくつかの　　çöplük ごみ箱　　iyi ki ～ 幸いにも～だ　　temizlen-(ir) 清掃される　　diyelim 仮定しよう（＝farzedelim）　　dök-(er) まく、注ぐ　　göm-(er) 埋める　　yer altı 地下　　sız-(ar) しみこむ　　Aman Allah'ım そりゃ大変だ（← 驚き、悲しみ、痛み）　　atık 廃棄物　　yok et-(eder) 処分する、なきものにする

本文の以下の例文を参考にして、トルコ語で文章を作りなさい。

1) Denizin kıyısını yarım saattir tırmıkla temizliyoruz.
私たちは浜辺をくま手で清掃しはじめて半時間になります。

1-1) 私たちは大学でトルコ語を学びはじめて2年になります。

1-2) 私の友人のネディム（Nedim）は日本に住んで10年になります。

2) Bunların hiçbiri denize ait değil.
これらはどれ一つとしてもともと海のものではない。

2-1) この家々は全て（hepsi）あなたのものですか？

2-2) あぐらをかいて座ること（bağdaş kurmak）は、トルコ民族（Türkler）に属する一習慣（bir âdet）です。

3) Bu atıkları nasıl yok edeceğik?
私たちはこの廃棄物をどのように処分すればいいのだろうか？

3-1) 原爆（atom bombası）は全世界と全人類を破滅してしまいかねない（-ebilir）。

3-2) 私たちは世界平和（dünya barışı）のために戦争をなくしてしまわなければならない。

On Beşinci Ders   15-2.

15. Doğayı Kirletmeyelim (2) ＜つづき＞

15　Sonunda topladığımız çöpleri denizin iki yüz metre kadar uzağına taşıdık. Bir çukur kazdık. Çukurun içinde çöpleri yaktık. Külü de toprağa gömdük.

－ Çok mutluyum Seyfettin amca, denizi temizledik. Üstelik de çöpleri başka bir yeri kirletmeden yok ettik.

20　－ İyi de gökyüzüne doğru çıkan simsiyah dumanlar nereye gitti?

－ ....

－ Neden yanıt vermiyorsun? Ben söyleyeyim. Havaya karıştı.

－ Yani biz denizi temizlerken havayı mı kirlettik?

25　－ Bir bakıma öyle.

－ Hiçbir yeri kirletmeden temizleyemez miydik?

－ Evet, en iyisi......

－ Biliyorum, en iyisi doğayı hiç kirletmemektir.

[76／168語]

(Halil BANDIRMALI: *Çevre ve Sağlık Dergisi*/TDK 3:135-136)

語句と解説

sonunda 最後に　　topla-(r)（かき）集める　　～ kadar ～ほど、およそ～　　taşı-(r) 運ぶ
çukur 穴　　yak-(ar) 焼く、焼却する　　kül 灰　　üstelik さらに　　gökyüzü 大空
simsiyah 真っ黒な (← siyah)　　duman 煙　　karış-(ır) 混じる　　yani つまり、要するに
bir bakıma ある意味［見方］では

本文の以下の例文を参考にして、トルコ語で文章を作りなさい。

1) Çöpleri denizin iki yüz metre kadar uzağına taşıdık.
私たちはごみを海から200メートルほど遠くまで運んだ。

1-1) 私たちは海中20メートルほどの深さ（derin）まで潜った（dal-）。

1-2) 敵の戦車（düşman tankı）は私たちの家の100メートルほど近く（yakın）までやって来た。

2) Yani biz denizi temizlerken havayı mı kirlettik?
要するに私たちは海の掃除をしながら空を汚したのか？

2-1) 要するに彼は笑いながら泣いていたのか？

2-2) 要するに君はギャンブルで1,000円（yen）得る（al-）のに5,000円も損をした（kaybet-）のか？

3) En iyisi doğayı hiç kirletmemektir.
一番いいことは自然をまったく汚さないことだ。

3-1) 一番いいことはお金持ちになることではなく健康である（sağlıklı ol-）ことだ。

3-2) 一番いいことは私たちが自然と調和して（-ile uyum içinde）生活することだ。

On Altıncı Ders　　16-1.

16. Tarihimiz ve Türkçemiz (1)

　Türk ulusu çok eski ve zengin bir tarihe sahiptir. Bunu, yaklaşık 1200 yıl önceki ilk yazılı belgelerimizden anlıyoruz. Yazarlarımızın, bilginlerimizin ve tarihçilerimizin yazdıkları kitaplardan, tarihteki gelişmeleri öğrenebiliyoruz.
5　Bugüne kadar Türkler; Hun, Göktürk, Uygur, Selçuklu, Osmanlı gibi devletler kurmuşlardı. Asya, Avrupa ve Afrika'da Türk kültürünün ve tarihinin izlerini bugün bile görebiliyoruz. Tarihî eserler sayesinde Türklerin dünyanın nerelerinde yaşadıklarını öğrenebiliyoruz. Tarihimizi incelemek ve ulusça kazanılan
10 başarıları öğrenmek, bizde bağımsızlık düşüncesini geliştirmektedir.

[69／161語]

(Prof. Dr. Hamza EROĞLU: *Türk İnkılâp Tarihi*/TDK 4:12)

語句と解説

ulus 民族、国民　　zengin 豊かな　　sahip 所有している (-e)　　yaklaşık およそ　　ilk 最初の　　yazılı 文字の、文献の　　belge 文書、記録　　yazar 作家　　bilgin 学者　　tarihçi 歴史家　　gelişme 進歩、発展　　Hun フン (族)　　Göktürk 突厥　　Uygur ウイグル (人)　　Selçuklu セルジューク (人)　　Osmanlı オスマン (人)　　devlet 国家　　kur-(ar) 樹立する　　kültür 文化　　iz 跡、足跡　　eser 作品、遺物　　saye かげ → A (名詞) sayesinde A のおかげで　　incele-(r) 研究する　　ulusça 民族によって　　kazanıl-(ır) 獲得される　　başarı 成功　　bağımsızlık 独立、自主　　düşünce 思考、思想　　geliştir-(ir) 発展させる、高める

> 本文の以下の例文を参考にして、トルコ語で文章を作りなさい。

1)
> Türk ulusu çok eski ve zengin bir tarihe sahiptir.
> トルコ民族はとても古くて豊かな歴史を有している。

 1-1) アリの祖父（dede）は大農場を所有していた。

 1-2) 誰でも人権（insan hakları）を有している。

2)
> Bunu yaklaşık 1200 yıl önceki ilk yazılı belgelerimizden anlıyoruz.
> そのことはおよそ1200年前の最初の文献資料から理解できます。

 2-1) この土器（çömlek）はヒッタイト（Hitit）時代のもの（-e ait）で、およそ3500年前のもの（eser）です。

 2-2) この写真はアンカラにあるおよそ30年前のウルスの野菜市場（Ulus hali）の光景（görüntü）です。

3)
> Tarihî eserler sayesinde Türklerin dünyanın nerelerinde yaşadıklarını öğrenebiliyoruz.
> 歴史的作品のおかげでトルコ民族が世界のいかなる所に住んでいたのかを知ることができる。

 3-1) その本のおかげで私のトルコ語はとても進歩した（ilerle-）と思います。

 3-2) ムスタファの勇気（cesaret,-ti）のおかげで多くの子どもが救われた（kurtul-）のを私たちは知りました。

On Altıncı Ders 16-2.

16. Tarihimiz ve Türkçemiz (2) ＜つづき＞

Atatürk, bu nedenle Türk tarihinin araştırılmasına önem vermiştir. Bunun için 1930 yılında Türk Tarih Kurumunun kurulmasına öncülük etmiştir.

15 Türk devletlerinin her birinde bilginlerimiz, yazdıkları eserlerle Türkçeyi geliştirmişlerdi. Bu eserler sayesinde (ilk Türkçe sözlüğün yazılması gibi) Türkçemizin nasıl geliştiği hakkında bilgi sahibi olmaktayız.

Ulusal kültürümüzün oluşmasında, kuşaklar arasında bir bağ
20 kurulmasında dilin önemi büyüktür. Atatürk: " Ulusal kültürümüzü, yeni kuşaklara ancak dil aracılığıyla aktarabiliriz." diyerek Türk diline büyük önem vermiştir. Türk dilinin araştırılması ve geliştirilmesi için 1932'de Türk Dil Kurumunu kurmuştur. Bu kurumun çalışmalarından Türkçemizin dünyanın
25 en eski, en zengin dillerinden biri olduğunu öğreniyoruz.

[92／161語]

(Prof. Dr. Hamza EROĞLU: *Türk İnkılâp Tarihi*／TDK 4:12)

語句と解説

neden 理由　araştırıl-(ır) 研究される　kurum 協会　öncülük 先導、先駆 → ö. et- 先導する　her bir それぞれ　sözlük 辞書　～ hakkında ～に関して　bilgi 情報、知識　～ sahibi ol-(ur) ～を所有している　ulusal 民族の　oluş-(ur) 形成される、成り立つ　kuşak 世代　bağ 絆　ancak かろうじて、～でもって ［～して］はじめて…できる（← ebil 形とともに）　aracılık 仲介 → ～ aracılığıyla ～を介して、～を通して　aktar-(ır) 伝える

本文の以下の例文を参考にして、トルコ語で文章を作りなさい。

1) Türkçemizin nasıl geliştiği hakkında bilgi sahibi olmaktayız.
私たちのトルコ語どのように発展したかに関して私たちは情報をもっている。

　1-1) 日本民族がどこから来たのかに関して私たちは確かな情報をもっていない。

　1-2) ここで私たちはトルコ絨毯（Türk halısı）がどのようにして織られる（dokun-）のかに関して十分な情報が得られます。

2) Ulusal kültürümüzü, yeni kuşaklara ancak dil aracılığıyla aktarabiliriz.
我々の民族文化は新しい世代に言語を介してはじめて伝達できる。

　2-1) 私はあなたのお手紙に対してやっと今日お返事が書けました。

　2-2) 私たち人間はことば（söz）を介してはじめて理解し合う（anlaş-）ことができる。

3) Atatürk, Türk dilinin araştırılması ve geliştirilmesi için 1932'de Türk Dil Kurumunu kurmuştur.
アタチュルクはトルコ言語が研究され発展させられるために1932年にトルコ言語協会を設立した。

　3-1) 会議が開催されるために委員長（başkan）は全委員（üye）を召集した。

　3-2) 多くのお客が（konuk）参加できるように6カ月前から招待状（davetiye）が送付（dağıt-）されている。

On Yedinci Ders 17-1.

17. Dünyamızı Sevelim (1)

İnsanoğlu, binlerce yıldır doğaya egemen olmak istemiştir. Bunun sonunda da rahat bir nefese, bir tutam yeşile, bir yudum temiz suya hasret kalmıştır. İnsanlar dünyayı öylesine kirletmişler ki yarattıkları çöplükte şimdi boğulma tehlikesiyle
5 karşı karşıyalar.

Ülkemiz ne ölçüde temiz? Bu sorunun yanıtı hiç de iç açıcı değil.

Eskiden bir akvaryum gibi olan Marmara denizini endüstri atıklarıyla öldürdük. Karadeniz'de aşırı ve bilinçsiz avlanma
10 sonucu balığı bitirdik. Ünlü hamsimizin soyunu tüketmek üzereyiz.

[69／149語]

(Hasan CEMAL: *Cumhuriyet Gazetesi*/TDK 4:39)

語句と解説

dünya 地球　insanoğlu 人間、人類　binlerce 何千もの　egemen 支配権［主権］のある → e. ol- 支配する (-e)　bunun sonunda その結果　rahat 心休まる、安らぎの　nefes 呼吸、一時　tutam 一つかみ → bir t. 一つかみの、ほんの少しの　yudum 一飲み → bir y. 一口の　hasret なつかしさ → h. kal-(ır) 切望する、恋いこがれる (-e)　öylesine ~ ki ... 大変~したので…となる［…するほど~する］　yarat-(ır) 作り出す　çöplük ごみ捨て場、ごみの山　boğul-(ur) 窒息死する、溺れ死ぬ　tehlike 危険、危機　karşı karşıya 直面している (-ile)　ölçü 水準、程度　soru 質問、疑問 (*cf.* sorun 問題)　iç açıcı ほっとさせる、安心できる　akvaryum ガラスの水槽　endüstri 産業　öldür-(ür) 殺す　aşırı 過度な　bilinçsiz 無自覚の　avlanma 漁　balık 魚　bitir-(ir) 枯渇させる　ünlü 有名な　hamsi イワシ　soy 種（族）　tüket-(ir) 絶やす　-mek üzere- (連辞) まさに~するところ

> 本文の以下の例文を参考にして、トルコ語で文章を作りなさい。

1)
> İnsanoğlu, binlerce yıldır doğaya egemen olmak istemiştir.
> 人類は何千年にもわたって自然を支配しようと望んだのである。

1-1) 二国はこの小さな島を支配するために激しく（şiddetle）戦っている。

1-2) 日本製品（Japon malları）はアメリカ市場（pazar）を支配するだろうか？

2)
> İnsanlar şimdi çöplükte doğulma tehlikesiyle karşı karşıyalar.
> 人間は今やごみ捨て場で溺れ死ぬ危険に直面している。

2-1) その軍艦（savaş gemisi）は今や海で沈没する（bat-）危険に直面している。

2-2) 日本はこの10年ずっと経済危機（ekonomik kriz）に直面している。

3)
> Ünlü hamsimizin soyunu tüketmek üzereyiz.
> 私たちは有名なイワシの種を今にも絶滅させてしまいそうだ。

3-1) 太陽が今にも向かいの山（karşı dağ）から昇りそうだ。

3-2) 私がちょうど家から出ようとしていたときに電話がかかってきた（telefon gel-）。

On Yedinci Ders　17-2.

17. Dünyamızı Sevelim (2) <つづき>

　Sıra Akdeniz'de şimdi. Dünyanın en güzel kıyılarından biri olan Gökova Körfezi'ne termik santral yapıyoruz. Aliağa'ya ve birçok kıyı kentine yeni termik santraller yapmaya başlıyoruz. Yatağan
15 ve diğer termik santrallerin çevreye verdiği zarar ortadayken, hâlâ bunları yapabiliyoruz.

　İstanbul'da yazları denize girmek, lağımda yüzmekle eş anlama gelmektedir. Turizmde dünyaya övünerek tanıttığımız Akdeniz kıyılarında aynı tehlike hızla büyümektedir.
20　Doğudan batıya tüm ülkelerde insanlar, daha temiz bir dünya için el ele vermeliler. Çöp toplamalı, ağaç dikmeliler. Yeşil ve temiz bir çevre için seslerini duyurmalılar.

[80／149語]

(Hasan CEMAL: *Cumhuriyet Gazetesi*/TDK 4:39)

語句と解説

sıra 順番　　Gökova Körfezi ギョコヴァ湾（← Muğla ムーラ県）　　termik 熱の → t. santral (-li) 火力発電所　Aliağa アリアー（← Bergama ベルガマ県）　Yatağan ヤターン（← Muğla ムーラ県）　ortada 明白な　hâlâ いまだに　yazları 夏に　lağım 下水路　yüz-(er) 泳ぐ　eş 同一の　anlam 意味 → anlama gel-(ir) 意味となる　övün-(ür) 誇る　tanıt-(ır) 紹介する　hızla 急速に　doğu 東洋　batı 西洋 → doğudan batıya 世界中の　el ele 手に手をとって → el ele ver-(ir) 協力する　dik-(er) 植える　ses 声 → s. duyur-(ur) 発言する（← 声を聞かせる）

> 本文の以下の例文を参考にして、トルコ語で文章を作りなさい。

1)
> Dünyanın en güzel kıyılarından biri olan Gökova Körfezi'ne termik santral yapıyoruz.
> 私たちは世界で最も美しい海岸の一つであるギョクオヴァ湾に火力発電所を建設しています。

1-1) トルコ語は世界で最古の言語の一つであると言われて（söylen-）いる。

1-2) トルコの最高峰の一つである アララット山（Ağrı Dağı）へ登るにはトルコ政府（Türk Hükümeti）の許可を得なくてはならない。

2)
> İstabul'da yazları denize girmek, lağımda yüzmekle eş anlama gelmektedir.
> イスタンブルで夏に海へ入るのは下水路で泳ぐのと同じことを意味する。

2-1) その作家にとっては小説（roman）を書くことは生きることと同義である。

2-2) ギャンブルをする（kumar oynamak）ことは、結局は一文なしになる（parasız kal-）ことと同じ意味です。

3)
> İnsanlar daha temiz bir dünya için el ele vermeliler.
> 人間はより汚染のない世界をめざして協力しなければならない。

3-1) 人間はより安全な（güvenli）社会をめざして協力しなければならない。

3-2) 私たちはより一層住みよい（rahat yaşayabil-）町を作るために協力していかなければならない。

On Sekizinci Ders 18-1.

18. Güzel Sanatlar (1)

Sanat, insanın düşüncelerini ve duygularını yaratıcı bir biçimde anlatmak için bulduğu yoldur. Bu anlatım sözle, yazıyla, müzikle, resimle olabilir. İnsanoğlu böylece beğenilecek, hayranlık duyulacak güzel yapıtlar yaratır. Şiirler, romanlar,
5 öyküler, oyunlar, vb. yazar. Şarkılar, türküler besteler. Yontular, resimler yapar, binalar kurar.

İnsanları duygulandıran edebiyat, müzik, resim, yontuculuk, mimarlık, tiyatro... gibi sanat dallarının tümüne güzel sanatlar diyoruz.
10 Atatürk güzel sanatları, uygarlaşmak için ön koşul sayardı. Bir ulusun sanatsız ve sanatçısız uygarlaşamayacağını düşünür ve söylerdi.

[72／149語]

(Prof. Dr. Hamza EROĞLU: *Türk İnkılâp Tarihi*/TDK 4:67)

語句と解説

sanat 芸術 → güzel sanatlar「美的芸術」；＜これに対応する英語訳 fine arts「造形芸術」は、主として絵画、彫刻、建築を示すが、トルコ語 güzel sanatlar は、本文の説明にもあるように、文学、音楽、演劇をも含むより広義の"芸術一般"を指す。日本語の適訳が見当たらないので、とりあえず直訳的な「美的芸術」としておく＞。　duygu 感情　yaratıcı 創造的な（← yarat- 創造する）　biçim 形式、様式　anlat-(ır) 表現する　yol 方法　anlatım 表現　yazı 文章、文字　müzik 音楽　resim (-smi) 絵画　ol-(ur) 成り立つ、可能となる　beğenil-(ir) 愛好される　hayranlık 賞賛、感嘆　duyul-(ur) 感じられる　yapıt 作品　şiir 詩　roman (長編) 小説　öykü 短編 (小説)　oyun 戯曲　vb. など (← ve başkaları/ve benzeri)　şarkı 歌 (一般)　türkü 民謡　bestele-(r) 作曲する　yontu 彫刻　bina 建物　kur-(ar) 建造する　duygulandır-(ır) 感動させる　edebiyat(-tı) 文学　yontuculuk 彫刻 (作品)　mimarlık 建築　tiyatro 演劇　dal 分野、部門　uygarlaş-(ır) 文明化する (← 自動詞)　ön koşul 前提条件、第一条件　say-(ar) ～とみなす　sanatçı 芸術家

本文の以下の例文を参考にして、トルコ語で文章を作りなさい。

1) Bu anlatım sözle, yazıyla, müzikle, resimle olabilir.
この種の表現は、言語、文章、音楽、絵画によって成り立つ。

    1-1) コミュニケーション (iletişim) は、話すこと (konuşma) と聞くこと (dinleme) で成り立つ。

    1-2) 友情はお互い (birbiri) を信じ、尊重する (saygı göster-) ことで成り立つ。

2) Sanat dallarının tümüne güzel sanatlar diyoruz.
芸術分野の全体を美的芸術（＝Fine Arts）と呼んでいます。

    2-1) あなた方はトルコ語でこの花を何と呼んでいますか？

    2-2) トルコでは影絵芝居 (gölge oyunu) のことをカラギョズ（"Karagöz"）と呼んでいます。

3) Bu ulusun sanatsız ve sanatçısız uygarlaşamayacağını düşünürdü.
彼はこの国民は芸術と芸術家なしでは文明化しえないだろうと考えていた。

    3-1) 私はどんな国民でも教育 (eğitim) なしでは文明化しえないだろうと思っています。

    3-2) 私は、絵画 (tablo) がなく彫刻 (heykel) がない美術館はあり得ないだろうと思っています。

On Sekizinci Ders 18-2.

18. Güzel Sanatlar (2) <つづき>

Bilim ve sanattaki yenilikleri, nereden olursa olsun doğrudan doğruya almak isteğindeydi. Güzel sanatların hepsinde gençliğin
15 ilerletilmesi için çalışmalar yaptı, birçok okul açtırdı.

　　Cumhuriyet kurulduktan sonra Ankara, İstanbul ve öteki şehirlerde sergiler açıldı, ödüller verildi. Anadolu'nun her yerinde kurulan halk evlerinde güzel sanatların tüm dallarında çalışmalar yapıldı.

20 "Efendiler! Hepiniz milletvekili olabilirsiniz, bakan olabilirsiniz, hatta cumhurbaşkanı olabilirsiniz ama sanatçı olamazsınız." diyen Atatürk, bu sözüyle sanatçıya verdiği önemi belirtmiştir. Atatürk zamanında yapılan çalışmalarla ülkemiz, kültür ve sanat alanında hızla gelişmiştir.　　　[77／149語]
　　　　　(Prof. Dr. Hamza EROĞLU: *Türk İnkılâp Tarihi*／TDK 4:67)

語句と解説

yenilik 新しさ、新奇性　　～ olursa olsun たとえそれが～であろうとも　　doğrudan doğruya 直接　istek 願い → -mek isteğinde ～することを願っている　　gençlik 若者（世代）　ilerletil-(ir) 進歩［発展］させられる　　açtır-(ır) 開けさせる　　öteki その他の　sergi 展覧会　　ödül 賞　　halk evi「国民の家」<1932年共和人民党政府によって社会改革理念の宣伝および成人の啓発活動のために設立された>。　çalışma 働き、努力　efendiler! 皆さん、諸君　milletvekili 国会議員　　bakan 大臣　　hatta さらに　　cumhurbaşkanı 大統領　belirt-(ir) 明らかにする　　alan 分野

本文の以下の例文を参考にして、トルコ語で文章を作りなさい。

1)
> Bilim ve sanattaki yenilikleri, nereden olursa olsun doğrudan doğruya almak isteğindeydi.
> 学問および芸術における新奇性は、たとえそれがどこからのものであろうとも、直接取り入れることを彼は願っていた。

1-1) その男は教育方法 (eğitim metodu) の新奇性を、それが誰からのものであろうと直接取り入れたいと願っていた。

1-2) 私は新しい会社の設立において (kurarken) 建設的な提案 (olumlu teklifler) は、たとえどんなものであろうとも、直接採用したいと願っています。

2)
> Cumhuriyet kurulduktan sonra Ankara'da sergiler açıldı.
> 共和国が建設されたあとアンカラで展覧会が開催された。

2-1) 天候が回復 (hava açıl-) したあと、漁師 (balıkçı) たちは海に出た。

2-2) 君は食事をとった (yemek ye-) すぐあとに (-den hemen sonra) 横たわるべきではない。

3)
> Hepiniz milletvekili olabilirsiniz ama sanatçı olamazsınız.
> あなた方はみんな国会議員になれるかもしれないが芸術家になれるとはかぎらない。

3-1) あなた方はみんなお金持ちになれる可能性があるが幸せになれる (mutlu ol-) とはかぎらない。

3-2) 全ての日本人 (her Japon) は日本語を話せるが日本語を教えられるわけではない。

On Dokuzuncu Ders 19-1.

19. Dilek'in Hastalığı (1)

Dilek'i, hastahanede annemi ziyarete gittiğimde tanıdım. Dokuz yaşında, neşeli cıvıl cıvıl, konuşkan; minik bir kuş gibi de ürker.

Dilek, zeytin karası iri iri gözlerini dikerek, bana yaşam
5 öyküsünü anlattı. Söğütlü köyünün eski muhtarının kızıymış. Babası okutmamış. Evleri, traktörleri, tarlaları, hayvanları varmış. Zaten hastahane görevlileriyle olan iletişiminden, varlıklı bir ailenin kızı olduğunu anlamıştım.

Bir gün Dilek, köydeki bahçelerini gezmeye gitmiş. Bakmış ki
10 marullar, maydanozlar, taze soğanlar yemyeşil. Oturmuş bahçeye; marulları, maydanozları koparıp koparıp yıkamadan yemiş. Akşam, evdekilere anlatıyormuş: "Aman babacığım! Bahçedeki marullardan, maydanozlardan bir yedim, bir yedim; iyice doydum."　　　　　　　　　　　　　　[88/174語]

(Komisyon/TDK 4:91)

語句と解説

Dilek ディレキ (名・女/男、本文では女)　　ziyaret 訪問 → -i ziyarete git- ～を訪問しに行く　neşeli 陽気な　cıvıl cıvıl 活発な　konuşkan おしゃべりな　minik 小さな　ürk-(er) びくびくおびえる、恥ずかしがる　zeytin オリーブ　kara 黒い → zeytin karası (塩漬け) オリーブのように真っ黒な　iri 大きな　dik-(er) 視線を向ける　yaşam 生活、人生　öykü 物語、話　Söğütlü ソユトゥル (地名、cf. söğüt 柳<原義>)　muhtar 村長　okut-(ur) 教育を受けさせる　traktör トラクター　zaten 実は、もともと　görevli 職員、関係者　iletişim 情報 (のやり取り)　varlıklı 裕福な　aile 家庭、家族　bahçe 菜園　gez-(er) 見て回る　bak-(ar) → bakmış ki... ふと見たところ…だった　marul レタス　maydanoz パセリ　taze 新鮮な　soğan タマネギ → taze s. 青ネギ　yemyeşil 真緑の　kopar-(ır) 摘み取る　yıka-(r) 洗う　Aman すごい！　ye-(r) 食べる → -den y. ～ (の一部) を食べる　iyice すっかり、十分　doy-(ar) お腹が一杯になる

本文の以下の例文を参考にして、トルコ語で文章を作りなさい。

1) Dilek'i, hastahanede annemi ziyarete gittiğimde tanıdım.
私はディレキを入院中の母を見舞いに行ったときに知った。

　1-1) 私が教授を部屋に訪問したとき教授はいなかった。

　1-2) 君が僕を訪ねてきてくれた（-i ziyarete gel-）とき僕はまだ寝ていた。

2) Hastane görevlileriyle olan iletişiminden, varlıklı bir ailenin kızı olduğunu anlamıştım.
病院の職員たちとのコミュニケーションから、彼女が裕福な家庭の娘であることがわかりました。

　2-1) そこで働いている人々との会話から彼がその会社の社長（genel müdür）であることが私にはわかりました。

　2-2) トルコに対する興味・関心（merak ve ilgi）から太郎がトルコ語を少し知っていることが私たちにはわかりました。

3) Bahçedeki marullardan, maydanozlardan bir yedim, bir yedim.
菜園のレタス、パセリを摘んでは食べ摘んでは食べました。

　3-1) 私はトルコ料理、トルコのお菓子（tatlı）を次から次へと食べました。

　3-2) 私は彼のあとから追いつける（ardından yetiş-）ように走りに走った。

On Dokuzuncu Ders 19-2.

19. Dilek'in Hastalığı (2) ＜つづき＞

15　Kısa bir süre sonra Dilek ishal olmuş. Kahve yalatmışlar, pirinç lapası yedirmişler, olmamış. Dilek'in ishali önceleri önemsenmemiş. Zaman geçtikçe iştahı kesilmiş, kısa sürede kilo kaybetmiş. Baş dönmeleri olunca aile endişelenerek onu hastahaneye getirmiş. Çeşitli tahliller sonucu hastalığın tanısı;
20　dizanteri. Telâşlanmışlar, korkmuşlar.

　　Doktorlar Dilek'e, tedavi edilince dizanterinin korkulacak bir hastalık olmadığını anlatmaya çalışmışlar.

　　Annemi hastahaneden aldık. Evde dinlenirken günler sonra telefonda Dilek şöyle diyordu:
25　— Teyzeciğim, ben iyileştim. Şu anda evdeyim. Buldukça, sağlıkla ilgili yazılar okuyorum. Artık yıkamadan hiçbir şey yemiyorum. Yıkamadan yenilen şeylerin hastalık yapacağını herkese söylüyorum.　　　　　　　　　　[86／174語]

(Komisyon／TDK 4:91)

語句と解説

ishal (-li) 下痢　　kahve コーヒー　　yalat-(ır) なめさせる → トルコ・コーヒーの沈殿物をなめさせるのは一種の下痢止め。他に、スプーン一杯程度の紅茶の葉を水と共に一気に飲み込む下痢止め民間療法も見られる。　　pirinç 米　　lapa かゆ　　önceleri 最初のうちは　　önemsen-(ir) 重視される　　iştah 食欲　　kesil-(ir) 切られる → iştah k. 食欲がなくなる　　kaybet-(der) 失う → kilo k. 痩せる　　baş 頭 → b. dönmesi 頭がくらくらすること、目まい　　endişelen-(ir) 心配する　　getir-(ir) 連れて来る　　çeşitli 様々な　　tahlil 検査　　sonuç 結果　　hastalık 病気　　tanı 診断　　dizanteri 赤痢　　telâşlan-(ır) 慌てふためく　　kork-(ar) 恐れる　　doktor 医者　　tedavi 治療　　korkulacak 恐れるべき　　şöyle 次のように　　iyileş-(ir) よくなる　　şu anda 今、現在　　sağlık 健康　　yenil-(ir) 食べられる ← ye-n-il-　　herkes みんな

本文の以下の例文を参考にして、トルコ語で文章を作りなさい。

1) Dilek'in ishali önceleri önemsenmemiş.
ディレキの下痢は最初のうちは重要視されなかった。

1-1) 近年は（son yıllarda）小学校でもパソコン教育（bilgisayar eğitimi）が重要視されてきました。

1-2) その揺れ（sarsıntı）は初めはそれほど重視されなかったが、あとから大きな津波（tsunami）が来たそうだ。

2) Çeşitli tahliller sonucu hastalığın tanısı; dizanteri.
様々な検査の結果、病気の診断は赤痢であった。

2-1) 様々な議論（tartışma）の結果、私たちはその計画を断念した。

2-2) ネディム（Nedim）は猛勉強（çok ders çalış-）の結果、医学部（tıp fakültesi）に合格できた（-e gir-）。

3) Artık yıkamadan hiçbir şey yemiyorum.
もう私は洗わずには何も食べていません。

3-1) もうあなたに相談せずには（size danış-）何も決めません（-e karar ver-）。

3-2) もう私は本を読まずには一日も過ごせません（gün geçir-）。

Yirminci Ders 20-1.

20. Kar Tanesinin Serüveni (1)

　Karlı bir günde pencereden dışarıyı izliyordum. Kar taneleri uçuşa döne her yere konuyorlardı. Çamaşır ipinin, ağaçların, duvarların her şeyin üstüne.

　Büyük bir kar tanesi pencereye doğru yaklaşıyordu. Elimi
5 pencereden çıkarıp kar tanesinin altına tuttum. Avucumun içine yavaşça kondu. Nasıl da temiz ve beyazdı. Ne kadar güzel ve düzgün biçimi vardı. Kendi kendime: "Şu kar tanesi dile gelip bana başından geçenleri anlatabilse." dedim.

　Kar tanesi dile geldi ve bana: "Serüvenimi öğrenmek istersen
10 dinle de anlatayım." dedi.

　Birkaç ay öncesine kadar bir damla suydum. Sonra öyle bir an geldi ki buharlaşıverdim. Benim gibi binlerce damlacık da buharlaştı. Bu yeni halimizde öyle hafiftik ki durmadan yükseliyorduk.　　　　　　　　　　　　　　　　[103／212語]

(Behreng Dizisi: *Pancarcı Çocuk*/TDK 4:94-95)

語句と解説

tane つぶ → kar tanesi 雪片　　serüven 冒険　　uçuş-(ur) 飛び交う　　dön-(er) 回る
çamaşır 洗濯物　　ip (-pi) ひも　　yaklaş-(ır) 近づく　　çıkar-(ır) 出す　　alt 下　tut-(ar)
差し出す　avuç 手のひら　nasıl da 何と！＜驚き、感嘆＞　düzgün 整った　dil 言語
→ dile gel-(ir) 話す、口を利く　başından geç-(er) その身の上に起こる　dinle-(r) 聴く
damla 滴　　öyle ... ki ～ …してその結果～する、～するほど…する　　an 時、瞬間
buharlaş-(ır) 蒸発する　　-iver-(ir) すばやく～する＜一種の補助動詞＞　hal (-li) 状態
hafif 軽い　durmadan 絶えず　yüksel-(ir) 上昇する

> 本文の以下の例文を参考にして、トルコ語で文章を作りなさい。

1)
> Elimi pencereden çıkarıp kar tanesinin altına tuttum.
> 私は窓から手を出して雪片の下へ差し出した。

    1-1) 彼は手を水道の蛇口（musluk）へのばし（uzat-）、水の下に差し出した。

    1-2) 私はストーブが燃えて（soba yan-）いるとき手をその上に（üstüne）かざした。

2)
> Serüvenimi öğrenmek istersen dinle de anlatayım.
> 私の冒険が知りたければ聴きなさい、話しておげるから。

    2-1) トルコ料理（Türk yemeği）が食べたいのなら私の家へ来なさい、作ってあげるから。

    2-2) 私の車を使いたいなら明日まで待ちなさい（yarına kadar bekle-）、貸してあげる（ver-）から。

3)
> Birkaç ay öncesine kadar bir damla suydum.
> 私は２、３ヵ月前までは一滴の水でした。

    3-1) 私は10日前までは普通のサラリーマン（sıradan bir memur）でしたが、今では有名な作家です。

    3-2) あの男なら２、３週間前まではうちの会社（firma）で働いていましたが、もう退職しました（ayrıl-）。

Yirminci Ders 20-2.

20. Kar Tanesinin Serüveni (2) ＜つづき＞

15　Hava soğumuştu. Güneşten hiçbir haber yoktu. Yağmur olup yeryüzüne dönmek istiyorduk. Yarı su, yarı buhar halindeydik. Yağmur olmak üzereyken hava birdenbire öylesine soğudu ki titredim.

　Arkadaşlarımdan biri: "Şu anda üstünde bulunduğumuz yer, 20　kış mevsimindedir." dedi. "Başka yerler daha sıcak olabilir. Bu ansızın bastıran soğuk bizim yağmur olmamızı önleyecek. Bak! Ben kar oluyorum. Sen de..."

　Arkadaşım sözünü sürdüremedi. Yeryüzüne doğru kar olup kaydı. Onun ardından ben ve benim gibi binlerce zerrecik, kar 25　olup yeryüzüne yağdık.

　Denizdeyken ağırdım. Oysa artık çok hafiftim. Saman gibi savruluyordum. Rüzgâr dileğimi yerine getirdi. Beni buralara üfürdü. Elini uzanmış görünce bir dost eli yakınlığı duydum.

　Burada kar tanesinin sözü kesiliverdi. Baktım ki bir su 30　damlacığına dönüşmüş.　　　　　　　　　　[109／212語]

(Behreng Dizisi: *Pancarcı Çocuk*／TDK 4:94-95)

語句と解説

soğu-(r) 寒くなる　　haber 兆し　　yeryüzü 地表、地面　　dön-(er) 戻る　　yarı 半ば　　buhar 水蒸気　　birdenbire 急に　　titre-(r) 震える　　üstünde その上で；üst-ü-n-de「その上で」とは、後続の被修飾語 yer を先取りした用法である。→ *cf*. 25課 [25-2. 練習問題 2)]。　mevsim 季節　　sıcak 暑い　　ansızın 急に　　bastır-(ır) 襲う　　soğuk 寒さ＜名詞用法＞　　önle-(r) 妨げる　　sürdür-(ür) 続ける　　kay-(ar) 滑り落ちる　　art 後ろ　　binlerce 何千もの　　zerre 微粒　　ağır 重い　　oysa しかし　　saman わら　　savrul-(ur) 舞い上がる　　-i yerine getir-(ir) ～を叶える、実行する　　üfür-(ür) 吹き飛ばす　　yakınlık 親近感　　kesil-(ir) 途切れる　　dönüş-(ür) ～に変化する (-e)

本文の以下の例文を参考にして、トルコ語で文章を作りなさい。

1)
> Bu soğuk bizim yağmur olmamızı önleyecek.
> この寒さは私たちが雨になるのを妨げるだろう。

    1-1) この交通事故 (trafik kazası) は私たちが飛行機に乗るのを妨げるでしょう。

    1-2) このスキャンダル (skandal) は私の友人が大臣 (bakan) になるを妨げるだろう。

2)
> Rüzgâr dileğimi yerine getirdi.
> 風が私の願いを叶えてくれた。

    2-1) 私はあなたのすべての希望 (her istek) を叶えてあげるように努力します。

    2-2) 人は努力して自分の約束を (kendi sözünü) 果たさなければならない。

3)
> Burada kar tanesinin sözü kesiliverdi.
> ここで雪片の言葉は一瞬のうちにとぎれてしまった。

    3-1) ネズミ (fare) は猫を見るやとっさに逃げ出した (kaç-)。

    3-2) 私の父は最近 (bugünlerde) テレビを見ていて (televizyon seyret-) 急に眠り込んでしまいます。

Yirmi Birinci Ders 21-1.

21. Yurt Sevgisi (1)

Yurt sevgisini tam olarak duyabilmek için, yurdun her köşesini tanımak ve oralarda yaşamak gerekir. Bizim yurdumuz, tanındıkça sevilecek bir yerdir.

İskenderun Körfezinden başlayarak Ege'ye doğru uzanan
5 güney sahilleri, başka hiçbir kıyıya benzemeyen bir dünyadır. Oralarda her şey başkadır. Limon, portakal bahçelerini, keçiboynuzu korularını, palmiyelerin zengin çeşitlerini bir yana bırakalım. Çeşit çeşit dikenler bile, yol kenarında kendi kendilerine yetişmiş, başlı başına bir süstür. Çoğaldıkça rengi
10 değişen sular gibi onların da sanki büyüdükçe renk değiştirdiği, bildiğimizden başka renklere boyandığı görülür. Bitip tükenmez koycuklarla dolu ve göz kamaştırıcıdır. Güneş altında uzaktan bakıldığı zaman sanki dalgalanarak sulara girip çıkmakla eğleniyor gibi görünen kıyılar ise bambaşkadır.

[101／193語]

(Reşat Nuri GÜTEKİN:<出典不明>/TDK 5:33-34)

語句と解説

yurt 祖国、国　tam 完全→t. olarak 完全に　duy-(ar) 感じる　köşe 隅　tanın-(ır) 知られる　İskenderun イスケンデルン（東地中海 Hatay＜＝Antakya＞県）　Ege エーゲ（海）　uzan-(ır) 延びる　sahil 海岸（線）　limon レモン　portakal オレンジ　keçiboynuzu イナゴマメ（の木）　koru 林　palmiye 椰子（の木）　bir yana bırak-(ır)（一時的に）除外する　çeşit 種類→ç. ç. 様々な　diken トゲのある植物（低木）　yetiş-(ir) 生える　başlı başına 独自に、そのままで　süs 飾り　çoğal-(ır) 増える　renk (-gi) 色　değiş-(ir) 変化する　değiştir-(ir) 変える　boyan-(ır) 色づく　bitip tükenmez 果てしない、尽きることのない　koy 入り江　göz kamaştırıcı 目もくらむような　dalgalan-(ır) 波立つ

> 本文の以下の例文を参考にして、トルコ語で文章を作りなさい。

1)
> Güney sahilleri, <u>başka hiçbir</u> kıyıya <u>benzemeyen</u> bir dünyadır.
> その南海岸は他のいかなる岸辺にも似ていない世界である。

1-1) アリにとって妻（eş）は<u>他のいかなるものにもたとえられない</u>存在（varlık）である。

1-2) 私の父は他の<u>いかなる人にも類をみない</u>厳格な男（sert bir adam）だった。

2)
> Çeşit çeşit dikenler yol kenarında <u>kendi kendilerine</u> yetişiyor.
> 様々なトゲのある植物が道端に自生している。

2-1) 暗闇でその古い家の戸が突然（birdenbire）<u>勝手に開いた</u>（açıl-）。

2-2) あなたは日本語を<u>独力</u>で学んだのですね。

3)
> Kıyılar sanki sulara <u>girip çıkmakla eğleniyor gibi görünüyor</u>.
> 海岸線はまるで水に入ったり出たりして楽しんでいるかのようにみえる。

3-1) その幼い子は電気を<u>つけたり消したりして</u>（lambayı yakıp söndür-）<u>楽しんでいるようにみえる</u>。

3-2) 最近（bugünlerde）君は授業に<u>遅刻したり</u>（geç kal-）来なかったりして<u>怠けている</u>（tembelleş-）<u>ようにみえる</u>。

— 69 —

Yirmi Birinci Ders 21-2.

21. Yurt Sevgisi (2) <つづき>

15 Şimdi, buradan içerilere, rasgele bir yere, örneğin Bolu, Safranbolu tarafına, ormanlar ve dağlar bölgesine geçelim. Burada da bambaşka bir dekor içindeyiz. Bir ovanın ortasından bu dağlara baktığımız zaman, alışık olmadığımız bazı manzaralar görürüz. Dağlar birbiri ardınca sanki uzaklara gider. İnsan gözü
20 için her yerde aynı olması gereken ufuk çemberi, burada bir buçuk, iki katı büyümüş gibi görünür. Dağların arkada olanlarının bazıları çok yüksektir. Sonra bu sıradağların tepeleri bazen bir ağaç, yahut bir orman parçasıyla süslenmiştir. Oysa orman ufuklarındaki tepeler, testere ağızları gibi baştan başa
25 tırtıllıdır. Bu durum bize bambaşka bir duygu verir.

[92／193語]

(Reşat Nuri GÜNTEKİN:<出典不明>/TDK 5:33-34)

語句と解説

rasgele(← rast gel-) 任意の　örneğin たとえば　Bolu ボル（県）　Safranbolu サフランボル（←Zonguldak 県）　dağlar 山々、山脈　bölge 地域　dekor 景観、景色　ova 平原、平野　alışık 慣れ親しんだ (-e)　manzara 景色　ardınca 連なって　aynı 同じ　gerek-(ir) 〜の必要がある、〜のはずである　ufuk 地平線、水平線、視界　çember 円、弧 → ufuk çemberi 視界の弧（→遠くで弧をなす視界）　kat (-tı) 倍　sıradağ 山脈、連峰　tepe 山頂　bazen 時おり、時には　parça 一部　süslen-(ir) 飾られる　testere ノコギリ　baştan başa 完全に　tırtıllı 刻み目のある、ぎざぎざ状の

本文の以下の例文を参考にして、トルコ語で文章を作りなさい。

1)
> Şimdi, buradan içerilere, <u>rasgele bir</u> yere, <u>örneğin</u> Bolu, Safranbolu tarafına geçelim.
> さて、それではここから内陸部、任意のどこか、たとえばボル、サフランボル方面へ移りましょう。

   1-1) それでは、このあと<u>任意の１冊の本、たとえば</u>トルコの昔話（masal）を読みましょう。

   1-2) 明日なら、<u>任意の時間、たとえば</u>午前10時に会えます。

2)
> Bu dağlara baktığımız zaman, <u>alışık olmadığımız</u> bazı manzaralar görürüz.
> その山々を見たとき、私たちが見慣れていないいくつかの光景が見えてくる。

   2-1) 私はある朝窓から外を<u>見たとき</u> <u>全く見たこともない</u>ある光景に直面した（ile karşılaş-）。

   2-2) あなたの飛行機がヴァン湖（Van Gölü）に<u>近づいたとき</u> <u>見たこともない</u>見事な（muhteşem）美しさが見えてくるでしょう。

3)
> Bu durum bize <u>bambaşka bir</u> duygu verir.
> この状況が私たちに全く違った感じを与えるのである。

   3-1) 本は読者（okuyucu）に<u>全く異なった</u>味わい（tat）を与えることがある。

   3-2) その映画（film）は私たちにトルコに関して（Türkiye hakkında）<u>全く違った</u>印象（izlenim）を与えるものだった。

Yirmi İkinci Ders 22-1.

22. Okuma ve Biz (1)

　Okumak çok yararlı bir iştir. Bir roman okurken kendimizden geçeriz. Kendimizi romanda anlatılan kişilerden birinin yerine koyarız. Onunla birlikte seviniriz, ağlarız, coşarız; içimiz içimize sığmaz. Böylece zamanın nasıl geçtiğini bilemeyiz.

5　Kimi kitaplar da bize bilgi kazandırır. Kafamıza takılan türlü soruların yanıtlarını buluruz kitaplarda. Uçaklar nasıl uçar, treni hızla götüren güç nedir? Koca koca vapurlar su yüzünde nasıl kalır? Bunun gibi soruları hep kitaplar yanıtlar.

　Kitaplar, hem bilgimizi artırır hem de duygularımızı geliştirir.

10　Kitapların yararları çok yönlüdür. Ancak, onlardan yararlanmasını bilmek gerekir. Bu da okuma sanatını bilmeye, onu ustalıkla kullanmaya bağlıdır. Birçokları satırları okur, ama satırların arkasında gizli olan duygu ve düşünceyi bulup ortaya çıkaramaz. Anlatılanlar üzerinde düşünmez.

[107／216語]

(Emin ÖZDEMİR: *Okuma Sanatı*／TDK 5:67-68)

語句と解説

yararlı 有益な　kendi*-den geç-(er) 我を忘れる、没頭する　X-i Y yerine koy-(ar) X を Y とみなす　sevin-(ir) 喜ぶ　coş-(ar) 興奮する　iç* iç*e sığma- 気持ちが抑えられなくなる　kimi いくつかの　bilgi 知識、情報　kazandır-(ır) 得させる　kafa 頭　takıl-(ır) 引っかかる　soru 疑問　uçak 飛行機　tren 汽車　koca koca 巨大な　vapur 船　yüz 表面　hep いつも　yanıtla-(r) ～に答える (-i)　artır-(ır) 増やす　geliştir-(ir) 豊かにする　yönlü 方向性をもった　yararlan-(ır) 利用する (-den)　sanat (-tı) 技法　ustalıkla 巧みに　bağlı 関係がある、依存している (-e)　birçokları 多くの人　satır (文章の) 行　gizli 秘められた　ortaya çıkar-(ır) 明らかにする　üzerinde ～に関して

— 72 —

本文の以下の例文を参考にして、トルコ語で文章を作りなさい。

1)
> Kendimizi romanda anlatılan kişilerden birinin yerine koyarız.
> 私たちは自分自身を小説で語られた人物の一人とみなすのである。

　　1-1) これからは私を友人ではなくて兄弟とみなすとよい！

　　1-2) かれらは私をロバとみなしていた。そのために大喧嘩（büyük bir kavga）になった。

2)
> Kitaplar, hem bilgimizi artırır hem de duygularımızı geliştirir.
> 本は私たちの知識を増やすとともに感情をも育んでくれる。

　　2-1) 入浴（banyo）は私たちの疲れを取り除いて（gider-）くれるだけでなく私たちの身体（vücut）もリラックスさせてくれる（rahatlat-）。

　　2-2) 旅は私たちの知識を増やしてくれるだけでなく新しい友情を築く（yeni dostluklar kur-）ことも可能にしてくれる（sağla-）。

3)
> Bu da okuma sanatını bilmeye, onu ustalıkla kullanmaya bağlıdır.
> それはまた読む技法を知り、それを巧みに活用することと関係している。

　　3-1) 宝くじが当たる（milli piyango çık-）か否かは全く君の運（şans）次第である。

　　3-2) あの俳優志願者（aktör adayı）が人気を得る（rağbet gör-）かどうかはどれほど巧みに演じるかに大いに関係している。

— 73 —

Yirmi İkinci Ders 22-2.

22. Okuma ve Biz (2) <つづき>

15 Düşünmediği için de okuduğunu anlamaz, anlamayınca da sayfaları atlar, kitaptan hiçbir tat alamaz.

İyi bir okuyucu, yazarla iş birliği yapmayı bilen okuyucudur. Yazarla iş birliği yapmak, onun ne söylediğini kavramak demektir. Kuşkusuz bu da kolay bir iş değildir. İnsandan sabır 20 ister, alışkanlık ister. Okuma sanatı da kolay kolay öğrenilemez. Bunu, ünlü Alman yazarı Goethe (Göte) şöyle belirtir: "Okuma, sanatların güç olanıdır. Ben bu işe seksen yılımı verdim, gene de okuma sanatını tam anlamıyla öğrendiğimi söyleyemem."

Kitaplar, bilgilerin saklayıcısıdır. Bilgileri geleceğe kitaplar 25 aktarır. Bir özdeyişte de şöyle deniyor: "Kitaplar bugünle gelecek arasında bilgi köprüleri kurar. Ne var ki bu köprüden geçebilmek, ondan yararlanabilmek için okuma sanatını iyi bilmek gerekir."

[109／216語]

(Emin ÖZDEMİR: *Okuma Sanatı*/TDK 5:67-68)

語句と解説

sayfa ページ　atla-(r) とばす、とばし読みする　tat 味、醍醐味　okuyucu 読者　iş birliği 共同（作業）　kavra-(r) 理解する、把握する　demektir 意味する　kuşkusuz 疑いなく　sabır 忍耐、辛抱　alışkanlık 慣れ　Alman ドイツ人　Goethe ゲーテ　belirt-(ir) 指摘する、定義する　gene de それでもやはり　tam anlamıyla 完全な意味で（は）　saklayıcı 保持するもの　gelecek 未来、将来　aktar-(ır) 継承する、伝達する　özdeyiş 格言、金言　köprü 橋　ne var ki しかし

本文の以下の例文を参考にして、トルコ語で文章を作りなさい。

1)

Yazarla iş birliği yapmak, onun ne söylediğini kavramak demektir.
作家と協同作業をするとは、彼が何を言っているのかを把握することである。

1-1) 彼に金を貸す（ödünç ver-）ことは返してもら（geri al-）えないことを意味する。

1-2) トルコで滞在することは必ずしも（her zaman）トルコ語がマスターできる（-e hakim ol-）ことではない。

2)

Ben bu işe seksen yılımı verdim, gene de okuma sanatını tam anlamıyla öğrendiğimi söyleyemem.
私はこの仕事に80年の歳月を費やしましたが、やはりそれでも読む技術を完全な意味で修得したとは言えません。

2-1) 私はこの仕事に50年の歳月を費やしたが、それでもまだまだ学ばなければならないことがたくさんある。

2-2) あの男は70年もの歳月を俳優業（aktörlük）にかけたが、それでも俳優業を完全な意味では修得できたとはいえないと言っている。

3)

Kitaplar bugünle gelecek arasında bilgi köprüleri kurar.
本は今日と未来との間に知識の橋をかけるものである。

3-1) 学生交換プログラム（öğrenci değişimi programı）は日本とトルコの間に友好（dostluk）の橋をかけるでしょう。

3-2) トルコ人は世界ではじめて（dünyada ilk kez）1973年にアジアとヨーロッパとの間に橋をかけた。

Yirmi Üçüncü Ders 23-1.

23. Bilim Yolu (1)

20. yüzyılın son çeyreğinde buluşların izlenmesi hemen hemen olanaksız. Her gün yüzlerce yeni buluş, teknolojide kullanılıyor, bilim dünyasına katılıyor, insanlığın hizmetine sunuluyor.

Günümüzde bilimin bu kadar hızlı gelişmesinin ve önem kazanmasının nedeni şudur: İnsanoğlu, son birkaç yüzyılda en doğruya bilimle varılacağını anladı.

Bilimsel çalışmalar sonucu, hastalıkların çoğunun nedenleri anlaşıldı. Bu nedenle, pek çok hastalığın tedavisi yapılabiliyor. Bu çalışmalar gelecekte de sürecek.

Bilim, toplum yaşamında önemli değişikliklere neden olmakta. Gelişmiş toplumlarda bu olguyu her alanda görüyoruz. Bilimsel bulgular, kişisel görüşlere, inançlara göre değişmez. Bir ülke sınırları içinde kalmaz, tüm insanlığın hizmetine sunulur.

[91/189語]

(Metin GÜL: *Açıklamalı — Uygulamalı Özdeyişler*/TDK 5:128-129)

語句と解説

bilim 学問　yüzyıl 世紀　çeyrek 1/4、四半分　buluş 発明、発見　izlen-(ir) たどられる、フォローされる　hemen hemen ほぼ、ほとんど　olanaksız 不可能な　teknoloji 科学技術　katıl-(ır) 加えられる　insanlık 人類　hizmet 貢献　sunul-(ur) 供される　günümüzde 今日、現在　neden 原因、理由　doğru 真実、正解　varıl-(ır) 到達する　<← 非人称>　bilimsel 学問的な　X-in çoğu Xの大半　tedavi 治療　sür-(er) 継続する　toplum 社会　yaşam 生活　değişiklik 変化　neden ol- 〜の原因となる、〜を引き起こす (-e)　olgu 現象　bulgu 発見　kişisel 個人的な　görüş 見解、考え方　inanç 信仰、信条　değiş-(ir) 変化する　ülke 国　sınır 境界　tüm 全ての

本文の以下の例文を参考にして、トルコ語で文章を作りなさい。

1)
20. yüzyılın son çeyreğinde buluşların izlenmesi hemen hemen olanaksız.
20世紀最後の四半世紀において様々な発見をフォローするのはほとんど不可能です。

1-1) あなたは実に多くの（pek çok）本を持っている。この本の全てが読まれるのはほとんど不可能です。

1-2) 近年はコンピュータの新モデル（yeni model）をフォローするのは経済的には（ekonomik bakımdan）ほとんど不可能です。

2)
Günümüzde bilimin bu kadar hızlı gelişmesinin nedeni şudur.
今日学問がこれほど急速に発展した理由は以下の通りである。

2-1) セリムがアイシェと離婚した（-den boşan-）理由は明らかでない。

2-2) オスマン帝国（Osmanlı İmparatorluğu）が崩壊した（çök-）諸原因が歴史学の分野（tarih alanında）で研究されている（araştırıl-）。

3)
Bilim, toplum yaşamında önemli değişikliklere neden olmakta.
学問は社会生活において重大な変化を引き起こしている。

3-1) 気の毒なことに（yazık ki）セリムの病気と失業（işsizlik）が離婚（boşanma）を招くことになったそうだ。

3-2) 1990年代の経済不況（1990 yıllarındaki ekonomik buhran）がオジの会社が倒産する（iflas et-）原因となった。

Yirmi Üçüncü Ders 23-2.

23. Bilim Yolu (2) <つづき>

15　Günlük yaşamda elektrik ve motor gücüyle çalışan çok sayıda araç gereçten yararlanıyoruz. Bilgisayarlar evlere kadar girmiş. Hızlı ulaşım ve iletişim araçları geliştirilmiş. Uzayda çeşitli araştırmalar yapılıyor. İnsanların sürekli kalabilecekleri uzay istasyonları kurmak için çalışılıyor. Bunlar, ilk anda akla
20　geliverenler. Tümü de bilimle gerçekleşmekte. Fakat bilim, her zaman iyi yönde kullanılmıyor. Son yılların güncel konusu nükleer güçtür. Bu güç, özellikle savaş araçları üretiminde kullanılıp geliştiriliyor. Ancak, bilgiler olumlu yönde kullanılmalı, gerçek amacından saptırılmamalı.
25　Bilim yolundan ayrılmak, insanlığın gelişmesini engeller; düşünceleri sınırlı, yapıcı ve yaratıcılıktan uzak kişilerin oluşturduğu toplumlar ortaya çıkar.

　　İnsanca yaşamak için bilimin doğru ve gerçekçi yolundan ayrılmayalım.

[98／189語]

(Metin GÜL: *Açıklamalı – Uygulamalı Özdeyişler*／TDK 5:128-129)

語句と解説

elektrik 電気　motor モーター、エンジン　çalış-(ır) 動く　çok sayıda 多くの　araç gereç 機械・道具類　bilgisayar コンピュータ　ulaşım 運輸　iletişim 通信　araç 手段　uzay 宇宙 → u. istasyonu 宇宙ステーション　sürekli 継続的に　ilk anda まず最初に　akla gel- 思い浮かぶ　-iver-(ir) すばやく～する＜補助動詞＞　gerçekleş-(ir) 実現する＜自動詞＞　yön 方向　güncel 目下の、時の　konu テーマ、話題　nükleer 原子の、核の　özellikle とくに　üretim 製造、生産　ancak しかし　olumlu 肯定的な　saptırıl-(ır) そらされる　ayrıl-(ır) 外れる、それる　engelle-(r) 妨げる　sınırlı 限られた　yapıcı 建設的な　yaratıcılık 創造性、オリジナリティ　oluştur-(ur) 築く　insanca 人間的に、人間にふさわしい方法で　gerçekçi 現実的な

— 78 —

本文の以下の例文を参考にして、トルコ語で文章を作りなさい。

1)
> Elektrik gücüyle çalışan çok sayıda araç gereçten yararlanıyoruz.
> 私たちは電気の力で動く多数の機械・道具類を利用している。

1-1) 私の友人はドイツで働く多数のトルコ人労働者 (Türk işçi) にアンケート調査をしている (anket yoluyla araştırmalar yap-)。

1-2) あなたはこの図書館でトルコ文学研究 (Türk edebiyatı araştırmaları) において仕事に役立つ (-e yara-) 多数のトルコ小説 (Türk romanı) が利用できます。

2)
> Bunlar, ilk anda akla geliverenler.
> そういったことがまず最初にパッと思い浮かぶ事柄です。

2-1) トルコのサッカー選手 (futbolcu) と言えば (deyince)、我われ日本人には (biz Japonların aklına) まず最初イルハンが思い浮かびます。

2-2) トルコの現代作家では (çağdaş Türk yazarlarından) まず最初誰があなた方の頭に浮かびますか？

3)
> Düşünceleri sınırlı ve yaratıcılıktan uzak kişilerin oluşturduğu toplumlar ortaya çıkar.
> 思考が狭く創造性からかけ離れた人たちが形成した社会ができる。

3-1) お金がたくさんあっても愛情から遠い人たちが築く家庭 (aile) は不幸 (mutsuz) である。

3-2) 資本 (anapara) が限られていても独創性が豊かな会社は事業 (iş) で成功しうる (başarılı ol-)。

Yirmi Dördüncü Ders 24-1.

24. Annem (1)

Annemin hiç fotoğrafı yoktu.
1926 yılında yirmi altı yaşındayken veremden ölen annem, bütün yaşamında resim çektirmedi. Çünkü o zaman bizde resim çektirmek günah sayılırdı. Yalnız, askerlik gibi resmî işleri için
5 erkekler, vesikalık resim çektirirlerdi.
　Annem ölüm döşeğindeyken ben, okuduğum yatılı okuldan çoktan ayrılmıştım. Ama bunu annem de babam da bilmiyordu.
　Beni annemin yanına sokmuyorlardı. Ölümünden bir gün önceydi. Annemin yattığı odanın kapısından, içerde
10 konuşulanları dinliyordum. Annemin şu sözlerini duydum.
　— Oğlum yatılı okulda ya, artık gözlerim açık gitmeyeceğim....
Oysa ben parasız yatılı okulu bırakmıştım.

[84／172語]

(Aziz NESİN: *Belirli Günler ve Haftalar*／TDK 5:151-152)

語句と解説

fotoğraf 写真 → Annenin hiç fotoğrafı yoktu「母の写真は1枚もなかった」のトルコ語表現（... var, ... yok）における数量詞（bir, iki, ... hiç, ...）は、名詞の直前に置かれるのが普通であって、日本語語順における＜ある／ない＞の直前でない点に要注意！　　yaş 年齢　verem 結核　　yaşam 人生、生涯　　resim (-smi) 写真 → r. çektir-(ir) 写真を撮らせる、撮ってもらう　　çünkü なぜなら　　günah 罪（宗教的）　　sayıl-(ır) みなされる　　yalnız ただ、単に　　askerlik 兵役　　resmî 公的な、公式の　　vesikalık 証明用の　　ölüm 死　döşek ベッド　　yatılı 寄宿の　　çoktan ずっと前に　　ayrıl-(ır) 中退する (-den)　sok-(ar) 入れる、近づける　　dinle-(r) 聴く　　duy-(ar) 聞こえる　　gözleri* açık git- 願いが叶わないまま死ぬ　　parasız 無料の　　bırak-(ır) やめる (-i)

> 本文の以下の例文を参考にして、トルコ語で文章を作りなさい。

1)
> Annemin hiç fotoğrafı yoktu.
> 私の母の写真は一枚もなかった。

　　1-1) 私の祖父の写真はたった1枚 (bir tek) しかなかった (＝1枚だけあった)。

　　1-2) 私はその事件のことは全く知らなかった (-den haberim yoktu)。

2)
> 1926 yılında veremden ölen annem, bütün yaşamında resim çektirmedi.
> 1926年に結核で亡くなった母はその全生涯において写真を撮らせなかった。

　　2-1) 先月ガン (kanser) で亡くなった祖母は写真を撮ってもらうのが大好きでした。

　　2-2) あの有名な女性ダンサー (dansöz) は無料では (ücretsiz) 決して自分の写真を撮らせない。

3)
> Oysa ben parasız yatılı okulu bırakmıştım.
> しかし私は無料の寄宿学校をやめてしまっていた。

　　3-1) 私はずっと以前にタバコをやめていました。

　　3-2) 子供たちよ、喧嘩 (kavga) をやめて仲直りしなさい (barış-)。

— 81 —

Yirmi Dördüncü Ders 24-2.

24. Annem (2) <つづき>

Annemin bu sözlerini duyunca, ağlayarak evden çıktım. O zaman on bir yaşındaydım.

15　Ertesi gün de annem öldü. Sesi hep kulağımdaydı.
"Oğlum yatılı okulda ya, artık gözlerim açık gitmeyeceğim."
Okumamın tek nedeni annemin bu sözleriydi. Hayatım boyunca bu sözler kulağımdan hiç eksilmedi. Hep onun bu sözlerini düşündüm. Yalnız bunun için okudum, okula gitmenin
20　yollarını aradım. Onun sözleri beni kamçıladı. Yoksa, okuldan ayrılan on bir yaşındaki ben, bir daha hiç okula gidecek değildim. Beni okula göndermeye zorlayacak kimse de yoktu, yoksulduk.
Bugünkü kişiliğimi anneme, özellikle annemden duyduğum son sözlere borçluyum.

[88／172語]

(Aziz NESİN: *Belirli Günler ve Haftalar*／TDK 5:151-152)

語句と解説

ertesi gün 翌日　　kulak 耳　　tek 唯一の　　hayat (-tı) 人生、生涯　　boyunca ～のあいだずっと → hayatım b. 私の生涯を通じて　　eksil-(ir) 消える　　yol 方法　　ara-(r) 探し求める　　kamçıla (-r) むち打つ、励ます　　yoksa そうでなかったら　　bir daha 二度と…ない (← 否定表現で)　　-ecek değil ～するつもりはない　　zorla-(r) 無理に～させる　　kimse 人、者　　yoksul 貧しい　　kişilik 人格、個性　　borçlu 負っている、借りがある → X-i Y-e borçlu X は Y のおかげである

本文の以下の例文を参考にして、トルコ語で文章を作りなさい。

1)
> Ben okula gitmein yollarını aradım.
> 私は学校へ行く方法を探した。

1-1) この1週間、僕はあの娘とデートする（-ile çık-）方法を探している。

1-2) 私たちはみんながコンピュータを簡単に利用できる方法を探している。

2)
> Ben bir daha hiç okula gidecek değildim.
> 私は二度と学校へ行くつもりはなかった。

2-1) 私は二度と日本へ戻るつもりはなかった。

2-2) アリはその仕事を辞める（bırak-）つもりはなかった。

3)
> Bugünkü kişiliğimi anneme borçluyum.
> 今日ある私の人格は母のおかげです。

3-1) 今の私の安楽な暮らしは亡き（ölmüş）父のおかげです。

3-2) 今日こうして私たちが大学で勉強できているのはまったく両親（anne ile baba）のおかげです。

Yirmi Beşinci Ders 25-1.

25. Hiroşimalar Olmasın (1)

"Kırk beş saniyede oldu her şey.
8.15'te Hiroşima vardı.
Hiroşima yaşıyordu.
Saniyelerin çiçek soluğunda
Saat 8.16 olduğunda
Yoktu Hiroşima."

—Ceyhun Atuf KANSU—

Tam elli yıl önceydi. 1945 yılının 6 Ağustos günü. Sabahın sekiz on beşinde Hiroşima göklerinde bir dev uçak belirdi. Adı Küçük Oğlan'dı. Bir adam bankanın önünde durup göklere baktı, bir an. Kırk beş saniyelik bir zaman parçası. Birden yok oldu. Gövdesi eridi. Gölgesi vurdu bankanın kaldırımına. Biri de geldi çekti o gölgenin resmini. Adam yoktu, ama gölgesi çıkmıştı kaldırıma....

[81／198語]

(Oktay AKBAL: *Hiroşimalar Olmasın*／TDK 6:9)

語句と解説

Hiroşimalar olmasın ノーモア・ヒロシマ (← No more Hiroshima)　saniye 秒　soluk 呼吸　gök 空　dev 巨大な → bir dev uçak「1機の巨大な飛行機」；この「bir＋形容詞＋名詞」の語順は、通常の語順「形容詞＋bir＋名詞」とは異なり、bir「1」がかなり意識された語順となっている。　belir-(ir) 現れる　oğlan 男の子 → Küçük Oğlan "Little Boy" ← (注)「Küçük Oğlan つまり Little Boy は、投下された"原爆の名称"であり、爆撃機の名称ではない。ちなみに爆撃機は"エノラ・ゲイ"である」　saniyelik 〜秒の　parça 一片　birden 一瞬にして　yok ol- 消滅する　gövde 体、胴体　eri-(r) とける　gölge 影　vur-(ur) たたきつける → gölgesi vurdu たたきつけられてその影が残る　banka 銀行　kaldırım 歩道 (ここでは建物入口の石段)　çık-(ar) (写真などが) 写る

> 本文の以下の例文を参考にして、トルコ語で文章を作りなさい。

1)
> Saat 8.16 olduğunda yoktu Hiroşima.
> 時刻が8時16分になったとき消滅した、広島は。

    1-1) 6時になると、毎朝私の父は家を出ます。

    1-2) 7時45分になると、毎朝テレビで天気予報 (hava raporu) があります。

2)
> 1945 yılının 6 Ağustos günü, sabahın 8.15'inde bir uçak belirdi.
> 1945年8月6日午前8時15分に1機の飛行機が現れた。

    2-1) 私は1985年4月10日午前6時24分に生まれたとのことです。

    2-2) あの大地震 (deprem) は2001年9月20日午後10時49分に起こった。

3)
> Biri de geldi çekti o gölgenin resmini.
> ある人がやって来て撮ったのである、その影の写真を。

    3-1) すぐに一人の新聞記者 (gazeteci) がやって来て、事件現場 (olay yeri) の写真を撮って行った。

    3-2) アイシェの父は、彼女の誕生日ごとに (her ~ -de) 彼女の写真を撮る。

Yirmi Beşinci Ders 25-2.

25. Hiroşimalar Olmasın (2) ＜つづき＞

15　Bir anda yüz bin insan öldü. Yüz bin de yaralı. Kuşaklar boyu sürüp gitti hastalıklar. O gün doğmamış çocuklar bile kurtaramadı kendini bu hastalıktan. Kollarda, bacaklarda, yanaklarda derin izleri kaldı atom yanıklarının....

　　Aradan tam elli yıl geçti. Evet, yeryüzünün herhangi bir
20　kentine bir daha atom bombası atılmadı. Ama yeryüzünün dört bir köşesinde sonu gelmeyen acılar, kanlı olaylar, savaşlar sürdü, sürüyor da.... Sanıldı ki insanlık bir ders alacak Hiroşima'dan, savaştan... Olmasın dendi, Hiroşima olmasın. Ama şimdilerde nice savaşlar, kıyımlar yaşanıyor yine de.

25　Ben Hiroşima'ya 1970 yılında gitmiştim. Şimdi bir kez daha, Hiroşima'dan yarım yüzyıl sonra dünyanın içine düşürüldüğü kanlı çıkmazlar, insanoğlunun acılarından, kanlı çarpışmalardan hiçbir ders almadığını göstermiyor mu? Boşuna mı bunca çaba, bunca kitap, bunca barış çığlığı?　　　　　[117／198語]

(Oktay AKBAL: *Hiroşimalar Olmasın*/TDK 6:9)

語句と解説

yaralı 負傷者、負傷した　　kuşak 世代　　～ boyu ～の期間にわたり　　sürüp git- 続いて行く　　kurtar-(ır) 救う　　kol 腕　　bacak 脚　　yanak 頬　　derin 深い　　iz (傷) 跡　　atom 原子　　yanık やけど、焼けた　　yeryüzü 地上、地球上の　　herhangi bir ある～、何らかの～　　bomba 爆弾　　atıl-(ır) 投下される　　dört bir köşe 四方八方　　son 終わり　　acı 苦しみ　　kanlı 流血の　　olay 出来事、事件　　sanıl-(ır) 思われる　　ders 教訓　　olmasın それはあってほしくない　　den-(ir) 言われる　　nice 多くの　　kıyım 大量殺戮、不当・不正な行為　　yaşan-(ır) 経験・体験される　　düşürül-(ür) 落とし込まれる、はまり込む　　çıkmaz 窮地、行き詰まり　　çarpışma 紛争、衝突　　boşuna 無駄に、いたずらに　　bunca これほど多くの　　çaba 努力　　barış 平和　　çığlık 叫び

> 本文の以下の例文を参考にして、トルコ語で文章を作りなさい。

1)
> Yeryüzünün herhangi bir kentine bir daha atom bombası atılmadı.
> 地球上のいかなる都市も二度と原爆は投下されなかった。

   1-1) あなたはトルコのいかなる地域（bölge）においても実に豊かな民俗舞踊（folklor）を見つけることができます。

   1-2) 私の友人は酒が大好きで、毎日何らかの理由をみつけては飲んでいる。

2)
> Yeryüzünün dört bir köşesinde sonu gelmeyen savaşlar sürdü, sürüyor da...
> 地球上のあちこちで終わりのない戦争が繰り返され、さらに今なお繰り返されている。

   2-1) トルコでは終わりのない話を「蛇話（yılan hikayesi）」と呼んでいる。

   2-2) 戦争から父親が戻らないあの幼い娘の家族はとても深い悲しみ（üzüntü）の中にあった。

3)
> Olmasın dendi, Hiroşima olmasın.
> それはあってほしくないと言われた、ヒロシマをくりかえさないように。

   3-1) （彼らには）聞かせるなと言われた、子供たちには聞かせるな。

   3-2) （それが）冷め（soğu-）ないようにと言われた。お茶が冷めないうちに（どうぞ）。

Yirmi Altıncı Ders 26-1.

26. İşitmek ve Dinlemek (1)

　Türlü nedenlerle iletişimde meydana gelen kopukluklar, insan ilişkilerimizi olumsuz yönde etkilemektedir. İletişimde kopukluklara yol açan nedenlerin bazısı farkında olarak, bazısı da farkında olmadan yaptığımız davranışların sonucudur.
5　Sık sık gözlemlemişimdir: Benim için önemli bir konuyu anlatırken karşımdaki yüzüme bakmakta ve beni işitmekte, ama aslında sözlerimi dinlememektedir. Bu boş ifade ve dinler görünme karşısında, içimden karşımdakini sarsmak, onun ilgisini çekmek gelir. Ama aynı şeyi ben yapmıyorum, diyebilir
10 miyim acaba?
　Geçen gün işlerimin üst üste ters gittiği bir zamanda, kafam borçlarımı nasıl ödeyeceğimle meşgulken, kedisini kaybetmiş olan komşumla karşılaştım. Kedisini bir daha hiç bulamayacağını sanıyordu. Ayrılırken bana bir soru sormuştu, ama neydi o, bir
15 türlü anımsayamadım.

[103／204語]
(Doğan CÜCELOĞLU: *İnsan İnsana*/TDK 6:16)

語句と解説

işit-(ir) 聞く　　iletişim コミュニケーション　　meydana gel- 生じる　　kopukluk 断絶
ilişki 関係　　olumsuz 否定的な　　yön 方向、側面　　etkile-(r) 影響を及ぼす　　yol aç-(ar) 原因となる (-e)　　neden 原因、理由　　～ farkında ol- ～に気づいている　　sonuç 結果
gözlemle-(r) 観察する　　karşı 目の前　　aslında 実際は　　boş うわの空の　　ifade 表情
dinler 聞いている<-er 形分詞>　　görünme 様子、そぶり　　～ karşısında ～に直面して
içimden ～ gel-(ir) 私は内心～したくなる　　sars-(ar) 揺する　　üst üste 連続して　　ters 逆に → t. git- うまく行かない、裏目に出る　　kafa 頭　　borç 借金　　öde-(r) 支払う
meşgul (-lü) ～で気を取られている (-ile)　　kedi 猫　　kaybet-(-der) 失う　　san-(ır) 思う　　bir türlü 全く…ない<否定表現で>

本文の以下の例文を参考にして、トルコ語で文章を作りなさい。

1) O nedenlerin bazısı <u>farkında olmadan</u> yaptığımız davranışların sonucudur.
その原因のいくつかはそうとは気づかずに行った行為の結果である。

1-1) アリは<u>そうとは気づかずに</u>アイシェの心を傷つけた (hatırını kır-)。

1-2) 私は<u>そうとは気づかず</u>同じ本をまた買ってしまった。

2) Ama aynı şeyi ben yapmıyorum, <u>diyebilir miyim acaba</u>?
しかし同じことを私はやっていないと、はたして言えるだろうか？

2-1) そのような間違いを私はおかしたことがないと、<u>言えるだろうか</u>？

2-2) あの出来事は君に全く<u>関係がない</u> (-ile ilgi* yok) と、はたして言えますかね？

3) Geçen gün, <u>kafam</u> borçlarımı nasıl ödeyeceğimle <u>meşguldü</u>.
先日は借金をいかに返すべきかで私の頭はいっぱいだった。

3-1) この1週間、私は今度の口頭試験 (önümüzdeki sözlü sınav) <u>で頭がいっぱい</u>です。

3-2) この3月から学生たちは授業どころか (dersler yerine) 就職活動 (iş aramak) <u>で頭がいっぱいです</u>。

Yirmi Altıncı Ders 26-2.

26. İşitmek ve Dinlemek (2) ＜つづき＞

Ertesi gün yanına gittiğimde çok sevinçliydi. Kediyi bizim çocuklar bulmuşlar ve getirmişler... Çocuklara benim söylediğimi, kedisini arattığımı sanıyordu... Bense bunu unutup gitmiştim. Besbelli ben ve komşum o gün karşılaştığımızda,
20 sorunları iyice yoğunlaşmış olan kendi iç âlemimizden bazı sesler yansıtmış, ama kendi dünyalarımızın içinden çıkıp birbirimizle ilgilenememiştik.

Bazı okullarda "konuşma ve diğer insanları etkileme" üzerine dersler verilir, ancak bunun bir parçası olan "karşımızdakini
25 anlayabilmek için dinleme" konusunda hiçbir resmî öğrenim, bilgi sağlamaz. Başarılı bir iletişim açısından gerekli olan "anlayabilmek için dinleme", bu durumda kişinin kendi kendisini eğitmesine kalmakta ve bazı kişilerde doğal olan bu nitelik, pek çoğumuz için gerçekten bir eğitim gerektirmektedir.

[101／204語]

(Doğan CÜCELOĞLU: *İnsan İnsana*/TDK 6:16)

語句と解説

sevinçli 喜んだ　getir-(ir)（話者のところへ）持って来る、（話し相手のところへ）もって行く；これはちょうど gel-(ir) の用法「来る、行く」に対応する。本文で getir-「連れて来る」が用いられているのは、話者が隣人のそばに来ているからである。もし話者が隣人とは別のところにいて子供たちが「連れて行く」ならば、götür-(ür) となる。　arat-(ır) 探させる　unutup git- 忘れ去ってしまう　besbelli (← belli) 全く明らかに　iyice かなり　sorun 問題　yoğunlaş-(ır) 厳しくなる、深刻化する　iç 内面の、心の　âlem 世界　yansıt-(ır) 反射させる　～ içinden çık-(ar) ～の中から抜け出る　ilgilen-(ir) 関心を抱く、かかわる (-ile)　etkileme 影響を及ぼすこと　～ üzerine ～に関する　～ konusunda ～に関して　resmî 正規の、正式の　öğrenim 教育　sağla-(r) 保障する、得ることを可能にする　başarılı 成功裡の、効果的な　～ açısından ～の観点から　kendi kendi* *自身　eğit-(ir) 教育する　kal-(ır) ～に委ねられる (-e)　doğal 自然な　nitelik 特性、特質、資質　gerçekten 実際に　gerektir-(ir) 必要とする

（本文の以下の例文を参考にして、トルコ語で文章を作りなさい。）

1)
Kediyi bizim çocuklar <u>bulmuşlar ve getirmişler</u>.
その猫は、うちの子供たちが見つけて連れて来たようだった。

    1-1) うちの行方不明になった（kayıp）犬は近所の子供たちが<u>見つけてわが家へ連れて来てくれた</u>そうだ。

    1-2) 彼の財布（cüzdan）はうちの娘が<u>見つけて持って行った</u>らしい。

2)
Çocuklara benim söylediğimi, kedisini aratığımı sanıyordu.
彼は、子供たちにこの私が言って猫を探させたと思っていた。

    2-1) 母はこの僕が父に言って、あのバイク（motosiklet, -ti）を<u>買わせた</u>（satın aldır-）<u>と思っていた</u>。

    2-2) 私はそのケーキ（pasta）をアリが望み、アイシェに<u>作らせたのだと思っていた</u>。

3)
Bu nitelik, <u>pek çoğumuz için</u> gerçekten bir eğitim <u>gerektirmektedir</u>.
この特性は、私たちのかなり多くの者にとって実際にある種の教育を必要としている。

    3-1) このような危機的状況（kriz ortamları）は、<u>私たちのかなり多くの者に新たな教育を必要としている</u>。

    3-2) 失業は私たちのかなり多くの者にとって新たな仕事の可能性を創出する（iş imkânları yarat-）ことを<u>必要としている</u>。

Yirmi Yedinci Ders 27-1.

27. Zeynep'e Mektup (1)

İstanbul, 25 Nisan 1964

Zeynep kardeşim,

Dün sana bir mektup postalamıştım. Bugün bir mektup daha
5 yazıyorum. Bir gün arayla mektup yazmama belki de şaşacaksın.
Bu mektubumu bir konuda sana akıl danışmak için yazıyorum,
düşünceme katılırsan, seninle iş birliği yaparız.
 Bir çocuk romanı yarışması açıldığını daha yeni öğrendim. Bak,
aklıma ne geldi: Birbirimize yazdığımız mektupları tarih sırasına
10 göre düzenlersek, onlar bir çocuk romanı olmaz mı? Ben senin
gönderdiğin mektupları saklıyorum. Sen de bir mektubunda,
benim sana yazdığım mektupları bir dosyada sakladığını
yazmıştın.

[81／156語]

(Aziz NESİN: *Şimdiki Çocuklar Harika*／TDK 6:99-100)

語句と解説

Zeynep ゼイネプ（名・女） kardeşim 私の親友（← 兄弟姉妹だけでなく、親しい友人に対しても気さくな呼びかけとして用いられる） postala-(r) 投函する ara 間隔 → bir gün arayla 1日おきに、1日間隔で belki おそらく şaş-(ar) 驚く (-e) konu 事柄 akıl (-klı) 知恵 danış-(ır) 相談する (-e) → akıl d. ~に相談する düşünce 考え katıl-(ır) 同意する roman 小説 yarışma コンクール açıl-(ır) 開催される daha yeni ~したばかり bak ほら、そこで（← 相手の注意を引く） aklıma gel-(ir) 私の頭に浮かぶ birbirimize 私たちお互いに tarih 日付 sıra 順 -e göre ~に応じて、~にしたがって düzenle-(r) 整理する gönder-(ir) 送る sakla-(r) 保存する dosya ファイル

本文の以下の例文を参考にして、トルコ語で文章を作りなさい。

1) Bir gün arayla mektup yazmama belki de şaşacaksın.
1日おきに私が手紙を書くのにたぶん君は驚くことでしょう。

 1-1) 私が1日おきに1冊の小説を読み終えるのにおそらく君は驚くことでしょう。

 1-2) 私が病気のとき、私の恋人が1時間おきに電話してきてくれたのにはとても驚きました。

2) Düşünceme katılırsan, seninle iş birliği yaparız.
僕の考えに賛成してくれるなら、君と共同作業をやろうよ。

 2-1) 彼らが私の考えに賛同してくれるのであれば、この計画で共同作業をしたい。

 2-2) 私があなたの考えに賛成しなければ、どうするつもりですか？

3) Bir çocuk romanı yarışması açıldığını daha yeni öğrendim.
児童小説コンクールが開催されているのをごく最近知ったばかりです。

 3-1) ――あなたはいつ日本に来たのですか？ ――私はまだ日本に来たばかりです。

 3-2) あなたも食卓 (sofra) へどうぞ、私たちはまだ食べ始めたばかりです。

Yirmi Yedinci Ders 27-2.

27. Zeynep'e Mektup (2) <つづき>

　Ne dersin, bu yarışmaya girelim mi? Düşüncemi uygun bulursan, sendeki mektuplarımı bana hemen uçak postasıyla
15 gönder. Çünkü yarışmaya katılma süresinin dolmasına çok az kaldı. Yarışmayı kazanırsak bu başarı ikimizin olacak. Yarışmaya ikimizin adıyla ortak gireceğiz.

　Mektuplarımızı yarışmaya sokmamızı doğru bulmuyorsan bunu da bana bildir. Senden bir dileğim var: Yarışmaya girelim
20 dersen sakın bunu kimseye söyleme, emi? Kazanırsak evdekilere sürpriz yapmış oluruz. Kazanamazsak, yarışmaya katıldığımızı kimseye söylemeyiz, ikimizin arasında kalır.

　Cevabını bekliyorum. Selâm ve sevgilerimle kardeşim.

[75／156語]

(Aziz NESİN: *Şimdiki Çocuklar Harika*/TDK 6:99-100)

語句と解説

ne dersin? 君はどう思いますか？　　gir-(er) 入る → yarışmaya g. コンクールに参加する　uygun 適切な　bul-(ur) ～と思う［みなす］　uçak postası 航空便　süre 期間　dol-(ar)（期限が）満ちる、終了する　kal-(ır) 残る　kazan-(ır) 入賞する　başarı 成功　ikimizin 私たち二人のもの　ortak 共同で、連名で　sok-(ar) 差し込む → 応募する　doğru 都合がよい　bildir-(ir) 知らせる　dilek 願い　sakın 決して～するな＜禁止表現で＞　emi? (＜e mi?)＝olur mu? tamam mı? いいかい？、OKかい？　sürpriz 驚き　ara 間 → *cf.* aramızda kalsın このことは内緒にしておこう、ここだけの話だよ　cevap 返事　selâm 挨拶　sevgi 愛

本文の以下の例文を参考にして、トルコ語で文章を作りなさい。

1) Ne dersin, bu yarışmaya girelim mi?
   どう思いますか、このコンクールに応募しましょうか？

   1-1) どう思いますか、この花瓶 (vazo) を君のお母さんにプレゼントしましょうか (hediye et-)？

   1-2) 明日お天気がよければ (hava güzelse) 一緒にピクニックへ行くのはどうですか (-meye ne dersin)？

2) Yarışmaya katılma süresinin dolmasına çok az kaldı.
   コンクールに応募する期限が終了するまでごくわずか残されているだけになった。

   2-1) ついに卒論提出 (mezuniyet tezini teslim etme) 期限が切れるまであと2週間を残すだけになった。

   2-2) 下の息子が大学を出る (üniversiteyi bitir-) まであと2年となった。

3) Kazanamazsak, yarışmaya katıldığımızı kimseye söylemeyiz, ikimizin arasında kalır.
   もし僕らが入賞できなかったら、コンクールへ応募したことを誰にも言わないでおこう、(そうしたら) 僕ら二人だけの秘密になる。

   3-1) もし合格できなかったら、私がその試験を受けた (sınava gir-) ことを誰にも言わないでください。

   3-2) もし宝クジが当たらなかったら、クジ券 (bilet) を買ったのを誰にも言わないでおこう。

Yirmi Sekizinci Ders 28-1.

28. Kitaba Hürmet (1)

Okumayı sever misiniz?

Böyle olur mu? Elbette seversiniz; sevmeseydiniz bu gazeteyi almaz, bu satırları da okumazdınız. Her kim olursa olsun bir yazarın seslendiği kimseler, muhakkak okumayı seven
5 kimselerdir. Ama kimisi çok, kimisi az okur.

Ben de sorumu sorarken özellikle bunu öğrenmek istiyorum: Az okuyanlardan mısınız? Çok okuyanlardan mısınız? Birinci sınıftansanız haksızsınız, çünkü az okumak hemen hemen hiç okumamakla birdir. Sizi bir kitap dostu olmaya davet ediyorum.
10 Dünyada kitaptan güzel ne vardır ki? İşte önünüzde iki yüz, üç yüz sayfalık bir kitap...Ne olduğunu, neden söz ettiğini bilmiyorsunuz. Yalnız ismini görüyorsunuz. Sadece biliyorsunuz ki bir romandır...

[95／193語]

(Nurullah ATAÇ: *Günce*/TDK 6:121)

語句と解説

hürmet 尊重、愛着、敬愛   olur mu? 許されるか？   elbette もちろん   gazete 新聞 al-(ır) とる、買う → almaz,... の下線部分は、次の文末の okumazdınız の時制・人称語尾 -dınız が省略されたものであって、決して3人称単数形の終止形と混同してはいけない。 her 各～   kim 誰 → her kim olursa olsun どんな人でも [← 譲歩構文で、あとの bir yazar ではなくて、kimseler にかかる］ seslen-(ir) 声をかける   muhakkak 必ず   kimisi そのうちのいくらか   soru 質問 → s. sor-(ar) 質問する   özellikle 特に   bunu そのことを [←本来は、<既述の事柄>を受ける。ここでは、直前の文<人によっては大変な読書家もいればほとんど読書をしない人もいる>が意識されつつ、コロン以下でより具体的に言い換えられている］。 ～den- 連辞 ～のうちの一人（一つ）   sınıf グループ   haksız 妥当性に欠ける、説得力に欠ける   -le birdir ～同然だ   dost (-tu) 友、愛好家   davet et- 招く、誘う   ön 前   sayfalık ページの（分量）   söz et- ～のことを言う (-den)   isim (-smi) 名前

本文の以下の例文を参考にして、トルコ語で文章を作りなさい。

1)
> Okumayı sevmeseydiniz bu gazeteyi almazdınız.
> あなたは読むことが好きでなかったらこの新聞を手にしなかったでしょう。

1-1) 君はトルコ語を勉強するのが好きでなかったらトルコまで行かなかったでしょう。

1-2) アリとアイシェはお互い (birbirlerini) 愛し合っていなかったら二人はきっと (kesinlikle) 結婚しなかったでしょう。

2)
> Az okumak hemen hemen hiç okumamakla birdir.
> 少しだけ読むのはほとんどまったく読まないのと同じです。

2-1) たったそれほど (sadece o kadarcık) しか食べないのは、私にしてみれば (bana göre) ほとんどまったく食べていないのと同じだ。

2-2) 魚にとって (balık için) 泳ぐのは人間にとって歩くのとほとんど同じです。

3)
> Sizi bir kitap dostu olmaya davet ediyorum.
> 私はあなたを本好きになるように誘っているのです。

3-1) 私の友人アリは私をネコ好き (kedi dostu) になるようにしつこく (ısrarla) 誘ってくる。

3-2) 私は自分の子供たちを本好きになるようにしきりと誘ったがダメだった。

Yirmi Sekizinci Ders 28-2.

28. Kitaba Hürmet (2) <つづき>

Hiç durmadan açın, belki içinde elemleri, sevinçleri,
15 muhabbetleri veya nefretleri sizi ilgilendirecek bir veya birkaç insanla tanışacaksınız. Onlarla birkaç saat veya birkaç gün beraber yaşayacak, onların sırlarını belki kendinizinkilerden de daha iyi öğreneceksiniz. Onların belki de dostu olacaksınız, onların kederlerine ağlayacak, mutlulukları ile sevineceksiniz.
20 Onlar da sizin dostunuz olacak; en ıstıraplı günlerinizden birinde bir roman kahramanının size geldiğini görebilir, "Bilmez misiniz? Ben de senin gibi idim!" dediğini duyabilirsiniz. Çok okuyan, öykü ve romanlarla geçen saatlerin kaybolmadığına inanan insan ömründe asla yalnız kalmaz.
25 Okuyun, ne bulursanız okuyun; hiç olmazsa bir kere açın. Çok mu fena buldunuz? Bırakması zor değil ya!....

[98／193語]

(Nurullah ATAÇ: *Günce*/TDK 6:121)

語句と解説

durmadan すぐさま、間を入れずに　elem 苦しみ　muhabbet (-ti) 愛情　nefret (-ti) 憎しみ　ilgilendir-(ir) 興味・関心を抱かせる　tanış-(ır) 知り合う (-ile)　sır (-rrı) 秘密　öğren-(ir) 聞き知る　keder 苦悩、悲しみ　ağla-(r) 泣く　mutluluk 幸せ　sevin-(ir) 喜ぶ　ıstıraplı 苦しい、辛い　kahraman 主人公　öykü 物語、短編（小説）　geç-(er) 過ぎる　kaybol-(ur) なくなる、消滅する　ömür (-mrü) 人生、生涯　asla 決して〜ない＜否定表現で＞　yalnız 孤独な　ne bulursanız あなたが何を見つけても［←譲歩構文］　hiç olmazsa 少なくとも　fena bul- 〜をひどい［悪い］と思う　bırak-(ır) 手放す → bırakması 文脈的には「それを手放すこと」と解するのが自然。ここで、動名詞 bırakma の意味上の主語 -sı は、英文法でいうところの「潜在目的語」（＝主語として立ちながら、不定詞の目的語として機能する；cf. *The book is difficult to understand.*）として働いているように考えられる。

本文の以下の例文を参考にして、トルコ語で文章を作りなさい。

1)
> Belki içinde elemleri veya sevinçleri sizi ilgilendirecek bir veya birkaç insanla tanışacaksınız.
> おそらくあなたはその中でその苦しみや喜びがあなたの関心を引く一人もしくは数人の人間と知り合うことになるでしょう。

1-1) その内容（içerik）がみんなの関心を引くニュースはありますか？

1-2) きっと（herhalde）その監督（yönetmen）が私の関心を一番引いたトルコ映画は『友』("Arkadaş") でしょう。

2)
> Onların kederlerine ağlayacak, mutlulukları ile sevineceksiniz.
> あなたは彼らの悲しみに涙し、彼らの幸せで喜びを感じることになるでしょう。

2-1) あなたたちは彼らの冗談（şaka）に笑い、彼らの話（konuşma）で楽しむことでしょう。

2-2) 私たちの不満（şikâyet）を聞いてあなたたちの誰もが驚き、最後には（sonunda）怒ることになるでしょう。

3)
> Çok okuyan insan ömründe asla yalız kalmaz.
> 読書量の多い人は人生において決して孤独にならない。

3-1) 人の話をよく聞く（dinle-）人も人生において決して独孤になることはないと言えるだろうか？

3-2) 日本ではよく寝る（uyu-）子（bebek）はよく育つと言われている。

Yirmi Dokuzuncu Ders 29-1.

29. Konuşma ve Hoşgörü (1)

Hoşgörülü olmak, bize hitap eden kimsenin söylediklerini, birtakım peşin yargılara dayanarak, tartışmadan reddetmek değil, bu söylenenleri dinleyip tarafsız bir görüşle inceledikten sonra karar vermektir.

5 Başkasının fikirlerini hiç incelemeden neden reddedelim? Neden bu fikirleri küçümseyerek karşılayalım? Biraz olsun gerçek payı yok mudur bu sözlerde? Bize bunları söyleyen hiç mi kafa yormadı acaba?

Bunun için size hitap eden kimsenin düşüncelerini öyle
10 dinleyip anlamadan reddetmeye kalkışmayınız. Onları inceleyiniz. Bakalım neler keşfedeceksiniz! Tabii bütün insanların düşüncelerinde olduğu gibi, iyi ve kötü taraflar olduğunu görecek, doğru ve yanlış noktaları fark edeceksiniz.

Öyleyse, kabul edilebilecek olanı açıkça kabul ediniz; geri kalan
15 kısmını da nezaketle tartışınız. Delillerinizi ortaya koyunuz, fakat karşı tarafın delillerini de dinleyiniz.　　　[108／202語]

(Saint-Laurent: *Konuşma Sanatı*/Çev.,: Cevdet PERİN, TDK 6:127)

語句と解説

konuşma 会話、スピーチ　hoşgörü 寛大さ　hoşgörülü 寛大な　hitap et- 話しかける　birtakım いくつかの　peşin yargı 予断、先入観　dayan-(ır) 基づく (-e)　tartış-(ır) 議論する　reddet-(eder) 拒否する　tarafsız 偏見のない　görüş 見方　incele-(r) 詳しく調べる、検討する　karar ver-(ir) 決定する、判断する　başkası 他人　fikir (-kri) 考え　küçümse-(r) 軽視する　karşıla-(r) 対応する　gerçek 真実　pay 部分、要素　kafa 頭 → k. yor-(ar) よく考える　bunun için それゆえに　kalkış-(ır) ～しようとする　(-e)　keşfet-(eder) 発見する　tabii 当然ながら　taraf (側) 面　nokta 点　fark et- 気づく　öyleyse それなら　kabul et- 認める　geri kal- あとに残る　kısım (-smı) 部分　nezaketle 丁寧に　delil 証拠、根拠　ortaya koy-(ar) 提示す　karşı 相手の

> 本文の以下の例文を参考にして、トルコ語で文章を作りなさい。

1)
> Başkasının fikirlerini hiç incelemeden neden reddedelim?
> 他人の考えを全く検討しないでどうして拒否できましょうか？

　　1-1) 私たちは他人の提案 (teklif) を全く検討しないでどうして受け入れる (kabul et-) ことができましょうか？

　　1-2) 私は他人の車を許可 (izin) も得ずにどうして使用しようできましょうか？

2)
> Biraz olsun gerçek payı yok mudur bu sözlerde?
> 少しなりとも真実の要素はないだろうか、その言葉には？

　　2-1) 少しなりとも値引き (indirim) の部分がないのですか、このカーペット (halı) には？

　　2-2) 少しなりとも怠け (tembellik) た要素はないのかね、君が仕事を解雇されたことには (işten atıl-)？

3)
> Delillerinizi ortaya koyunuz, fakat karşı tarafın delillerini de dinleyiniz.
> あなたの論拠を提示してください、しかし相手の論拠も聴いてください。

　　3-1) あなたの考えを述べなさい、しかし相手の考えにも耳を傾けなさい。

　　3-2) 君は自分自身の希望 (istek) ばかり言わないで、相手の希望も聴くべきだ。

Yirmi Dokuzuncu Ders 29-2.

29. Konuşma ve Hoşgörü (2) <つづき>

Mantık kurallarına uyarak tartışınız, duygularınıza kapılarak değil.

Konuştuğunuz kimsenin sözlerini hoşgörü ile karşılamayı
20 öğrendiğiniz zaman, herkes sizin sohbetinize hayran kalacaktır. Birtakım peşin yargılara, kişisel düşüncelere kapılarak, artık başkalarını kızdırmayacaksınız. Konuşmadan yepyeni bir zevk almaya başlayacaksınız.

Başkasının söyledikleri sözlerde doğru olan tarafları kabul
25 etmek konusunda zorluk çekmeyeceksiniz; konuştuğunuz insanlar da size aynı şekilde davranacaklar, düşüncelerinizin gerçek olanlarını seve seve benimseyecekler ve sizi sevindireceklerdir.

Bu yolla her iki taraf da sosyal yaşamın bütün yasalarına
30 uymuş olacak. Doğa, insanlar arasında çeşit çeşit huylar, zevkler ve düşünceler yaratmış ki bütün bu tartışmalar sonunda insanlığın hayrına yarayacak fikirler doğsun.

[94/202語]

(Saint-Laurent: *Konuşma Sanatı*/Çev.,: Cevdet PERİN, TDK 6:127)

語句と解説

mantık 理論、論理　　kural 規則、法則　　uy-(ar) 従う、則する (-e)　　duygu 感情　　kapıl-(ır) とらわれる (-e)　　hoşgörü 寛大な心　　sohbet (-ti) 話　　hayran kal-(ır) 感心する (-e)　　kişisel 個人的な　　kızdır-(ır) 怒らせる　　zevk (-ki) 喜び、好み　　-mek konusunda ～する点で　　zorluk çek-(er) 苦労する　　davran-(ır) 振る舞う　　seve seve 喜んで　　benimse-(r) 受け入れる　　yolla 方法で　　sosyal 社会的な　　yaşam 生活　　yasa 法律、規則　　huy 性格　　insanlık 人間、人類　　hayır (-yrı) 利益　　yara-(r) 役立つ、資する

本文の以下の例文を参考にして、トルコ語で文章を作りなさい。

1)
Mantık kurallarına uyarak tatışınız, duygularınıza kapılarak değil.
論理の法則に従って議論しなさい、感情にとらわれてではなくて。

1-1) 予定に従って行動しなさい（hareket et-)、気分 (keyif, -yfi) にとらわれてではなくて。

1-2) こちらの空き時間 (boş zaman) に合わせて来てください、あなた自身の空き時間に合わせてではなくて。

2)
Birtakım peşin yargılara, kişisel düşüncelere kapılrarak, artık başkalarını kızdırmayacaksınız.
なんらかの先入観や個人的感情にとらわれて、もう他人を怒らせたりすることもないでしょう。

2-1) 君たちは何らかの先入観にとらわれて、もう他人を軽蔑する (küçük gör-) こともないでしょう。

2-2) 君は自分自身の個人的な感情にとらわれて、もう私の気分を害し (beni kır-) 怒らせることはないでしょう。

3)
Doğru olan tarafları kabul etmek konusunda zorluk çekmeyeceksiniz.
あなたは正しい部分を認めるのには苦労しないでしょう。

3-1) 君はトルコ語を懸命に勉強すれば (Türkçeye iyi çalış-) 4年後にはトルコの小説を読むのに苦労しないでしょう。

3-2) 太郎はトルコの高校を卒業した (-den mezun ol-) ので難なくトルコ語を理解する。

— 103 —

Otizuncu Ders 30-1.

30. Bir Günüm (1)

7 Temmuz, Çarşamba

Sabah kahvaltımız harikaydı. Kahvaltı büfesinde çeşit çeşit peynirler, reçeller, kurabiyeler sergilenmişti.

Candan abla, programı bildirdi. "Çocuklar, önce kalenin içini
5 şöyle bir dolaşalım, bir fikriniz olsun. Sonra da Düden Şelâlesi'ne, Perge'ye, zaman kalırsa Düzler Çamı ve Güver Uçurumu'na gideriz" diyerek ellerini çırptı:

"Kale içini çok ama çok sevdim. Sanırım ben eski kentleri, eski sokakları, yenilere yeğliyorum. Burada da daracık parke
10 taşlı sokaklar, cumbalı evler vardı. Yollar bazen daralıyor ki üç kişi yan yana ancak yürüyebiliyordu. Eski zamanlarda insanlar surlarla çevrili bu bölgede yaşarlarmış."

Deniz kenarına indik, yine çok sayıda restoran, kafe yan yanaydı. Limanda gezi tekneleri bayraklarıyla cıvıl cıvıldı.
15 Birtakım adamlar gemi turlarına müşteri toplamak için avaz avaz bağırıyorlardı.   [108/207語]

(İpek ONGUN: *Kendi Ayakları Üstünde*/TDK 6:143-144)

語句と解説

kahvaltı 朝食、軽食　　harika 最高(の)　　büfe テーブル (バイキング式)　　reçel ジャム　　kurabiye クッキー　　sergilen-(ir) 並べられる　　Candan ジャンダン (名・男/女、ここでは女)　　program 予定　　kale 城　　şöyle bir さっと、ちょっと　　dolaş-(ır) 見物する　　Düden デュデン (地名)　　şelâle 滝　　Perge ペルゲ (地名/アンタリア県)　　Düzler デュズレル (地名)　　çam 松　　Güver ギュヴェル (地名)　　uçurum 絶壁　　çırp- (ır) 叩く　　çok ama çok すごく [←口語的表現]　　san-(ır) 思う　　kent (-ti) 都市　　yeğle-(r) より好む (-e)　　daracık とても狭い　　parke taşlı 敷石で舗装された　　cumbalı 出窓のある　　bazen 時々、所々　　daral-(ır) 狭くなる　　yan yana (横に) 並んで　　sur 城壁　　çevrili ～で覆われた (ile)　　bölge 部分 (空間)　　liman 港　　tekne 船 (小型)　　bayrak 旗　　cıvıl cıvıl にぎやかな、飾りたてられた　　gemi 船 (大型)　　birtakım いくつかの　　tur 旅、ツアー　　avaz avaz bağır-(ır) 大声で叫ぶ

> 本文の以下の例文を参考にして、トルコ語で文章を作りなさい。

1)
> Çocuklar, önce kalenin içini şöyle bir dolaşalım, bir fikriniz olsun.
> さあみんな、まずはじめにお城の中をさっと見学しましょう、いいですね。

　　1-1) 友達よ、まずホテルの部屋をさっと見てみることにしよう、いいですね。

　　1-2) 学生諸君よ、まずこのテーマについて (üzerine) 少し議論して (tartış-) みよう、いいですね。

2)
> Sanırım ben eski kentleri, eski sokakları, yenilere yeğliyorum.
> 私は古代都市や古代の道のほうが新しい時代のものよりも好きだと思っています。

　　2-1) 私は茶色の (kahve rengi) 靴のほうが黒いのより好きだと思います。

　　2-2) 私は小型車のほうが大型よりはるかに (daha çok) 好きだと思います。

3)
> Yine çok sayıda restoran, kafe yan yanaydı.
> またしても多くのレストラン、喫茶店が並んでいた。

　　3-1) その通りでは多くの店や大型店 (mağaza) が並んでいました。

　　3-2) その街角 (köşe) では中古の携帯電話 (ikinci el cep telefonu) を売る多くの店が並んでいるか、または (veya) 向かい合って (karşı karşıya) いる。

Otizuncu Ders　　　30-2.

30. Bir Günüm (2) ＜つづき＞

　Sonra Düden Şelâlesi'ne gittik. Perge, bildik ören yeri; kırık sütunlar, taşlar....

　"Bu taşları görmekten bıktım artık." Sıcak ve yine bir ören yeri Nami'nin sabrını taşırmıştı anlaşılan.

　"Fena mı, kültürün artıyor." dedi Zeynep. Nami'yi kızdırmak için.

　"Ne kültürü kızım, içim dışım taş oldu." diye Nami bir bağırdı ki herkes gülmekten katıldı.

　Tekrar Antalya'ya döndük. Biraz daha sokaklarda dolaştık. Palmiyeli caddeleriyle Antalya tam bir tatil kenti. Cadde üstündeki çay bahçelerinden birinde oturup bir şeyler yiyip içtik, sonra da otelimize döndük.

　Yemekten sonra deniz kenarına indik. Her yerden müzik sesi yükseliyordu. Gece öylesine ılık, öylesine gizemliydi ki bütün akşamı limanda gezinerek geçirdik.

[99／207語]

(İpek ONGUN: *Kendi Ayakları Üstünde*/TDK 6:143-144)

語句と解説

bildik よく知られた　　ören 遺跡　　kırık 壊れた　　sütun 円柱　　taş 石 (材)　　bık-(ar) 飽きる (-den)　　Nami ナーミ (名・男)　　sabır (-brı) 辛抱　　taşır-(ır) 限界を超えさせる　　anlaşılan 〜のようだ［文修飾］　　kültür 教養　　art-(ar) 増大する　　kızdır-(ır) 怒らせる　　Ne kültürü kızım「何の教養なんだ、え？」；最後の kızım は、Zeynep に対する呼びかけ。　　içim dışım 私の身も心も　　bir bağırdı ki … → bir は強調の副詞で、ここでは「大声で、激しく」のニュアンス。　　katıl-(ır) 息ができなくなる　　Antalya アンタリア　　dolaş-(ır) ぶらつく　　palmiye 椰子 (の木)　　cadde 大通り、メインストリート → c. üstünde 道路沿いに　　çay bahçesi 喫茶公園　　bir şeyler 何か　　yüksel-(ir) 鳴り響く　　öylesine 〜 ki … とても〜でその結果…となる　　ılık 暖かい　　gizemli 神秘的な　　gezin-(ir) ぶらつく　　geçir-(ir)（時間を）過ごす

本文の以下の例文を参考にして、トルコ語で文章を作りなさい。

1) Bu taşları görmekten bıktım artık.
こんな石を見るのはもううんざりだ。

1-1) もう勉強する (ders çalış-) のはうんざりだ！

1-2) 毎日パンを食べるのにはもううんざりした。

2) Sıcak ve yine bir ören yeri Nami'nin sabrını taşırmıştı anlaşılan.
どうやら暑さとさらなる遺跡にナーミはもう辛抱できなくなったようだ。

2-1) 試験と試験の恐怖 (sınav korkusu) でアリはもう辛抱できなくなったようだ。

2-2) 毎日雨が降り太陽が出ないこと (güneşin çıkmaması) で、その幼い女の子は辛抱できなくなったようだ。

3) Gece öylesine ılık, öylesine gizemliydi ki bütün akşamı limanda gezinerek geçirdik.
夜は実に暖かく、実に神秘的であったので夕方はずっと港をぶらついて過ごした。

3-1) 昨日はとても寒かったので私は終日家で小説を読んで過ごしました。

3-2) 私の友人は今日はとても忙しかった (meşgul, -lü) ので終日食事もとらずに過ごしたらしい。

解 答 例

[第1課]＜1. Ders＞ pp.2-3.

1. Doğuran Kazan 　「子を産む大鍋」

　ホジャはある日、隣人から一つの大鍋を借り求めました。その大鍋を数日間使用しました。返却するときに、その中に一つの小鍋を入れました。
　「これは何？」と言う隣人に対して、
　「あんたの大鍋が産んだのだよ」と（ホジャは）答えました。
　ホジャは数日後その隣人からふたたび大鍋を求めました。隣人は大鍋を喜んで貸し与えました。
　それから長い期間が過ぎました。しかし、ホジャは大鍋を返しに持って来ませんでした。心配して大鍋を求めた隣人に対して、
　「あんたの大鍋は死んだ」と答えました。
　そのことに大変驚いた隣人は、
　「何てこった、ホジャ、大鍋が死んだりしますか？」と尋ねました。ホジャはまったく考えることもなく答えました。
　「大鍋が子を産んだのを信じておきながら死んだのをどうして信じないのか？」と言いました。

　（イブラヒム・Z・ブルドゥルル：『愉快なお人、ナスレッティン・ホジャ』/TDK 1: pp.24-25.＜←「初等教育トルコ語教科書：1年」、24-25ページ、以下同様＞）

＊以下のトルコ語解答例において、[　　]は直前の語（句）と交換可能、（　　）は省略可能を示す。

1-1) 私は君に本を返すときにその中にお礼状（teşekkür mektubu）を入れておいた。
　　Ben sana kitabı geri verirken içine teşekkür mektubunu yerleştirdim.

1-2) 私は彼に車を返すときにきれいに洗っておきました。
　　Ben ona arabayı geri verirken güzelce temizledim.

2-1) 君はタバコが健康に有害である（sağlığa zararlı ol-）のを信じていながらどうして吸っているのか？
　　Sigaranın sağlığa zararlı olduğuna inanıyorsun da neden içiyorsun?

2-2) 君は今日学校へ来るつもりだと言っておきながらどうして来なかったのだ？
Bugün okula geleceğim dedin de neden gelmedin?

3-1) それではあす何時にどこで会いましょう（görüş-）かと私は尋ねた。
Öyle ise yarın saat kaçta nerede görüşelim? diye sordum.

3-2) あす午前10時にこのバス停（otobüs durağı）で会いましょうと彼女は答えた。
Yarın sabah saat 10'da bu otobüs durağında görüşelim diye yanıt verdi.

［第2課］＜2. Ders＞ pp.4-5.

2. Rüzgâr ile Güneş 「風と太陽」

ある日、風と太陽が出くわしました。
風は太陽に、
「私のほうが君より力強い。樹木でも倒せる。君はできるかい？」と言いました。
太陽は笑いました。
「私のほうがより力強い」と言いました。
そのとき道を一人の男が通っていました。
風は、
「ほら！ 私がその気になればあの男の服を脱がせることができる。しかし君にはできない。君にはそれをする力はない」と言いました。
そのあと渾身の力をこめて吹きつけました。風が吹きつければ吹きつけるほど、男は服にしっかりとくるまりました。
太陽は、
「人間は厳しさを好まないんだ。では、私を見ていなさい。私たちのどちらがより力が強いか」と言いました。
太陽はぽかぽかと照り始めました。気温が暖かくなりました。男はオーバーとジャケットを脱ぎました。川のほとりに座りました。

（ネスリン・バラズ：『学校は語る』/TDK 1: pp.60-61.）

1-1) 私にはこの問題を解く（bu soruyu çöz-）のは無理だ。
Benim bu soruyu çözmeye gücüm yetmez.

1-2) もし君にそれをする能力があればやるべきだ。
Eğer senin buna gücün yeterse, yapmalısın.

2-1) あなた方のどなたがこの花を私に持ってきてくれたのですか？
Hanginiz bu çiçeği bana getirdiniz?

2-2) この子どもたちのどの子があなたの娘さんですか？
　　　Bu çocukların hangisi sizin kızınız?
3-1) 君たちは勉強すればするほど（ders çalış-）、ますます賢く（daha akıllı）なる。
　　　Siz ders çalıştıkça daha akıllı olursunuz.
3-2) 私はトルコへ行けば行くほど、ますます（daha da）行きたくなる。
　　　Ben Türkiye'ye gittikçe daha da gitmek isterim [istiyorum].

［第3課］＜3. Ders＞ pp.6-7.

3. Diş Doktoru　「歯医者」

　ジェンギズは歯が痛かった。
　お父さんは、
「お前、お医者さんへ行こう」と言いました。
「いやだ、行かない！　僕は歯医者さんが怖いんだ」
「怖がることはない！　歯医者さんはお前を治してくれるよ」と（お父さんは）言いました。
　ジェンギズはいやおうなく歯医者へ行きました。歯医者は彼を診察椅子に座らせ、彼の歯を診察しました。
「君の歯は虫歯になってしまっている。抜かなければならないよ」と言いました。
　ジェンギズは震えだしました。歯医者は彼が怖がっているのに気づきました。虫歯の害を長々と話して聞かせました。
　ジェンギズはそれを聞いて、頭を診察椅子にもたせかけました。歯医者はそっとその歯を抜きました。彼のお父さんは、
「お前、痛かったかい？」（と尋ねました。）
「いいえ、お父さん！　本当にお父さんの言った通りだったよ。何も怖がる必要がないのがわかった」と彼は答えました。
　二人は喜んで歯医者を後にしました。

　　　　　　　（エミン・ギュンドゥズ：『ミッリイェト・児童*』／TDK 1: pp.77-78.）
　　　*「ミッリイェト」新聞社より1974-90年の期間発行された子供向け週刊雑誌

1-1) 汚れた（kirli）手は洗わ（yıkan-）なければならない。
　　　Kirli ellerin yıkanması gerekir.
1-2) 壊れたコップ（bardak）は捨てなければならない。

Kırık bardağın atılması gerekir.

2-1) 私はその知らせを聞いてとても喜んだ。
Ben o haberi duyunca çok sevindim.

2-2) アリは痛みを感じて泣き出した。
Ali acı duyunca ağlamaya başladı.

3-1) 私はそのことを長々と説明する必要がないことがわかった。
Ben onu uzun uzun anlatmanın gereksiz olduğunu anladım.

3-2) 私はその歯は抜く必要がないのがわかった。
Ben o dişin çekilmesinin gereksiz olduğunu anladım.

[第4課] <4. Ders> pp.8-9.

4. Bir Kaza 「ある事故」

　アリはその日一人で学校へ行くことになりました。なぜなら、お母さんが妹のそばについていなければならなかったからです。
　アリは朝家から出かけました。ある交差点にやって来ました。信号は赤になっていました。
　アリは自分なりに、
　「僕は待たないといけないんだ」と思いました。
　そのとき、子供たちが歩道でボール遊びをしていました。ボールが急に道路へ転げたのです。子供たちのうちの一人がボールを追って走りました。
　道路は一瞬にして大混乱し、大騒ぎになりました。
　「どうしたんだ、けが人は？」と叫びあう人たちがいました。子供は、
　「僕のボールが、僕の新しいボールが割れてしまった」と泣いていました。
　サイレンが鳴り始めました。子供は救急車に乗せられました。病院へ運ばれました。
　アリは、信号が青になるのを見ました。向こう側へ渡りました。足早に学校へ向かって歩きました。

(エンギン・オザタライ『交通、乗物』/TDK 1: pp.85-86.)

1-1) アイシェはその朝5時に家を出ることになった。
Ayşe o sabah saat 5'te evden çıkacaktı.

1-2) アリの飛行機は何時にイスタンブルに到着の予定になっていたの？

　　　　Ali'nin uçağı saat kaçta İstanbul'a varacaktı?
2-1) 私はその日は入院中の (hastanedeki) 母のそばに<u>いなければならなかった</u>。
　　　Ben o gün hastanedeki annemin yanında kalmak zorundaydım.
2-2) 昨日アリは試験の準備のため（sınava hazırlanmak için）に朝まで<u>勉強しなければならなかった</u>。
　　　Dün Ali sınava hazırlanmak için sabaha kadar (ders) çalışmak zorundaydı.
3-1) アリは信号が<u>赤になったのを見て</u>すぐに（hemen）止まった。
　　　Ali kırmızı ışığın yandığını görüp hemen durdu.
3-2) 私は少し前、あの通りを白色の救急車が<u>通り過ぎる</u>（-den geç-）<u>のを見た</u>。
　　　Ben biraz önce o caddeden beyaz bir cankurtaranın [ambulansın] geçtiğini gördüm.

[第5課] ＜5. Ders＞ pp. 10-11.

5. Bayramlarımız　「私たちのバイラム」

　私たちは式のあと私たちの家で集まりました。
　トゥーチェ姉さんは、
「私たちは"4月23日国民主権と子供のバイラム"を祝いました。このバイラムはアタチュルクが子供たちにプレゼントしたのよ」と言いました。
　スィナン：
「僕らが学校へ通い始めて数カ月たった頃にもあるバイラムを祝ったよね」
　トゥーチェ姉さん：
「ええ、"10月29日共和国バイラム"ね。あのバイラムは最大のバイラムよ」
　ドアは、
「僕のお姉ちゃんたちもバイラムの準備をしています。そのバイラムはいつ祝われるのですか？」と尋ねました。
　トゥーチェ姉さん：
「5月19日に祝われます。その名前は"アタチュルク追悼と青年・スポーツバイラム"です。アタチュルクはこのバイラムを青年にプレゼントしたのよ」
　エムレは、
「"8月30日戦勝バイラム"を忘れてはいけません。僕は去年お父さんと観ました」と言いました。
　お母さんは、

「みんな、あと二つバイラムがありますよ。それは私たちの宗教的なバイラムです。キャンディーバイラムと犠牲バイラムです」と言いました。

(「編集委員会」/TDK 1: pp.95-96.)

1-1)　私の友人太郎は<u>トルコ旅行</u>（Türkiye seyahati）<u>の準備</u>をしている。
　　　Arkadaşım Taro Türkiye seyahati hazırlığı yapıyor.
1-2)　明日の<u>試験の準備</u>のために私は今夜は徹夜で（sabaha kadar）勉強します。
　　　Yarınki sınav hazırlığı için bu gece sabaha kadar (ders) çalışacağım.
2-1)　5月の第2日曜日の母の日（Anneler Günü）を<u>忘れないようにしましょう</u>。
　　　Mayısın ikinci pazarı Anneler Günü'nü unutmayalım.
2-2)　今日は雨が降るとのことだ。傘（şemsiye）を<u>忘れないようにしましょう</u>。
　　　Bugün yağmur yağacakmış. Şemsiyeyi unutmayalım.
3-1)　<u>あと1杯</u>お茶はいかがですか（← iç-）？
　　　Bir çay daha içer misiniz?
3-2)　夏休み（yaz tatili）までまだ<u>あと3週間</u>あります。
　　　Yaz tatilimize (kadar) 3 hafta daha var.

［第6課］＜6. Ders＞ pp. 12-13.

6. Karga ile Koyun　　「カラスとヒツジ」

　カラスはある木の枝にとまりました。自分自身にひとりごとを言っていました。
　「私はワシに対してどんな劣るところがあろうか。私だってヒツジをつかまえたらすぐに持ち上げることができる」
　（カラスは）その木の枝から飛び立ちました。ヒツジの群を探し始めました。やがて一つの群が目にとまりました。自分にとって大きなヒツジを1頭選びました。
　翼を拡げ、鉤爪を拡げました。ワシのように旋回しながらそのヒツジの上に舞い降りました。ヒツジを持ち上げようとしました。力が及びませんでした。鉤爪がヒツジの毛にからまってしまったのです。足（鉤爪）を自由にしようとしたのですが、できませんでした。ヒツジはメーと鳴き、カラスはカーと鳴きました。
　その声を聞きつけたヒツジ飼いはカラスを捕まえました。家へ持って帰り、かごに入れました。
　カラスはワシのまねをしようとして自らの自由を失ったのです。

(ラ・フォンテーヌ：『動物昔話選集』/TDK 1: pp.102-103.)

1-1) セリムはほどなくして元気になって（iyileş-）退院した（hastaneden ayrıl-）。
    Selim çok geçmeden iyileşip hastaneden ayrıldı.
1-2) その子はほどなくして泣き止んだ。
    O çocuk çok geçmeden ağlamayı bıraktı.
2-1) アリはその機械を持ち上げようとしたが、力が及ばなかった＝できなかった。
    Ali o makineyi kaldırmak istedi. Gücü yetmedi＝Kaldıramadı.
2-2) 私はそのテーブルを持ち上げようとしたが、力が及ばなかった＝できなかった。
    Ben o masayı kaldırmak istedim. Gücüm yetmedi＝Kaldıramadım.
3-1) 私のおじはギャンブル（kumar）で大儲けしようとして（çok para kazan-）全財産（bütün mallar）を失った。
    Amcam kumarda çok para kazanmak isterken bütün mallarından oldu.
3-2) その消防士（itfaiyeci）は少女を助けようとして自らの命を失った。
    O itfaiyeci kızı kurtarmak isterken kendi canından oldu.

[第7課]＜7. Ders＞ pp.14-15.

7. Okulun Açıldığı Gün　「学校が始まる日」

　学校が始まる日、僕はこの上なくうれしい気持ちになっています。新しい制服を着ました。僕のカバンに新しい鉛筆と真新しいノートを入れました。雪のように白いえりを付けました。
　朝早くお母さんに、
　「お母さん」と言いました。「僕、今年は一人で学校へ行くよ。お母さんは来なくてもいいよ。もう1年生ではないから」
　お母さんは僕を見送るときに僕の両頬にキスをしてくれました。
　「行ってらっしゃい、ぼうや」と言いました。「今年が実り多き年になることを願っていますよ」
　道で僕と同じように真新しい服を着た友達を見ました。彼らに「おはよう！」と言いました。彼らも僕に「おはよう！」と言いました。
　校庭はお祭りの場所のようでした。学校の友達、クラスメートたちが校庭に集合していました。みんな僕のようにうきうきした気持ちになっていました。僕の友達、先生、学校がどんなに懐かしく思えたことか！　彼らを見たとき、僕はうれしさのあまり今にも舞い上がりそうになりました。
　万歳、すばらしい僕の学校。

(バーキー・クルトゥルシュ『2年生百科事典』/TDK 2: pp.9-10.)

1-1) 君がお金を<u>出す必要はない</u>。
　　　Senin para vermene gerek yok.

1-2) 私もすぐに病院へ行く<u>必要はないか</u>？
　　　Benim de hemen hastaneye gitmeme gerek yok mu?

2-1) <u>2007年が平和な</u>（barış dolu）１年になる<u>ことを願います</u>。
　　　2007 yılının barış dolu bir yıl olmasını dilerim.

2-2) <u>今年も君に多くの幸運</u>（uğur）<u>がもたらされることを願います</u>。
　　　Bu yılın da sana çok uğur getirmesini dilerim.

3-1) 飛行場で（havaalanında）君の姿を見たときには<u>嬉しさのあまり今にも飛んでしまいそうになった</u>。
　　　Havaalanında seni görünce, sevinçten uçacak gibi oldum.

3-2) 試験に失敗（sınavı kaybet-）したときには<u>悲しみ</u>（üzüntü）<u>のあまり今にも死にそうになった</u>。
　　　Sınavı kaybedince, üzüntüden ölecek gibi oldum.

［第8課］＜8. Ders 1＞ pp.16-17.

8-1. Okul Yıllarım　「私の学校時代（1）」

　私は1881年サロニカで生まれたそうです。学校へはどのように通い始めたか覚えています。母のズュベイデ・ハヌムは私に地区の学校へ行ってもらいたがっていました。父のアリ・ルザ・エフェンディはといえば、その選択は異なっていました。（父は）私を新しく開校されたシェムスィ・エフェンディ学校で学ばせるつもりでした。私は最初地区の学校へ通い始めました。その後は、シェムスィ・エフェンディ学校に入学しました。
　私がこの学校に通っているときに父が亡くなりました。母と妹のマクブーレと一緒にオジの農場に移り住みました。そこでの私の主な仕事は畑の見張りでした。

1-1) 私はこれまで無駄に（boşuna）<u>人生を過ごし</u>（yaşa-）<u>てしまった</u>。
　　　Ben şimdiye kadar boşuna yaşamışım.

1-2) グランドバザール（Kapalıçarşı）へはまだ開いていないのに（açılmadan）<u>行ってしまった</u>。
　　　Kapalıçarşı'ya daha açılmadan gitmişim.

— 115 —

2-1) 君は日本語をどのように話し始めたか覚えていますか？
Japoncayı nasıl konuşmaya başladığını anımsıyor musun?

*注 この文で疑問副詞 nasıl は、başla- と同じ層に属しており、主動詞 anımsa- に影響を及ぼさない。したがって nasıl と疑問の musun は共起していない。以下も同様。*cf.* <u>Ne</u> yiyeceğine karar verdin <u>mi</u>?「何を食べるか決めた？」

2-2) 私は昨夜はよく飲んだ（çok iç-）。家にどのように帰ったか覚えていない。
Dün gece çok içmişim. Eve nasıl döndüğümü anımsamıyorum.

3-1) 私は<u>最初</u>ビールを飲んだ。<u>そのあとは</u>ラク酒（rakı）に切り替えた（-e geç-）。
Önce bira içtim. Sonra da rakıya geçtim.

3-2) アリは<u>最初は</u>話さず聴きます。<u>そのあとに</u>自分の意見を（kendi fikrini）述べます。
Ali önce konuşmadan dinler. Sonra da kendi fikrini söyler.

［第8課］＜8. Ders 2＞ pp.18-19.

8-2. Okul Yıllarım 「私の学校時代（2）」

　しばらくの間、学校から遠ざかっていました。母は大変心を痛めていました。ついに私はサロニカにいるオバの元へ行くことが適切と見なされました。その頃には母もサロニカに来ていました。私は母に軍学校に入りたく思っていることを伝えました。試験を受けて合格しました。
　学校では数学の勉強が一番好きでした。私の先生の名前もムスタファでした。先生はある日私に、
「君、君の名前もムスタファで、私もだ。これはこのままではダメだ。今後は君の名前はムスタファ・ケマルとしよう」と言いました。
　そのとき以来私の名前はムスタファ・ケマルなのです。

（「アタチュルク回想より」『ユニット百科事典』/TDK 2: pp.46-47.）

1-1) 私は一時期トルコ語<u>から遠ざかっていた</u>が、ふたたび勉強し始めた。
Bir süre Türkçeden uzak kaldım, ama tekrar çalışmaya başladım.

1-2) 君はどうして私たちのグループ（grup）<u>から遠ざかったままなんだ</u>？
Sen niçin bizim grubumuzdan uzak kalıyorsun?

2-1) ついに私がそのグループ<u>へ加わる</u>（-e katıl-）ことが適切だと見なされた。
Sonunda benim o gruba katılmam uygun görüldü.

2-2) ついにその雑誌（dergi）が出版される（yayımlan-）ことが適切と見なされた。
Sonunda o derginin yayımlanması uygun görüldü.

3-1) 「あなたのコーヒー（の砂糖）はいかが（nasıl）いたしましょうか？」
「甘め（çok şekerli）でおねがいします」
― Kahveniz nasıl olsun?
― Çok şekerli olsun.

3-2) 我々の今年の売り上げ目標（satış hedefi）は1億円（yüz milyon yen）としよう！
Bizim bu yılki satış hedefimiz yüz milyon yen olsun!

[第9課] ＜9. Ders 1＞ pp.20-21.

9-1. Mektup (1) 「手紙 (1)」

イェニジェ村、1999年8月3日

親愛なる私の友へ、
　あなたにおじいちゃんの村から書いています。私はとても大きな木の蔭にいます。（できることなら）あなたにもイェニジェ村を見てもらいたいな。ああ、一緒にいれたらなあ。
　ここでは朝、鳥のさえずりで目覚めます。卵は鶏小屋から自分でとります。飲み物はと言えば、それは乳牛「サルクズ」の搾りたての新鮮なミルクです。朝食のあとエミネと一緒にすぐ近くの丘に上ります。エミネは私のおじいちゃんの隣人アイシェおばさんの孫です。彼女と一緒に私たちのキルティングを枕にして草原に横たわっています。私たちのすぐそばを流れる小川のせせらぎに耳を澄ましています。

1-1) （できたら）私もトルコへ行きたいな。でも、お金がありません。
Ben de Türkiye'ye gitmek isterdim. Ama param yok.

1-2) （できたら）イルハン（İlhan）にも日本でプレーして（oyna-）もらいたいんだがね。
İlhan'ın da Japonya'da (futbol) oynamasını isterdim.

2-1) ああ君も昨日のパーティー（parti）に来ていればよかったのに！
Keşke sen de dünkü partiye gelseydin!

2-2) 朝から頭痛がする（başım ağrı-）。ああ昨夜あんなに飲まなければよかった！
Sabahtan beri başım ağrıyor. Keşke dün gece o kadar içmeseydim!

3-1) トルコの酒と言えば、ラクの風味（rakı tadı）はとても強烈（sert）です。
Türk içkisine gelince, rakı tadı çok serttir.

3-2) トルコの小説と言えば、私たちは共和国期（Cumhuriyet döneminde）に入ってモダンな実例に出会います（örneklerle karşılaş-）。
Türk romanına gelince, Cumhuriyet döneminde modern örneklerle karşılaşırız.

［第9課］＜9. Ders 2＞ pp.22-23.

9-2. Mektup (2) 「手紙（2）」

うちの犬カラバシュは、一匹の蝶々を捕まえようと飛び跳ねています。おや！ 何と蝶々がカラバシュのちょうど鼻先にとまるなんて！ カラバシュの戸惑いぶりを見て私たち二人して笑っています。

私は自分のまわりを見ています。村人たちは畑で仕事をしています。幼いヒツジ飼いが子ヒツジたちに草をたべさせています。ここでは日々がとても早く過ぎます。（ふと気づいたら）家へ戻る時間になっていることすらあります。

オズゲちゃん、おそらくいつの日にかあなたも私たちの村へ来ることがあるでしょう。（そのときには）すべての素晴らしさを一緒に楽しみましょう。あなたに押し花の"牧童花"を送ります。遠く離れたこの美しい村から挨拶と愛情をこめて。

アスル

（「編集委員会」/TDK 2: pp.90-91.）

1-1) アリの勤勉ぶり（çalışkanlık）を見て私たち全員感心しました（-e hayran ol-）。
Ali'nin çalışkanlığına hepimiz hayran olduk.

1-2) 私たちの9人がアイシェの提案（teklif）に対して 賛成し（-den yana idik）、1人だけ（sadece）が反対した（karşı çık-）。
Dokuzumuz Ayşe'nin teklifinden yana idik, sadece birimiz karşı çıktı.

2-1) （いつの間にか）学校へ行く時間になっていた。
Okula gitme zamanı gelmiş.

2-2) （ふと気づいたら）汽車が出発する（hareket et-）時間になっていた。
Trenin hareket etme zamanı gelmiş.

3-1) おそらくいつの日か私たちもあなたの町へ赴くことがあるでしょう。

Belki bir gün bizim yolumuz da sizin şehre [şehrinize] düşer.

3-2) こちらへ（bu taraflara）お越しの節はぜひ（mutlaka）わが家にお立ち寄りください。
Yolunuz bu taraflara düşerse, mutlaka bizim eve gelin.

［第10課］<10. Ders 1> pp.24-25.

10-1. Cansu'nun Yeni Arkadaşları (1)
「ジャンスの新しい仲間たち（1）」

　ジャンスは引っ越して来た家がとても気に入っていました。すぐに多くの友達ができました。彼女は友達が好きになり、友達も彼女が好きになりました。
　毎日お互いに出会って、一緒に遊んでいました。ふたたびわくわくした気持ちでかくれんぼうをすることになりました。鬼を決めました。ジャンスが鬼になりました。彼女はヤナギの木に顔を伏せて100まで数えました。
　「私の後ろも前も右も左も鬼」と大声で叫びました。
　ジャンスは自分のまわりを見つめました。誰の姿も見えません。とてもお腹がすきました。鬼の役がまったく嫌になってきました。まっすぐ家に帰りました。空腹を満たし始めました…
　仲間の子供達は隠れていた場所でうんざりし始めました。一人、また一人と姿を現し、ジャンスを探しました。見つけることができず、彼女の身に何か良からぬことが起こったのではと思いました。

1-1) アイシェは家族で（ailece）行った旅行（seyahat）があまり気に入って（-den hoşlan）いなかった。
Ayşe, ailece yaptıkları seyahatten pek hoşlanmamıştı.

1-2) ジャンスは友だちと一緒にやっていたかくれんぼを途中でやめてしまった（yarıda bırak-）。
Cansu, arkadaşlarıyla oynadığı saklambacı yarıda bıraktı.

2-1) どうかこの報告書（rapor）をあすの夕方までに仕上げて（bitir-）ください。
Lütfen bu raporu yarın akşama kadar bitirin.

2-2) この暑さは9月末（Eylül sonu）までは続く（sür-）でしょう。
Bu sıcaklar Eylül sonuna kadar sürecek.

3-1) 私はその朝コーヒーが飲めなかったとき、胃（mide）の調子が悪くなっている

(ol-) と思った。
O sabah kahve içemeyince midemde bir şey olduğunu düşündüm.

3-2) 私はバッグ（çanta）の中で携帯電話（cep telefonu）を見つけられなかったとき、どこかで（bir yerlerde）忘れたと思った。
Çantamda cep telefonumu bulamayınca bir yerlerde unuttuğumu [unuttum] sandım.

[第10課] <10. Ders 2> pp.26-27.

10-2. Cansu'nun Yeni Arkadaşları (2)
「ジャンスの新しい仲間たち（2）」

　みんなは彼女のお母さんに知らせに行きました。ドアをノックしているときには、みんな不安に駆られていました。ドアが開きました。目の前でジャンスの姿を見たとき、みんなは立ちすくんでしまいました。一言も告げずにその場を立ち去りました。
　ジャンスはどうしていいのか、何と言っていいのかわからずにうろたえてしまいました。みんなの後ろ姿をぼうぜんと見つめるばかりでした…　彼女は恥ずかしさのあまり、何日もの間、家から出ることができませんでした。友達の遊びを窓越しにじっと見つめているあいだ、自分のおかした過ちのことを考えていました。
　友達はふたたび集まり、遊びを始めることになりました。彼女は走って家から飛び出しました。友達たちに向かって、
　「私は自分のしたことを大変恥ずかしいことだと思いました。みんなにお詫びします。これからはルールを守ることを約束します」と言いました。
　友達はジャンスが好きでした。彼女を許しました。ジャンスはとても幸せな気持ちになりました。

(ギュルテン・ダユオール『凧』/TDK 2: pp.156-157.)

1-1) アイシェは怒り（öfke）のあまりどうしていいのかわからなかった（-i şaşır-）。
Ayşe öfkesinden ne yapacağını şaşırdı.

1-2) 私の友人アリは恐れ（korku）のため、彼の先生の前に出る（karşısına çık-）ことができなかった。
Arkadaşım Ali korkusundan öğretmeninin karşısına çıkamadı.

2-1) 私は嘘をついた（yalan söyle-）ことをとても恥ずかしく思っています。あなたにお詫びいたします。

Yalan söylediğimden çok utanıyorum. Sizden özür dilerim.

2-2) 私の娘は<u>客人のそばへ行く</u>（misafirlerin yanına çık-）<u>のを恥ずかしがってい</u><u>ます</u>。（私から）みなさんにお詫びします。
Kızım misafirlerin yanına çıkmaktan utanıyor. Hepinizden özür dilerim.

3-1) どうかここでは我々の規則<u>に従うと約束して下さい</u>。
Lütfen burada bizim kurallarımıza uyacağınıza söz verin.

3-2) 君は私の命令（emir）<u>に従うと約束したじゃないか</u>？（değil mi?）
Sen benim emirlerime uyacağına söz verdin, değil mi?

［第11課］＜11. Ders 1＞ pp.28-29.

11-1. Örnek Davranış (1) 「模範的な行為（1）」

　最後の授業の終わりを告げるベルが鳴りました。生徒たちは学校の門から走るようにして出てきました。外では帰宅しようとする生徒たちを雪と寒さが待ち受けていました。
　ブルジュは、少し前方で生徒の一集団を目にしました。彼女はその集団へ足早に近づきました。数人の友人が傷ついた鳩を足で押しやりながら飛び立たせようとしているのを見ました。彼女は驚いて、「何をしているの？　かわいそうだと思わないの？」と言いました。
　友人はみんな無言のまま散らばりました。ブルジュは怯えと痛みで身もだえしている鳩を地面から拾い上げました。鳩の身体が冷えないように両腕の間へかかえて胸に抱きしめました。

1-1) トルコ人は水を<u>飲むかのように</u>ひんぱんに（sık sık）紅茶を飲む。
Türkler su içercesine sık sık çay içerler.

1-2) アリは<u>そのこと</u>（konu）を<u>知っているかのように語り始めた</u>（-e başla-）。
Ali o konuyu bilircesine anlatmaya başladı.

2-1) 私は<u>父</u>が<u>生まれたばかりの子牛</u>（yeni doğmuş bir buzağı）を<u>立たせよう</u>（-i ayağa kaldır-）<u>としているのを見ました</u>。
Ben babamın yeni doğmuş bir buzağıyı ayağa kaldırmaya çalıştığını gördüm.

2-2) 私たちは興奮して眠れないでいる子供に<u>母親が子守歌を歌って</u>（ninniler söyle-）<u>寝かせよう</u>（uyut-）<u>としているのを見ました</u>。

Biz annesinin heyecandan uyuyamayan çocuğuna ninniler söyleyerek uyutmaya çalıştığını gördük.

3-1) 私は君が寒くないように窓を閉めた（kapat-）。
Üşümemen için pencereyi kapattım.

3-2) アリは自分の娘がその箱（kutu）を開けないように鍵をかけた（kilitle-）。
Ali kızının o kutuyu açmaması için kilitledi.

［第11課］＜11. Ders 2＞ pp.30-31.

11-2. Örnek Davranış (2) 「模範的な行為（2）」

　彼女は家に帰って、自分が体験したことを一部始終お母さんに話しました。お母さんと一緒にその鳩に傷の手当をしてやり、包帯をしてやりました。家の暖かい温度、与えられた食べ物と水のおかげで鳩は元気を取り戻しました。そのような安心感の中で鳩は眠りにつきました。
　ブルジュはと言えば、新しい友の様子が気になり朝まで眠れませんでした。1週間後、鳩が羽根をばたつかせ、飛ぼうとする様子にブルジュは慌てふためきました。元気になり、自由を求める鳩と別れることはブルジュにとっては困難に思われていました。ブルジュが嘆き悲しんでいるのを見たお父さんは、「いいかい、もしお前が動物を愛しているならば、動物をその自然環境から切り放してはいけない。そうでないと、動物にとって良いことではなくて悪いことをしてしまうことになる」と言いました。
　ブルジュは、翌日鳩を自分自身の手で自由にしてやりました。しかしその夜はふたたび眠ることができませんでした。

（「編集委員会」/TDK 3: pp.23-24.）

1-1) アリは家に帰ったとき、学校で体験した様々なことがらを日記（günce）に書き留めた。
Ali eve geldiğinde okulda yaşadıklarını güncesine yazdı.

1-2) 私は職場（ofis）へ行ったとき、部屋の鍵を（odamın anahtarını）忘れてきたのに気づきました（-i fark et-）。
Ofisime gittiğimde odamın anahtarını unuttuğumu fark ettim.

2-1) 娘がタバコを吸いたがっていることに父親はとても慌てふためいた。
Kızın [Kızının] sigara içmek istemesi babasını çok telâşlandırdı.

2-2) あなたが日本語を学びたがっていることに私はとても嬉しくなった (sevindir-)。
Sizin Japonca öğrenmek istemeniz beni çok sevindirdi.

3-1) もし君が僕を愛しているのなら嘘をついて (yalan söyle-) はいけません。
Eğer beni seviyorsan yalan söylememelisin.

3-2) もし彼女を信じているのなら彼女をだましては (aldat-) いけません。
Eğer ona inanıyorsan onu aldatmamalısın.

［第12課］＜12. Ders 1＞ pp.32-33.

12-1. Kim Haklı? (1) 「どちらが正当ですか？ (1)」

　ある村人は牝牛のミルクからバターをつくっていました。毎日１キロのバターを町のパン屋へ売っていました。受け取った代金の一部でパン屋からパンを一つ買って村に戻るのでした。
　ある日、パン屋は村人をとがめ始めました。
　「私はお前を信用してお前が持ってきたバターをまったく計らずに買いとった。(そして) お客さんに売った。しかし、お前はバターの目方を (ごまかして) 足らないまま計っているようだな。お前を訴えてやる」
　村人はバターは自分自身が計り、全て１キロであったと言いました。
　パン屋は村人を裁判所に訴えました。パン屋の言い分を聴いた裁判官は村人に向かって、
　「君はこの男を騙しているようだが。計量に際し不正をしているようだが、その通りですか？」と言いました。

1-1) セリムは毎月手にする給料 (maaş) の一部で必ず (mutlaka) 宝クジ (milli piyango bileti) を買います。
Selim her ay aldığı maaşının bir kısmıyla milli piyango bileti alır.

1-2) 彼が与えた情報の一部は間違いだらけだった (yanlışlarla doluydu)。
Verdiği bilginin bir kısmı yanlışlarla doluydu.

2-1) アイシェは自分の子どもは全て女の子であると言った。
Ayşe, kendi çocuklarının hepsinin kız olduğunu söyledi.

2-2) 私にはあの旅行者 (turist) の全てが日本人であることがわかった。
Ben o turistlerin hepsinin Japon olduğunu [olduklarını] anladım.

3-1) お前は最近ひそかに (gizlice) タバコを吸っているそうだが、それは本当か？
Sen son günlerde gizlice sigara içiyormuşsun, doğru mu?

3-2) セリムは1カ月前から（1 aydan beri）日本語を学んでいるそうだが、それは本当ですか？
Selim 1 aydan beri Japonca öğreniyormuş, doğru mu?

[第12課] <12. Ders 2> pp.34-35.

12-2. Kim Haklı? (2)　「どちらが正当ですか？ (2)」

　村人は（言いました）：
　「裁判官殿！　私はパン屋に毎日1キロのバターを売っています。私が受け取る代金の一部でパン屋自身からパンを一つ買います。村にある私のはかりのグラム分銅はもうずいぶん前から見当たらないんです。そこで、私はグラム分銅としてパン屋が1キロだと言って売っているパンを利用しているのです。もしパン屋のパンが1キロより少なければ、私のバターも（1キロより）少なくなります」
　パン屋は急に慌てふためきました。自らの訴えを取り下げようとしました。裁判官は認めませんでした。パン屋（の店）へ係官を行かせました。数個のパンを持ってこさせ、目方を計りました。パンは全て1キロを切っていました。
　村人は訴えに勝ち、パン屋のごまかしが明らかになりました。

(『楽しい児童雑誌』/TDK 3: pp.80-81.)

1-1) うちの愛犬ポチは（Bizim sevgili köpeğimiz Poçi）ずっと前から行方不明です。
Bizim sevgili köpeciğimiz Poçi çoktandır kayıp.

1-2) 私の姉の家族は（Ablamlar）もうずいぶん前からドイツ（Almanya）で暮らしています。
Ablamlar çoktandır Almanya'da oturuyor.

2-1) その男は急に慌てふためき自分の主張（iddia）を断念しようとした。
O adam birden telaşlandı ve iddiasından vazgeçmek istedi.

2-2) エミネ（Emine）は今朝急に気分が悪くなり（rahatsızlan-）、旅行（seyahat, -ti）を断念した。
Emine bu sabah birden rahatsızlandı ve seyahatten vazgeçti.

3-1) ついに明日全ての真相（bütün gerçekler）が明らかになる。

Nihayet yarın bütün gerçekler ortaya çıkacak.

3-2) あの先生は訴訟に勝ち、無実であること（masum ol-）が明らかになった。
O öğretmen davayı kazandı ve masum olduğu ortaya çıktı.

［第 13 課］＜13. Ders 1＞ pp.36-37.

13-1. Turizm (1) 「観光事業（1）」

　人は、見たり、識ったり、休息したり、楽しんだりするために旅行します。自国を旅行するのと同様に外国も旅行したいと思います。多くの国はそのような旅行から収入を得ています。そのために私たちの国も近年観光事業を重視したのです。

　私たちの国は、自然の美しさと史跡があるために観光のパラダイスとなっています。私たちの国は三方が海に囲まれています。エーゲ（海）、地中海の浜辺には太陽が、高い山々には雪が、それぞれ尽きることはありません。黒海の浜辺の緑なす景色はと言えば、飽くことがありません。

　かつてアナトリアの地には無数の国家が樹立されました。その諸国家にまつわる歴史的建造物は私たちの国を博物館の状態にしてくれました。

1-1) 私たちの学校も近年英語教育（İngilizce eğitimi）をより一層重視し始めた。
Okulumuz da son yıllarda İngilizce eğitimine daha da önem vermeye başladı.

1-2) あなたは大学生活で何を一番重要視（en çok önem）していますか？
Siz üniversite hayatınızda neye en çok önem veriyorsunuz?

2-1) 日本は四方を海で囲まれた島国（bir ada ülkesi）です。
Japonya, dört tarafı denizlerle çevrili bir ada ülkesidir.

2-2) 私たちの村の前は川（dere）に、後ろは山々に囲まれています。
Köyümüzün önü dere, arkası dağlarla çevrilidir.

3-1) 今回の禁止令（bu seferki yasak）は、セリムにとってその家を刑務所（hapishane）のような状態にした。
Bu seferki yasak Selim için evi [evini] bir hapishane haline getirdi.

3-2) 新しい家具（mobilya）のおかげで、私たちの家は住める（yaşanacak）状態になった。
Yeni mobilyalar evimizi yaşanacak hale getirdi.

[第13課] ＜13. Ders 2＞ pp.38-39.

13-2. Turizm (2) 　「観光事業（2）」

野外劇場、教会、モスク、城塞、古代都市遺跡は旅行者の関心を引きます。
　旅行者は、私たちの国の浜辺で楽しみます。史跡、博物館を見物します。一日の疲れはと言えば、旅行者用ホテルで休息しながら癒します。
　このようなあらゆる美しさに、私たち国民のお客をもてなす気持ちをつけ加えることができます。旅行者を一番満足な気持ちにさせるものは、まさにそれなのです。なぜなら旅行者はお客と見なされるからです。旅行者は笑顔で迎えられることを望んでいます。私たちも新しい友人を得て、その友人を私たちの国へ招きましょう。このようにして私たちの国の観光事業に貢献しましょう。観光事業は私たちの国にとって重要な収入源なのです。

　　　　　　　　　　　　　　　　　　（「編集委員会」/TDK 3: pp.114-115.）

1-1) トルコではどんなスポーツが人々の関心を引いていますか？
　　 Türkiye'de hangi spor insanların ilgisini çekiyor?

1-2) トルコ旅行ではどこが（neresi）あなたの関心を一番引きましたか？
　　 Türkiye gezisinde neresi en çok sizin ilginizi çekti?

2-1) 私を一番幸せな気持ちにしてくれるものは、君の元気であるという（sağlık）便りです。
　　 Beni en çok mutlu eden senin sağlık haberindir.

2-2) 人間を精神的に（manevî açıdan）一番幸せにするものは何んでしょうか？
　　 İnsanları manevî açıdan en çok mutlu eden nedir acaba?

3-1) アタチュルクはトルコの発展（Türkiye'nin gelişmesi）のために大いに貢献したのである。
　　 Atatürk Türkiye'nin gelişmesine büyük katkıda bulunmuştur.

3-2) あなたは世界平和（dünya barışı）のためにどんな貢献（nasıl bir katkı）ができますか？
　　 Siz dünya barışına nasıl bir katkıda bulunabilirsiniz?

[第 14 課]＜14. Ders 1＞ pp.40-41.

14-1. Trafik Haftası (1)　「交通安全週間（1）」

　交通安全週間が祝われていました。テレビ、ラジオ、新聞で交通安全週間に関連した情報が提供されていました。
　先生は交通安全週間に関する討論を始めるために、(以下のように言いました)。
　「みなさん、乗物は私たちの日常生活の一部です。私たちが乗物を利用しなかったり乗物に出くわさない日はありません。私たちは歩行者と乗物それぞれに割り当てられた道を利用するのを十二分に心得ておかなければなりません。交通における安全性を確保するために私たちに課された義務にはどのようなものがありますか？今日はこのテーマを討論しましょう」
　一斉に指を立てた手が挙がりました。
　「答えてごらん、オズギュル」
　「道路はどこからでも向かい側へ渡っていいわけではありません、先生。向かい側へ渡るには横断歩道を利用します。[→発言続く]

1-1)　今日の新聞でトルコの大地震（Türkiye'deki büyük deprem）に関する情報が報道されています。
　　　Bugünkü gazetede Türkiye'deki büyük depremle ilgili bilgiler veriliyor.

1-2)　このテーマ（konu）に関連して（ilgili olarak）他に質問はありますか？
　　　Bu konuyla ilgili olarak başka sorunuz var mı?

2-1)　日本では大学生が携帯電話（cep telefonu）を利用しない日はほとんど（hemen hemen）ありません。
　　　Japonya'da üniversite öğrencilerinin cep telefonlarından yararlanmadığı gün hemen hemen yoktur.

2-2)　私たちの町では交通事故（trafik kazası）に出くわさない（-ile karşılaşma-）日は皆無です。
　　　Şehrimizde trafik kazasıyla karşılaşmadığımız gün hiç yoktur.

3-1)　子供を育てるために親（ana baba）に課された義務は少なくありません。
　　　Kendi çocuğunu yetiştirmek için ana babaya düşen görevler az değildir.

3-2)　学生たちが図書館を十分に（yeterince）利用できるように図書館司書（kütüphaneci）に課された任務はとても重要です。
　　　Öğrencilerin kütüphaneden yeterince yararlanabilmesi için kütüphaneciye düşen görevler çok önemlidir.

[第 14 課]＜14. Ders 2＞ pp.42-43.

14-2. Trafik Haftası (2) 「交通安全週間（2）」

　[発言つづき→]交通警官の指示に従って道路の向かい側へ渡ります。交通警官がいなければ、交差点を渡るときには信号が青になるのを待ちます」
　「答えてごらん、ファトゥマ」
　「止まった乗物のすぐ前やすぐ後ろをよぎらないようにしなければなりません。私たちに見えない乗物が急に飛び出し、私たちをひいてしまうこともあります」
　「君はどのような発言をしたいのですか、アリ？」
　「大通り、道路、歩道では決して遊ばないようにしなければなりません。いつ何時乗物が来るかもしれません。遊ぶためには公園や遊び場へ行かなければなりません」
　「みなさん、君たちがいろいろ答えてくれた内容に先生はとても嬉しくなりました。君たちは交通ルールをもう十分に学習しました。君たちは学んだそのルールをいつも守らなければなりません」

　　　　　　　　　　　（『発展小学校ユニット百科事典』/TDK 3: pp.119-120.）

1-1) 私たちは大きい道路（cadde）で車が通過する（geçip git-）のを待ちます。
　　　Biz büyük caddelerde arabaların geçip gitmesini bekleriz.

1-2) 私は帰宅途中（eve dönerken）駅で雨がやむ（din-）のを待ちました。
　　　Ben eve dönerken istasyonda yağmurun dinmesini bekledim.

2-1) 今日は朝から曇っている（hava bulutlu）。いつ何時（her an）雨が降り出すかわからない。
　　　Bugün sabahtan beri hava bulutlu. Her an yağmur yağabilir.

2-2) 突然（aniden）私たちが直面する（karşılaş-）出来事が私たちを大い驚かせる（şaşırt-）ことがある。
　　　Aniden karşılaşacağımız bir olay bizi çok şaşırtabilir.

3-1) アリよ、君が手紙でいろいろ書いてくれたことで私はとても安心した（←私を安心させる beni rahatlat-）。
　　　Ali, mektubunda yazdıkların beni çok rahatlattı.

3-2) 息子よ、お前がトルコでいろいろ見たり聞いたりしたことを私に話しておくれ。
　　　Oğlum, Türkiye'de gördüklerini ve duyduklarını bana anlat.

[第15課] ＜15. Ders 1＞ pp.44-45.

15-1. Doğayı Kirletmeyelim (1)
「自然を汚さないようにしましょう (1)」

　僕らは半時間もの間ずっと海辺をくま手で清掃しています。砂浜の上には何だってあります！　水入れ用のペットボトル、靴、服の切れ端、何であるか理解できないがらくた...
　「何とたくさんごみがあるの、セイフェッティンおじさん！」
　「そうだね、見ての通りだよ、これらのどれ一つとて海のものではないんだ。人間によって捨てられたんだよ。海をごみ箱のように使っている人もいる。海は受け入れることができないごみを岸に打ち上げるんだよ」
　「幸いなことに岸に打ち上げるのですね。このようにして（海は）きれいにされた状態になるのですね」
　「たとえ海がきれいにされたとしても、岸に打ち上げられたものはどうなるのだろうか？」
　「僕らが運んで川に捨てます」
　「そうしたら今度は川を汚してしまうことになるよ」
　「(それじゃ) 土に埋めます」
　「そうしたら今度は地面の下の地下水にしみこむよ」
　「そりゃ大変だ、僕らはこの廃棄物をどう処分したらいいのだろうか？」

1-1) 私たちは大学でトルコ語を学びはじめて2年になります。
　　　Biz üniversitede Türkçeyi 2 yıldır öğreniyoruz.

1-2) 私の友人のネディム (Nedim) は日本に住んで10年になります。
　　　Arkadaşım Nedim 10 yıldır Japonya'da oturuyor.

2-1) この家々は全て (hepsi) あなたのものですか？
　　　Bu evlerin hepsi size mi ait?

2-2) あぐらをかいて座ること (bağdaş kurmak) は、トルコ民族 (Türkler) に属する一習慣 (bir âdet) です。
　　　Bağdaş kurmak Türklere ait bir âdettir.

3-1) 原爆 (atom bombası) は全世界と全人類を破滅してしまいかねない (-ebilir)。
　　　Atom bombası bütün dünya ve insanları yok edebilir.

3-2) 私たちは世界平和 (dünya barışı) のために戦争をなくしてしまわなければならない。

Bizim dünya barışı için savaşları yok etmemiz gerek.

[第15課] ＜15. Ders 2＞ pp.46-47.
15-2. Doğayı Kirletmeyelim (2)
「自然を汚さないようにしましょう（2）」

　結局、僕らは集めたごみを海から200メートルほど離れたところへ運びました。穴を掘りました。その穴の中でごみを焼却しました。灰は土に埋めました。
　「僕、とても幸せな気持ちです、セイフェッティンおじさん、海をきれいにしました。おまけに他の場所を汚さないでごみを処分できたから」
　「それは結構だが、大空に向かって昇って行く真っ黒な煙はどこへ行ったのかな？」
　「……」
　「どうして返答しないの？　じゃあ、おじさんが答えてあげよう。大気に混じったんだよ」
　「つまり僕らは海を清掃しながら大気を汚したってこと？」
　「ある意味ではそうだな」
　「僕らはどこも汚すことなく清掃できないってこと？」
　「そうだな、一番いいのは…」
　「僕知っているよ、一番いいのは自然をまったく汚さないことなんだ」
　　　　　　（ハリル・バンドゥルマル：『環境と保健の雑誌』/TDK 3: pp.135-136.)

1-1)　私たちは海中20メートルほどの深さ（derin）まで潜った（dal-)。
　　　Biz denizin yirmi metre kadar derinine daldık.

1-2)　敵の戦車（düşman tankı）は私たちの家の100メートルほど近く（yakın）までやって来た。
　　　Düşman tankı evimizin yüz metre kadar yakınına geldi.

2-1)　要するに彼は笑いながら泣いていたのか？
　　　Yani o gülerken ağlıyor muydu?

2-2)　要するに君はギャンブルで1,000円得る（al-)のに5,000円も損をした（kaybet-)のか？
　　　Yani sen kumarda 1.000 yen alırken 5.000 yen mi kaybettin?

3-1)　一番いいことはお金持ちになることではなく健康である（sağlıklı ol-)ことだ。

En iyisi zengin olmak değil, sağlıklı olmaktır

3-2) 一番いいことは私たちが自然と調和して（-ile uyum içinde）生活することだ。
En iyisi bizim doğa ile uyum içinde yaşamamızdır.

［第16課］＜16. Ders 1＞ pp.48-49.

16-1. Tarihimiz ve Türkçemiz (1)
「私たちの歴史と私たちのトルコ語（1）」

　トルコ民族は大変古くて豊かな歴史を持っています。そのことはおよそ1200年前の私たちの最初の文字記録からわかります。私たちの作家や学者や歴史家たちが書いた書物から歴史における発展を学び知ることができます。

　今日に至るまでトルコ民族は、フン、突厥、ウイグル、セルジューク、オスマンなどの諸国家を樹立しました。アジア、ヨーロッパ、アフリカにおいてトルコ文化および歴史の足跡を今日でも目にすることができます。歴史的な遺物のおかげでトルコ民族が世界のどのあたりで生活していたのかを学び知ることができます。私たちの歴史を研究すること、そして私たちの民族によって獲得された成功を学ぶことは、私たちのなかで自主・独立という思考を発展させてくれています。

1-1) アリの祖父（dede）は大農場を所有していた。
Ali'nin dedesi büyük bir çiftliğe sahipti.

1-2) 誰でも人権（insan hakları）を有している。
Herkes insan haklarına sahiptir.

2-1) この土器（çömlek）はヒッタイト（Hitit）時代のもの（-e ait）で、およそ3500年前のもの（eser）です。
Bu çömlek Hitit [Eti] dönemine ait, yaklaşık 3500 yıl önceki bir eserdir.

2-2) この写真はアンカラにあるおよそ30年前のウルスの野菜市場（Ulus hali）の光景（görüntü）です。
Bu resim, Ankara'daki yaklaşık 30 yıl önceki Ulus halinin görüntüsüdür.

3-1) その本のおかげで私のトルコ語はとても進歩した（ilerle-）と思います。
O kitap sayesinde Türkçemin çok ilerlediğini düşünüyorum.

3-2) ムスタファの勇気（cesaret, -ti）のおかげで多くの子どもが救われた（kurtul-）のを私たちは知りました。
Mustafa'nın cesareti sayesinde birçok çocuğun kurtulduğunu öğrendik.

[第16課]＜16. Ders 2＞ pp.50-51.

16-2. Tarihimiz ve Türkçemiz (2)
「私たちの歴史と私たちのトルコ語（2）」

　アタチュルクは、そのような理由でトルコ史が研究されることを重視しました。そのために1930年トルコ歴史協会の設立を先導したのです。
　トルコ系諸国家のそれぞれにおいて、学者達は自らが書き記した作品でトルコ語を発展させました。その諸作品のおかげで（最初のトルコ語辞書が書き記されたように）私たちのトルコ語がどのようにして発展を遂げてきたかに関して私たちは知識が得られているのです。
　私たちの民族的文化の形成において、世代間の絆を築くに際し、言語の重要性は甚大です。アタチュルクは、「私たちの民族的文化は、新しい世代に言語を介してはじめて継承できる」と言ってトルコ言語を最重要視しました。彼はトルコ言語の研究と発展のために1932年トルコ言語協会を設立しました。この協会の活動から私たちのトルコ語が世界で最も古く、最も豊かな言語の一つであることを私たちは学び知っているのです。

(Prof. Dr. ハムザ・エロール：『トルコ革命史』/TDK 4: p.12.)

1-1) 日本民族がどこから来たのかに関して私たちは確かな情報をもっていない。
Japon ulusunun nereden geldiği hakkında kesin bilgi sahibi değiliz.

1-2) ここで私たちはトルコ絨毯(Türk halısı)がどのようにして織られる(dokun-)のかに関して十分な情報が得られます。
Burada Türk halısının nasıl dokunduğu hakkında çok bilgi sahibi olabiliriz.

2-1) 私はあなたのお手紙に対してやっと今日お返事が書けました。
Mektubunuza ancak bugün cevap yazabildim.

2-2) 私たち人間はことば(söz)を介してはじめて理解し合う(anlaş-)ことができる。
Biz insanlar ancak söz aracılığıyla anlaşabiliriz.

3-1) 会議が開催されるために委員長 (başkan) は全委員 (üye) を召集した。
Toplantının yapılması için başkan [başkanı] bütün üyeleri çağırdı [topladı].

3-2) 多くのお客が (konuk) 参加できるように6カ月前から招待状 (davetiye) が送付 (dağıt-) されている。
Çok konuğun katılabilmesi için 6 aydan beri davetiyeler dağıtılıyor.

[第17課]＜17. Ders 1＞ pp.52-53.

17-1. Dünyamızı Sevelim (1)
「私たちの地球を大切にしましょう（1）」

人間は何千年にもわたって自然を支配したいと願っていました。その結果、安らぎの一時、わずかな緑、一口の澄んだ水を切望してきました。人間は地球をこの上なく汚染した結果、自らが作り出したごみの山で今や溺れ死ぬ危機に直面しています。

私たちの国はどの程度美しいのでしょうか？　この問の答は決して楽観できるものではありません。

私たちはかつてガラスの水槽のようだったマルマラ海を産業廃棄物で死滅させました。黒海では無自覚な乱獲の結果、魚を枯渇させてしまいました。私たちは有名なイワシの種をまさに絶滅させる寸前にいます。

1-1) 二国はこの小さな島を支配するために激しく（şiddetle）戦っている。
　　　İki ülke, bu küçük adaya egemen olmak için şiddetle savaşıyor.

1-2) 日本製品（Japon malları）はアメリカ市場（pazar）を支配するだろうか？
　　　Japon malları Amerikan pazarına [piyasasına] egemen olacak mı?

2-1) その軍艦（savaş gemisi）は今や海で沈没する（bat-）危険に直面している。
　　　O savaş gemisi şimdi denizde batma tehlikesiyle karşı karşıyadır.

2-2) 日本はこの10年ずっと経済危機（ekonomik kriz）に直面している。
　　　Japonya 10 yıldır ekonomik krizle karşı karşıyadır.

3-1) 太陽が今にも向かいの山（karşı dağ）から昇りそうだ。
　　　Güneş karşı dağdan doğmak üzeredir.

3-2) 私がちょうど家から出ようとしていたときに電話がかかってきた（telefon gel-）。
　　　Ben evden çıkmak üzereyken telefon geldi.

[第17課]＜17. Ders 2＞ pp.54-55.

17-2. Dünyamızı Sevelim (2)
「私たちの地球を大切にしましょう（2）」

今や地中海の番です。世界で最も美しい海岸の一つであるギョコヴァ湾に火力発

電所を建設しています。アリアーや多くの臨海都市に新たな火力発電所を建設し始めています。ヤタアーンや他の所にある火力発電所が周辺に及ぼす公害が明白であるのに、いまだにそれら（火力発電所）の建設を許しているのです。

　イスタンブルで夏に海へ入ることは、下水路で泳ぐのと同じことを意味します。観光事業で世界に対して誇りをもって紹介している地中海の海岸で同じ危機が急速に高まっています。

　世界中の全ての国々で人々はより美しい地球をめざして協力しなければなりません。ごみを集め、木を植えなければなりません。緑の美しい環境のために声を上げなければなりません。

（ハサン・ジェマル：『ジュムフーリイェト紙』/TDK 4: p.39.）

1-1) トルコ語は世界で最古の言語の一つだと言われている。
　　　Türkçe'nin dünyanın en eski dillerinden biri olduğu söyleniyor.

1-2) トルコの最高峰の一つであるアララット山（Ağrı Dağı）へ登るにはトルコ政府（Türk Hükümeti）の許可を得なくてはならない。
　　　Türkiye'nin en büyük dağlarından biri olan Ağrı Dağına çıkmak için Türk Hükümeti'nden izin alınmalıdır.

2-1) その作家にとっては小説（roman）を書くことは生きることと同義である。
　　　O yazar için roman yazmak, yaşamakla eş anlama gelmektedir.

2-2) ギャンブルをする(kumar oynamak)ことは、結局は一文なしになる(parasız kal-)ことと同じ意味です。
　　　Kumar oynamak, sonunda parasız kalmakla eş anlama gelmektedir.

3-1) 人間はより安全な（güvenli）社会をめざして協力しなければならない。
　　　İnsanlar daha güvenli bir toplum için el ele vermeliler.

3-2) 私たちはより一層住みよい（rahat yaşayabil-）町を作るために協力していかなければならない。
　　　Biz, içinde daha rahat yaşayabileceğimiz bir şehir yaratmak için el ele vermeliyiz.

[第18課] ＜18. Ders 1＞ pp.56-57.

18-1. Güzel Sanatlar (1)　「美的芸術（1）」

　芸術は、人間が自らの思考や感情を創造的な形で表現するために見つけた方法です。その表現は、言葉、文章、音楽、絵画によって成り立ちます。人間は、そのよ

うにして愛好されるべき、賞賛されるべき美しい作品を創造します。詩、小説、短編、戯曲などを書きます。歌、民謡を作曲します。彫刻、絵画を制作し、建物を建造します。

　人々の心を動かす文学、音楽、絵画、彫刻、建築、演劇などの芸術分野全体を美的芸術と呼んでいます。

　アタチュルクは美的芸術を文明化するための前提条件とみなしていました。彼は、国家は芸術と芸術家抜きには文明化しえないだろうとつねづね考えており、またそう言っていました。

1-1) コミュニケーション (iletişim) は、話すこと (konuşma) と聞くこと (dinleme) で成り立つ。
İletişim konuşmayla, dinlemeyle olabilir.

1-2) 友情はお互い (birbiri) を信じ、尊重する (saygı göster-) ことで成り立つ。
Dostluk birbirine inanmak ve saygı göstermekle olabilir.

2-1) あなた方はトルコ語でこの花を何と呼んでいますか？
Türkçede bu çiçeğe ne diyorsunuz?

2-2) トルコでは影絵芝居 (gölge oyunu) のことをカラギョズ ("Karagöz") と呼んでいます。
Türkiye'de gölge oyununa "Karagöz" diyorlar.

3-1) 私はどんな国民でも教育 (eğitim) なしでは文明化しえないだろうと思っています。
Ben her ulusun eğitimsiz uygarlaşamayacağını düşünüyorum.

3-2) 私は、絵画 (tablo) がなく彫刻 (heykel) がない美術館はあり得ないだろうと思っています。
Tablosuz, heykelsiz bir müze(nin) olamayacağını düşünüyorum.

[第18課] <18. Ders 2> pp.58-59.

18-2. Güzel Sanatlar (2) 「美的芸術 (2)」

　（アタチュルクは）学問と芸術における新奇性は、たとえそれがどこからのものであろうとも、直接採り入れることを願っていました。彼は、美的芸術において若者の成長のために様々な働きをし、多くの学校を開校しました。

　共和国の建設後、アンカラ、イスタンブル、その他の都市で展覧会が開催され、賞が授与されました。アナトリアの各地で開設された国民の家で美的芸術の全分野

において活動が行われました。
　「みなさん、みなさんの誰もが国会議員になれますし、大臣にもなれます、さらには大統領にもなれます。しかし、芸術家になれるとは限りません」と言ったアタチュルクは、この言葉でもって芸術家に払った重要性を明確にしました。アタチュルクの時代に行われた活動によって、私たちの国は文化と芸術の分野において急速に発展しました。

(Prof. Dr. ハムザ・エロール：『トルコ革命史』/TDK 4: p.67.)

1-1) その男は教育方法（eğitim metodu）の新奇性を、<u>それが誰からのものであろうと直接取り入れたい</u>と願っていた。
O adam eğitim metodundaki yenilikleri, kimden olursa olsun, doğrudan doğruya almak isteğindeydi.

1-2) 私は新しい会社の設立において（kurarken）建設的な提案（olumlu teklifler）は、<u>たとえどんなものであろうとも</u>、直接採用したいと願っています。
Yeni bir firma kurarken olumlu teklifleri, ne olursa olsun, doğrudan doğruya almak isteğindeyim.

2-1) 天候が回復（hava açıl-）<u>したあと</u>、漁師（balıkçı）たちは海に出た。
Hava açıldıktan sonra balıkçılar denize çıktılar.

2-2) 君は食事をとった（yemek ye-）<u>すぐあと</u>（-den hemen sonra）横たわるべきではない。
Yemek yedikten hemen sonra yatmamalısın.

3-1) あなた方はみんなお金持ちに<u>なれる可能性があるが幸せになれる</u>（mutlu ol-）<u>とはかぎらない</u>。
Hepiniz zengin olabilirsiniz ama mutlu olamazsınız.

3-2) 全ての日本人（her Japon）が日本語を<u>話せる</u>が日本語を<u>教えられるわけではない</u>。
Her Japon Japonca konuşabilir ama Japonca öğretemez.

［第19課］＜19. Ders 1＞ pp.60-61.

19-1. Dilek'in Hastalığı (1)　「ディレキの病気（1）」

　私がディレキを知ったのは、入院中の母を見舞いに行ったときでした。彼女は、9才の陽気で活発でお喋りな子ですが、小鳥のようにびくびく怯えるところがあります。

ディレキは、(塩漬け)オリーブのような真っ黒なつぶらな瞳で見つめ、私に自分の生い立ちを話してくれました。ソユトゥル村の元村長の娘だそうです。父親は彼女に教育を受けさせなかったとのことです。父親は何軒もの家、何台ものトラクター、多くの畑、家畜を持っているとのことです。もっとも、病院の職員たちと交わされるやり取りから、彼女が裕福な家庭の娘であることは私にはわかっていました。
　ある日のこと、ディレキは村の菜園の様子を見に行ったそうです。ふと見たところ、レタス、パセリ、青ネギが青々となっていました。彼女は菜園にしゃがみ込み、レタス、パセリを次々と摘み取って洗わないでそのまま食べたそうです。夕方、家族に話したそうです。「すごかったわ、お父さん！　菜園のレタス、パセリを次々と摘んでは食べ、摘んでは食べました。もうおなかが一杯です」

1-1) 私が<u>教授を部屋に訪問した</u>とき教授はいなかった。
　　　Profesörü odasında ziyarete gittiğimde bulamadım.

1-2) 君が<u>僕を訪ねてきてくれた</u> (-i ziyarete gel-) <u>とき</u>僕はまだ寝ていた。
　　　Beni ziyarette geldiğinde ben daha uyuyordum.

2-1) そこで働いている<u>人々との会話から彼がその会社の社長 (genel müdür) であることが私にはわかりました</u>。
　　　Orada çalışanlarla olan konuşmamızdan [konuşmasından] onun o firmanın genel müdürü olduğunu anlamıştım.

2-2) トルコ<u>に対する興味・関心</u> (merak ve ilgi) <u>から</u>太郎がトルコ語を少し知っ<u>ていることが私たちにはわかりました</u>。
　　　Türkiye'ye olan merak ve ilgisinden Taro'nun biraz Türkçe [Türkçeyi biraz] bildiğini anlamıştık.

3-1) 私はトルコ料理、トルコのお菓子 (tatlı) <u>を次から次へ</u>と食べました。
　　　Ben Türk yemeklerinden, tatlılarından bir yedim, bir yedim.

3-2) 私は彼のあとから追いつける (ardından yetiş-) ように<u>走りに走った</u>。
　　　Ardından yetişebilmek için bir koştum, bir koştum.

[第19課] <19. Ders 2> pp.62-63.

19-2. Dilek'in Hastalığı (2)　「ディレキの病気 (2)」

　しばらくして、ディレキは下痢になりました。家の者はコーヒーをなめさせ、米のおかゆを食べさせましたが、効き目はありませんでした。ディレキの下痢は、最初のうちは気にかけられませんでした。時間が経つにつれて、彼女の食欲はなくな

り、間もなくして体重が落ちました。頭がくらくらしてきたとき、家族は心配になり、彼女を病院に連れて来たそうです。様々な検査の結果、病気の診断は赤痢と下されました。家族の者は慌てふためき、恐れました。

医師達はディレキに、治療を受ければ赤痢は恐れるべき病気ではないことを懸命に説明しました。

私たちは母を病院から退院させました。(母が)家で静養していた数日後、ディレキは電話で次のように話していました。

「おばさん、私もう元気になりました。今は家にいます。見つけるたびに、健康について書かれたものを読んでいます。もう洗わずには何も食べていません。洗わないで食べたものが病気を引き起こすことをみんなに話しています」

(「編集委員会」/TDK 4: p.91.)

1-1) 近年は (son yıllarda) 小学校でもパソコン教育 (bilgisayar eğitimi) が<u>重要視されてきました</u>。
Son yıllarda ilkokullarda bile bilgisayar eğitimi önemsenmeye başlandı [başladı].

1-2) その揺れ (sarsıntı) は初めはそれほど<u>重視されなかったが</u>、あとから大きな津波 (tsunami) が来たそうだ。
O sarsıntı önceleri o kadar önemsenmemiş fakat sonradan büyük bir tsunami gelmiş.

2-1) 様々な議論 (tartışma)<u>の結果、</u>私たちはその計画を断念した。
Çeşitli tartışmalar sonucu biz o plandan vazgeçtik.

2-2) ネディム (Nedim) は猛勉強 (çok ders çalış-)<u>の結果、</u>医学部 (tıp fakültesi) に合格できた (-e gir-)。
Nedim çok ders çalışması sonucu tıp fakültesine girebildi.

3-1) もうあなたに<u>相談せずには</u> (size danış-) 何も決めません (-e karar ver-)。
Artık size danışmadan hiçbir karar vermeyeceğim.

3-2) もう私は本を<u>読まずには</u>一日も過ごせません (gün geçir-)。
Artık kitap okumadan hiçbir gün geçiremiyorum.

[第 20 課] ＜20. Ders 1＞ pp.64-65.

20-1. Kar Tanesinin Serüveni (1) 「雪片の冒険（1）」

　私は雪の日に窓から外を眺めていました。雪片が飛び交い舞いながらあちこちに落ちていました。洗濯物用のひも、木々、壁といったあらゆるもの上に。

　大粒の雪片が窓に向かって近づいて来ました。私は手を窓から出して雪片に差し出しました。雪片は私の手のひらの中にふわりと乗りました。それはとても美しくて白いものでした。何て美しく整った形をしていたことでしょうか。私は「この雪片が言葉を発し、身の上に起こったことを私に話してくれることができればなあ」とひとりつぶやきました。

　雪片は言葉を発し、私に「私の冒険を知りたければ、お聞き、話し手あげるから」と言いました。

　私は数カ月前までは一滴の水でした。そのあと、私が一瞬にして蒸発する瞬間が来たのです。私と同じように何千もの小さな水滴が蒸発しました。私たちはこの新しい状態でとても身軽になったので絶えず上昇し続けました。

1-1) 彼は手を水道の蛇口（musluk）へのばし（uzat-）、水の下に差し出した。
　　 Elini musluğa uzatıp suyun altına tuttu.

1-2) 私はストーブが燃えて（soba yan-）いるとき手をその上に（üstüne）かざした。
　　 Soba yanarken elimi sobanın üstüne tuttum.

2-1) トルコ料理（Türk yemeği）が食べたいのなら私の家へ来なさい、作ってあげるから。
　　 Türk yemeği yemek istersen evime gel de yapayım.

2-2) 私の車を使いたいなら明日まで待ちなさい（yarına kadar bekle-）、貸してあげる（ver-）から。
　　 Benim arabamı kullanmak istersen, yarına kadar bekle de vereyim.

3-1) 私は10日前までは普通のサラリーマン（sıradan bir memur）でしたが、今では有名な作家です。
　　 On gün öncesine kadar sıradan bir memurdum ama şimdi ünlü bir yazarım.

3-2) あの男なら2、3週間前まではうちの会社（firma）で働いていましたが、もう退職しました。
　　 O adam birkaç hafta öncesine kadar bizim firmada çalışıyordu, ama artık ayrıldı.

[第20課]＜20. Ders 2＞ pp.66-67.

20-2. Kar Tanesinin Serüveni (2)　「雪片の冒険（2）」

　気温が冷え込みました。太陽の兆しは全くありませんでした。私たちは雨になって地上へ戻りたいと願っていました。私たちは、半ば水、半ば水蒸気の状態でした。私が雨になろうとした瞬間、気温が急激に冷え込んだため身震いしました。

　私の友人の一人は、「今私たちは上空にいるが、この下界は冬の季節です」と言いました。「他の土地はもっと暑いかもしれません。この突然襲ってきた寒さでは私たちは雨になることはできないでしょう。ほら！　私は雪になります。君も…」

　私の友人は最後まで言葉を続けることができませんでした。地上へ向かって雪となって滑り落ちました。そのあと、私そして私と同じような何千もの小さな水滴が雪になって地上に降りました。

　私は海にいたときは重かったのです。しかし、もうすっかり身軽でした。わらのように舞い上がっていました。風が私の願いを叶えてくれました。私をこの辺りまで吹き飛ばしてくれたのです。君の手が差し出されているのを見たとき、友人の手としての親近感を覚えました。

　ここで雪片の言葉は一瞬にして途切れました。ふと見たところ、（雪片は）小さな水滴に変わってしまっていました。

(ベフレング（？）・シリーズ：『砂糖大根生産少年』/TDK 4: pp.94-95.)

1-1) この交通事故（trafik kazası）は私たちが飛行機に乗るのを妨げるでしょう。
　　 Bu trafik kazası bizim uçağa binmemizi önleyecek.

1-2) このスキャンダル（skandal）は私の友人が大臣（bakan）になるを妨げるだろう。
　　 Bu skandal arkadaşımın bakan olmasını önleyecek.

2-1) 私はあなたのすべての希望（her istek）を叶えてあげるように努力します。
　　 Ben her isteğinizi yerine getirmeye çalışacağım.

2-2) 人は努力して自分の約束を（kendi sözünü）果たさなければならない。
　　 İnsan gayret edip kendi sözünü yerine getirmeli.

3-1) ネズミ（fare）は猫を見るやとっさに逃げ出した（kaç-）。
　　 Fare kediyi görünce kaçıverdi.

3-2) 私の父は最近（bugünlerde）テレビを見ていて（televizyon seyret-）急に眠り込んでしまいます。
　　 Babam bugünlerde televizyon seyrederken uyuyuveriyor.

[第21課] ＜21. Ders 1＞ pp.68-69.

21-1. Yurt Sevgisi (1)　「国を愛する気持ち（1）」

　国を愛する気持ちを十分に実感しうるためには、国の隅々を知り、そういった所で生活しなければなりません。私たちの祖国は、知れば知るほど、愛着を覚える所なのです。

　イスケンデルン湾から始まり、エーゲ（海）に向かって延びる南の海岸線は他のいかなる海岸にも類を見ない世界です。そういった地域では全てのものが異なっています。レモン、オレンジの果樹園、イナゴマメ（の木）の林、椰子の豊富な種類、そういったものはともかく除くとして、様々な種類のトゲのある植物ですら、道端に自生しており、それだけで一種の飾りとなっています。水量が増すにつれ色が変化する水と同じように、それら（トゲのある植物）もまるで成長するにつれ色を変え、私たちが知っているのとは異なった色に色づくのが見られます。（南の海岸は）尽きることのない小さな入り江に満ちあふれ、目もくらむほど輝いています。太陽の下で、遠くから見ると、まるで波立ちつつ水に入ったり出たりして楽しんでいるかのように見える海岸線はまた格別です。

1-1) アリにとって妻（eş）は他のいかなるものにもたとえられない存在（varlık）である。
Ali için eşi başka hiçbir şeye benzemeyen bir varlıktır.

1-2) 私の父は他のいかなる人にも類をみない厳格な男（sert bir adam）だった。
Babam, başka hiçbir kimseye benzemeyen sert bir adam idi.

2-1) 暗闇でその古い家の戸が突然（birdenbire）勝手に開いた（açıl-）。
Karanlıkta o eski evin kapısı birdenbire kendi kendine açıldı.

2-2) あなたは日本語を独力で学んだのですね。
Siz Japoncayı kendi kendinize öğrendiniz, değil mi?

3-1) その幼い子は電気をつけたり消したりして（lambayı yakıp söndür-）楽しんでいるようにみえる。
O küçük çocuk lambayı yakıp söndürmekle eğleniyor gibi görünüyor.

3-2) 最近（bugünlerde）君は授業に遅刻したり（geç kal-）来なかったりして怠けている（tembelleş-）ようにみえる。
Bugünlerde sen derse geç kalıp gelmemekle tembelleşiyor gibi görünüyorsun.

[第21課]＜21. Ders 2＞ pp.70-71.

21-2. Yurt Sevgisi (2)　「国を愛する気持ち（2）」

　さて、それではここから内陸部、任意のどこかへ、たとえばボル、サフランボル方面の森林や山々のある地域へ移りましょう。そこでも私たちは全く異なった景色に入ります。平原の真っただ中からそこの山々を眺めたとき、私たちが見慣れていない景色がいくつか見えます。山々がそれぞれ連なって、まるでずっと遠くまで続いているかのようです。人間の目にはどこでも同じであるはずの弧をなす視界は、ここでは1.5倍、2倍も拡がったかのように思われます。山々でも後方にあるものの中にはとても高いものがあります。さらに、この連峰の山頂は時には木や森の一部で飾られていることもありました。しかし森（と空と）の境界線に見える頂きは、ノコギリの歯のように完全なギザギザ状態になっています。この状況は私たちに全く趣を異にする感じを与えてくれます。

　　　　　　　　（レシャト・ヌーリ・ギュンテキン：＜出典不明＞/TDK 5: pp.33-34.）

1-1) それでは、このあと任意の1冊の本、たとえばトルコの昔話（masal）を読みましょう。
　　Şimdi, bundan sonra, rasgele bir kitap, örneğin Türk masallarını okuyalım.

1-2) 明日なら、任意の時間、たとえば午前10時に会えます。
　　Yarın ise, rasgele bir vakitte, örneğin saat 10'da görüşebiliriz.

2-1) 私はある朝窓から外を見たとき 全く見たこともないある光景に直面した（ile karşılaş-）。
　　Bir sabah pencereden dışarı baktığım zaman, hiç alışık olmadığım bir manzarayla karşılaştım.

2-2) あなたの飛行機がヴァン湖（Van Gölü）に近づいたとき 見たこともない見事な（muhteşem）美しさが見えてくるでしょう。
　　Uçağınız Van Gölü'ne yaklaştığı zaman, alışık olmadığınız muhteşem bir güzellikle karşılaşırsınız.

3-1) 本は読者（okuyucu）に全く異なった味わい（tat）を与えることがある。
　　Kitap, okuyucuya [okuyana] bambaşka bir tat verebilir.

3-2) その映画（film）は私たちにトルコに関して（Türkiye hakkında）全く違った印象（izlenim）を与えるものだった。
　　O film bize Türkiye hakkında bambaşka izlenimler verdi.

[第22課]＜22. Ders 1＞ pp.72-73.

22-1. Okuma ve Biz (1)　「読書と私たち（1）」

　読書はとても有益な行為です。私たちは小説を読んでいるとき我を忘れます。自分自身を小説の中で語られる登場人物の一人とみなします。その人物とともに喜び、泣き、感動し、自分の気持ちが抑えられなくなります。こうして時間がどのように過ぎたのか気づくことができなくなります。

　本の中には私たちに知識を得させてくれるものもあります。私たちは気がかりな様々な疑問の答を見つけます。飛行機はどのようにして飛ぶのか、汽車を高速で牽引する力は何なのか？　巨大な船が水面でどうして浮かんでいられるのか？　このような疑問にいつも本が答えてくれます。

　本は私たちの知識を増やしてくれるとともに、感情をも育んでくれます。

　本の有用性は多面的です。しかし、それら（本）を利用することを知らなければなりません。それは、読む技法を知り、その技法を巧みに利用するのに関係しています。多くの人たちは文章の行を追って読んではいますが、行間に込められた感情や思想を読みとって明らかにすることができません。語られたことに関して考えないのです。

1-1) これからは私を友人ではなくて兄弟とみなしてください！
　　 Bundan sonra beni arkadaş değil de kardeş yerine koy!

1-2) かれらは私をロバとみなしていた。そのために大喧嘩（büyük bir kavga）になった。
　　 Beni eşek yerine koyuyorlardı. Bu yüzden büyük bir kavga çıktı.

2-1) 入浴（banyo）は私たちの疲れを取り除いて（gider-）くれるだけでなく私たちの身体（vücut）もリラックスさせてくれる（rahatlat-）。
　　 Banyo, hem yorgunluğumuzu giderir hem de vücudumuzu rahatlatır.

2-2) 旅は私たちの知識を増やしてくれるだけでなく新しい友情を築く（yeni dostluklar kur-）ことも可能にしてくれる（sağla-）。
　　 Yolculuk, hem bilgimizi artırır hem de yeni dostluklar kurmamızı sağlar.

3-1) 宝くじが当たる（milli piyango çık-）か否かは全く君の運（şans）次第である。
　　 Milli piyangonun çıkıp çıkmaması tamamen senin şansına bağlıdır.

3-2) あの俳優志願者（aktör adayı）が人気を得る（rağbet gör-）かどうかはどれほど巧みに演じるかに大いに関係している。

O aktör adayının rağbet görüp görmeyeceği ne kadar ustalıkla oynamasına çok bağlıdır.

[第22課]＜22. Ders 2＞ pp.74-75.

22-2. Okuma ve Biz (2) 「読書と私たち（2）」

考えないために読んだ内容が理解できず、理解できないとページをとばし、本から全く醍醐味を得られないのです。

　優れた読書家は、作家と共同作業をすることを心得た読み手です。作家と共同作業をするとは、作家が何を言っているかを把握することです。疑いなく、これは容易なことではありません。人は忍耐力を求められ、慣れを要求されます。読書術はやすやすとは習得できません。それを、有名なドイツの作家ゲーテは次のように定義しています：「読書（術）は諸技法の中で困難なものである。私はそのことに対して80年の歳月を費やしたが、それでもなお読書術を完全な意味では習得したとは言えない」。

　書物は知識を保持するものです。知識を未来に伝達するのは書物です。ある格言で次のように言われています：「書物は今日と未来との間に知識の橋を掛ける。しかし、この架け橋を渡り、利用できるためには読書術をよく身につけておかなければならない」と。

　　　　　　　　（エミン・オズデミル：『読書の技術』/TDK 5: pp.67-68.）

1-1) 彼に金を貸す（ödünç ver-）ことは返してもら（geri al-）えないことを意味する。
Ona para ödünç vermek geri alamamak demektir.

1-2) トルコに滞在することは必ずしも (her zaman) トルコ語がマスターできる (-e hakim ol-) ことではない。
Türkiye'de kalmak, her zaman Türkçeye hakim olabilmek demek değil.

2-1) 私はこの仕事に50年の歳月を費やしたが、それでもまだまだ学ばなければならないことがたくさんある。
Ben bu işe 50 yılımı verdim, gene de daha da öğrenmem gereken çok şey var.

2-2) あの男は70年もの歳月を俳優業（aktörlük）にかけたが、それでも俳優業を完全な意味では修得できたとはいえないと言っている。
O adam aktörlüğe 70 yılını vermiş, gene de aktörlüğü tam anlamıyla

öğrendiğini söyleyemiyor.

3-1) 学生交換プログラム（öğrenci değişimi programı）は<u>日本とトルコの間に友好（dostluk）の橋をかけるでしょう</u>。
Öğrenci değişimi programı Japonya ile Türkiye arasında dostluk köprüsü kuracak.

3-2) トルコ人は世界ではじめて（dünyada ilk kez）1973年に<u>アジアとヨーロッパとの間に橋をかけた</u>。
Türkler dünyada ilk kez 1973'te Asya ile Avrupa arasında bir köprü kurdu.

［第23課］＜23. Ders 1＞ pp.76-77.

23-1. Bilim Yolu (1) 「学問の道（1）」

　20世紀最後の4半世紀において諸発明・発見をフォローするのはほとんど不可能です。毎日何百件もの新たな発明・発見が科学技術で利用され、学問の世界につけ加えられ、人類に役立てられています。
　今日、学問がこれほど急速に進歩し、重要性を帯びた理由は以下の通りです：人類はこの数世紀において学問によって最高の真実へ到達できるだろうということを理解したのです。
　学問研究の結果、病気の大半の原因が解明されました。そのために、かなり多くの病気の治療が可能になっています。この種の研究は将来においても継続することでしょう。
　学問は社会生活において重要な変化を引き起こしています。先進社会においてこのような現象をあらゆる分野で目にすることができます。学問的発見は、個人的見解や信条によって変化しません。それは、一国の境界内に留まるものではなく、全人類のために役立てられています。

1-1) あなたは実に多くの（pek çok）本を持っている。この本の<u>全てが読まれるのはほとんど不可能です</u>。
Pek çok kitabınız var. Bu kitapların hepsinin [tümünün] okunması hemen hemen olanaksız.

1-2) 近年はコンピュータの新モデル（yeni model）を<u>フォローするのは経済的には</u>（ekonomik bakımdan）<u>ほとんど不可能です</u>。
Son yıllarda bilgisayarın yeni modellerinin izlenmesi ekonomik bakımdan hemen hemen olanaksız.

2-1) セリムがアイシェと離婚した (-den boşan-) 理由は明らかでない。
　　 Selim'in Ayşe'den boşanmasının nedeni belli değil.

2-2) オスマン帝国 (Osmanlı İmparatorluğu) が崩壊した (çök-) 諸原因が歴史学の分野 (tarih alanında) で研究されている (araştırıl-)。
　　 Osmanlı İmparatorluğunun çökmesinin nedenleri tarih alanında araştırılıyor.

3-1) 気の毒なことに (yazık ki) セリムの病気と失業 (işsizlik) が離婚 (boşanma) を招くことになったそうだ。
　　 Yazık ki Selim'in hastalığı ve işsizliği boşanmasına neden olmuş.

3-2) 1990年代の経済不況 (1990 yıllarındaki ekonomik buhran) がオジの会社が倒産する (iflas et-) 原因となった。
　　 1990 yıllarındaki [1990'lı yıllardaki] ekonomik buhran amcamın firmasının iflas etmesine neden oldu.

[第23課] <23. Ders 2> pp.78-79.

23-2. Bilim Yolu (2)　「学問の道 (2)」

　日常生活において電気やモーターの力で動く多数の機械・道具類を私たちは利用しています。コンピュータは各家庭にまで入りました。高速の運輸・通信手段が開発されました。宇宙では様々な調査研究が行われています。人間が継続的に滞在できる宇宙ステーションを建設するために努力が払われています。このようなことは、まず最初にパッと頭に思い浮かぶ事柄です。その全てが学問によって実現しているのです。しかし、学問はつねに良い方向で利用されているとは限りません。近年の時の話題は原子力です。この力は、とりわけ戦争の武器生産において利用され開発されています。しかし、知識は肯定的な方向で利用されなければなりませんし、本来的で正しい目的から逸脱しないようにすべきです。

　学問の道から逸れることは、人類の発展を妨げます；その結果、思考が狭く、建設性や創造性からかけ離れた人たちが築く社会が出現することになります。

　人間としてふさわしく生きるためには学問の正しくて現実的な道から逸れないようにしましょう。

　　　　　　(メティン・ギュル：『解説・応用付き金言』/TDK 5: pp.128-129.)

1-1) 私の友人はドイツで働く多数のトルコ人労働者 (Türk işçi) にアンケート調査をしている (anket yoluyla araştırmalar yap-)。

Arkadaşım Almanya'da çalışan çok sayıda Türk işçiye anket yoluyla araştırmalar yapıyor.

1-2) あなたはこの図書館でトルコ文学研究（Türk edebiyatı araştırmaları）において仕事に役立つ（-e yara-）多数のトルコ小説（Türk romanı）が利用できます。
Bu kütüphanede Türk edebiyatı araştırmalarında işinize yarayacak çok sayıda Türk romanından yararlanabilirsiniz.

2-1) トルコのサッカー選手（futbolcu）と言えば（deyince）、我われ日本人には（biz Japonların aklına）まず最初イルハンが思い浮かびます。
Türk futbolcusu deyince, ilk anda biz Japonların aklına İlhan geliverir.

2-2) トルコの現代作家では（çağdaş Türk yazarlarından）まず最初誰があなた方の頭に浮かびますか？
Çağdaş Türk yazarlarından, ilk anda aklınıza kim geliverir?

3-1) お金がたくさんあっても愛情から遠い人たちが築く家庭（aile）は不幸（mutsuz）である。
Parası çok [bol] fakat sevgiden uzak kişilerin kurduğu aileler mutsuzdur.

3-2) 資本（anapara）が限られていても独創性が豊かな会社は事業（iş）で成功しうる（başarılı ol-）。
Anaparası sınırlı ama yaratıcılığı zengin firma, işlerinde başarılı olabilir.

［第24課］＜24. Ders 1＞ pp.80-81.

24-1. Annem (1)　「私の母（1）」

　私の母の写真は1枚もありませんでした。
　1926年に26才のときに結核で亡くなった母はその生涯において写真を撮らせませんでした。というのは、当時、我が国においては写真を撮ってもらうことは宗教的な罪とみなされていたからです。ただ、兵役のような公的事情のために男性は証明用の写真を撮ってもらっていました。
　母が臨終のベッドにあったとき、私は学んでいた寄宿制学校を退学してずいぶん経っていました。しかし、そのことを母も父も知りませんでした。
　私は母のそばへは近づけてもらえませんでした。それは、母の亡くなる1日前のことでした。母が臥している部屋のドア越しに中で話されていることに私は耳を澄ましていました。母の以下のような言葉が聞こえたのです。
「あの子は寄宿制学校に通ってくれているね、もう私の願いは叶ったからいつ死

んでもいい…」
　しかし、この私は無料の寄宿制学校をすでにやめてしまっていたのでした。

1-1) 私の祖父の写真はたった<u>1枚</u>（bir tek）<u>しかなかった</u>（＝1枚だけあった）。
　　　Dedemin bir tek [yalnız bir] tane fotoğrafı vardı.
1-2) 私はその事件の<u>ことは全く知らなかった</u>（-den haberim yoktu）。
　　　Benim o olaydan hiç haberim yoktu.
2-1) 先月ガン（kanser）で亡くなった祖母は<u>写真を撮ってもらう</u>のが大好きでした。
　　　Geçen ay kanserden ölen anneannem resim çektirmeyi çok severdi.
2-2) あの有名な女性ダンサー（dansöz）は無料では（ücretsiz）決して自分の<u>写真を撮らせない</u>。
　　　O ünlü dansöz hiç bir zaman ücretsiz kendi resmini çektirmez.
3-1) 私はずっと以前にタバコを<u>やめました</u>。
　　　Ben çoktan sigarayı bırakmıştım.
3-2) 子供たちよ、喧嘩（kavga）を<u>やめて仲直りしなさい</u>（barış-）。
　　　Çocuklar, kavgayı bırakın da barışın.

［第24課］＜24. Ders 2＞ pp.82-83.

24-2. Annem (2)　「私の母（2）」

　私は母のこの言葉を聞いたとき、泣きながら家から出ました。当時、私は11才でした。
　翌日、母は亡くなりました。母の声が常に私の耳にこびりついていました。
　「あの子は寄宿制学校に通ってくれているね、もう私の願いは叶ったからいつ死んでもいい」
　私が勉強した唯一の理由は母のその言葉でした。私の生涯を通じて、その言葉は私の耳から決して消えることはありませんでした。いつも母のその言葉を思いました。ただその言葉のために私は勉強し、学校へ通う方法を探しました。母の言葉に私は励まされたのです。そうでなかったら、学校を中退した11才の私は二度と学校へ通うつもりはありませんでした。私を無理矢理学校へ通わせようとする人もいませんでしたし、わが家にはそんなお金もありませんでした。
　今日ある私の人格は、母とりわけ母から耳にした最後の言葉のおかげです。

　　　　　　　（アズィズ・ネスィン：『ありし日々と週』/TDK 5: pp.151-152.）

1-1) この1週間、僕はあの娘とデートする (-ile çık-) 方法を探している。
　　　Ben 1 haftadır o kız ile çıkmanın yollarını arıyorum.
1-2) 私たちはみんながコンピュータを簡単に利用できる方法を探している。
　　　Biz herkesin bilgisayardan kolayca yararlanmasının yollarını arıyoruz.
2-1) 私は二度と日本へ戻るつもりはなかった。
　　　Ben bir daha hiç Japonya'ya dönecek değildim.
2-2) アリはその仕事を辞める (bırak-) つもりはなかった。
　　　Ali o işi bırakacak değildi.
3-1) 今の私の安楽な暮らしは亡き (ölmüş) 父のおかげです。
　　　Bugünkü rahat hayatımı ölmüş babama borçluyum.
3-2) 今日こうして私たちが大学で勉強できているのはまったく両親 (anne ile baba) のおかげです。
　　　Bugün böyle üniversitede okuyabilmemizi tamamen anne ile babamıza borçluyuz.

［第25課］＜25. Ders 1＞ pp.84-85.

25-1. Hiroşimalar Olmasın (1)　「ノーモア・ヒロシマ (1)」

「45秒間で起こった、全てのことが。
　8時15分にはヒロシマは存在していた。
　ヒロシマはまだ生きていた。
　数秒の花がかすかに呼吸する一瞬に
　時刻が8時16分になったとき
　消滅してしまった、ヒロシマは」
　　　　　　　　　　　　　　　　　　　—ジェイフン・アトゥフ・カンス—
　ちょうど50年前のことでした。1945年8月6日。午前8時15分にヒロシマの上空に1機の巨大な飛行機が現れました。その名はリトル・ボーイでした。一人の男性が銀行の前で立ち止まり一瞬空を見上げました。それは45秒の一瞬でした。男性は一瞬にして消えてしまいました。男性の身体はとけてしまったのです。その影が銀行入口の石段に残りました。ある人がやって来て撮ったのです、その影の写真を。男性は消えてしまったのですが、その影が写し出されたのです、石段に。

1-1) 6時になると、毎朝私の父は家を出ます。
　　　Saat 6.00 olduğunda, her sabah babam evden çıkıyor.

1-2)　7時45分になると、毎朝テレビで天気予報（hava raporu）があります。
　　　Saat 7.45 olduğunda, her sabah televizyonda hava raporu var.

2-1)　私は1985年4月10日午前6時24分に生まれたとのことです。
　　　Ben 1985 yılının 10 Nisan günü, sabahın 6.24'ünde doğmuşum.

2-2)　あの大地震（deprem）は2001年9月20日午後10時49分に起こった。
　　　O büyük deprem 2001 yılının 20 Eylül günü, gecenin 10.49'unda oldu.

3-1)　すぐに一人の新聞記者（gazeteci）がやって来て、事件現場（olay yeri）の写真を撮って行った。
　　　Hemen bir gazeteci geldi, olay yerinin resmini çekip gitti.

3-2)　アイシェの父は、彼女の誕生日ごとに（her 〜 -de）彼女の写真を撮る。
　　　Ayşe'nin babası, onun her doğum gününde resmini çeker.

［第25課］＜25. Ders 2＞ pp.86-87.

25-2. Hiroşimalar Olmasın (2)　「ノーモア・ヒロシマ（2）」

　一瞬にして10万人の人間が死にました。10万人は負傷しました。何世代にもわたって病気は延々と続きました。その日にまだ生まれていなかった子供たちまでがこの病気から我が身を救うことができませんでした。腕、脚、頬に原爆の深いやけどの跡が残りました。
　それからちょうど50年が経過しました。たしかに地球上のいかなる町にも二度と原爆は投下されませんでした。しかし地球上のあちこちで終わりのない苦しみ、流血の出来事、戦争が続き、現在も続いています...　人類はヒロシマから、戦争から教訓を得るだろうと思われたのですが...　起こってはいけないと言われました、ヒロシマを繰り返してはいけないと。しかし今でも多くの戦争、大量殺戮がやはり繰り返し行われています。
　私はヒロシマへ1970年に行きました。ヒロシマから半世紀経った今ふたたび、世界がその中に落ち込んだ流血沙汰の行き詰まりは、人類が自らの苦しみや流血の紛争から何一つ教訓を得ていなかったことを示していないでしょうか？　これほど多くの努力、これほど多くの書物、これほど多くの平和への叫びが見られたのに、それらは無駄なことだったのでしょうか？

　　　　　　　　　（オクタイ・アクバル『ノーモア・ヒロシマ』/TDK 6: p.9.）

1-1)　あなたはトルコのいかなる地域（bölge）においても実に豊かな民俗舞踊（folklor）を見つけることができます。

Türkiye'nin herhangi bir bölgesinde çok zengin bir folklor bulabilirsiniz.

1-2) 私の友人は酒が大好きで、毎日何らかの理由をみつけては飲んでいる。
Arkadaşım içkiyi çok seviyor ve her gün herhangi bir neden bulup içiyor.

2-1) トルコでは終わりのない話を「蛇話（yılan hikayesi）」と呼んでいる。
Türkiye'de sonu gelmeyen hikayeye "yılan hikayesi" derler.

2-2) 戦争から父親が戻らないあの幼い娘の家族はとても深い悲しみ（üzüntü）の中にあった。
Babası savaştan dönmeyen o küçük kızın ailesi çok derin üzüntü içindeydi.

3-1) （彼らには）聞かせるなと言われた、子供たちには聞かせるな。
Duymasınlar dendi, çocuklar duymasınlar.

3-2) （それが）冷め（soğu-）ないようにと言われた。お茶が冷めないうちに（どうぞ）。
Soğumasın dendi, çayınız soğumasın!

［第 26 課］＜26. Ders 1＞ pp.88-89.

26-1. İşitmek ve Dinlemek (1)　「聞くことと聴くこと（1）」

　様々な理由でコミュニケーションにおいて生じる断絶は私たちの人間関係に悪影響を及ぼしています。コミュニケーションで断絶を引き起こす原因の中には、そうと気づきつつ、またそうとは気づかずに行った行為の結果によるものがあります。

　しばしば私自身ふと観察したことがあります：私にとって重要なあることを話しているとき、目の前にいる人が私の目を見つめて私の言うことを聞いているが、実際には私の言葉に耳を傾けて聴いていないことがあります。このようなうわの空の表情、そして耳を傾けているかのようなそぶりに直面して、私は目の前にいる人を揺すり動かし、その人の注意を引きたい気持ちになります。しかし、同じことを私はやっていないと、はたして言えるでしょうか？

　先日、私のやることなすことが次々と裏目に出たとき、そして頭の中が借金をいかに返済すべきかで一杯のとき、猫が行方不明になった隣人と出くわしました。隣人は自分の猫をもう二度と見つけることができないだろうと思っていました。彼は別れ際に私にあることを尋ねましたが、私はそれが何であったか全く思い出すことができませんでした。

1-1) アリはそうとは気づかずにアイシェの心を傷つけた（hatırını kır-）。
Ali farkında olmadan Ayşe'nin hatırını kırdı.

1-2) 私はそうとは気づかず同じ本をまた買ってしまった。
Farkında olmadan aynı kitabı yeniden almışım.

2-1) そのような間違いを私はおかしたことがないと、言えるだろうか？
Öyle hatayı ben yapmadım, diyebilir miyim acaba?

2-2) あの出来事は君に全く関係がない (-ile ilgi* yok)と、はたして言えますかね？
O olayın seninle hiç ilgisi yok, diyebilir misin acaba?

3-1) この1週間、私は今度の口頭試験 (önümüzdeki sözlü sınav)で頭がいっぱいです。
1 haftadan beri kafam önümüzdeki sözlü sınavla meşguldür.

3-2) この3月から学生たちは授業どころか (dersler yerine) 就職活動 (iş aramak)で頭がいっぱいです。
Bu Marttan beri öğrencilerin kafaları dersler yerine iş aramakla meşguldür.

[第26課] ＜26. Ders 2＞ pp.90-91.

26-2. İşitmek ve Dinlemek (2)　「聞くことと聴くこと (2)」

　翌日、私が彼のところへ行ったとき、彼は大変喜んでいました。猫をうちの子供たちが見つけて連れて来たとのことでした… 子供たちに私が話し、猫を探させたと彼は思っていたのです… 私はそのこと (彼の猫が行方不明になったこと) をすっかり忘れ去っていました。明らかに、私と隣人はその日出くわしたとき、問題がかなり深刻化したお互いの心の世界から何らかの声を反映させたのですが、自分自身の世界の内から抜け出てお互い同士のことに関わることができなかったのでした。
　学校によっては、「スピーチと他人に影響を及ぼすこと」に関して授業が行われているところもありますが、しかしながらその一部である「自分の目の前にいる人の言うことを理解しうるために耳を傾けること」に関しては、いかなる正規の教育をしても知識は得られません。効果的なコミュニケーションという観点から必要な「理解しうるために耳を傾けること」は、このような状況下では、個人の自己学習に委ねられているのです。人によっては自然であるその特性は、私たちのかなり多くの者にとって実際にある種の教育を必要とさせているのです。

　　　　　　　　　　　　(ドアン・ジュジェロール：『人と人』/TDK 6: p.16.)

1-1) うちの行方不明になった (kayıp) 犬は近所の子供たちが見つけてわが家へ連れて来てくれたそうだ。

　　　　Kayıp köpeğimizi komşu çocukları bulmuşlar ve evimize getirmişler.
1-2) 彼の財布（cüzdan）はうちの娘が<u>見つけて持って行ったらしい</u>。
　　　　Onun cüzdanını bizim kız bulmuş ve götürmüş.
2-1) 母はこの僕が父に言って、あのバイク（motosiklet, -ti）を<u>買わせた</u>（satın aldır-）と思っていた。
　　　　Annem, babama benim söylediğimi, o motosikleti satın aldırdığımı sanıyordu.
2-2) 私はそのケーキ（pasta）をアリが望み、アイシェに<u>作らせたのだと思っていた</u>。
　　　　Pastayı Ali'nin istediğini, Ayşe'ye yaptırdığını sanıyordum.
3-1) このような危機的状況（kriz ortamları）は、<u>私たちのかなり多くの者に新たな教育を必要としている</u>。
　　　　Böyle kriz ortamları, pek çoğumuz için yeni bir eğitim gerektirmektedir.
3-2) 失業は<u>私たちのかなり多くの者にとって新たな仕事の可能性を創出する</u>（iş imkânları yarat-）ことを<u>必要としている</u>。
　　　　İşsizlik, pek çoğumuz için yeni iş imkânları yaratmayı gerektirmektedir.

［第27課］＜27. Ders 1＞ pp.92-93.

27-1. Zeynep'e Mektup (1) 　「ゼイネプへの手紙（1）」

イスタンブル、1964年4月25日

　僕の親友ゼイネプ、
　昨日君に1通の手紙を投函しました。今日さらにもう1通の手紙を書いています。僕が1日おきに手紙を書くのにおそらく君は驚くことでしょう。この手紙はあることで君に相談するために書いており、もし僕の考えに同意してくれるのであれば、君と共同作業をやるつもりです。
　ある児童小説コンクールが開催されているのを僕は知ったばかりです。そこで、僕の頭に何が浮かんだと思う：僕らがお互いに書き合った手紙を日付順に整理すれば、それが児童小説にならないだろうか？　僕は君が送ってくれた手紙を保存しています。君もある手紙で、僕が君に書いた手紙をファイルに保存していると書いていたね。

1-1) 私が<u>1日おきに1冊の小説を読み終えるのにおそらく君は驚くことでしょう</u>。
　　　　Bir gün arayla bir romanı okuyup bitirmeme belki de şaşacaksın.

1-2) 私が病気のとき、私の恋人が1時間おきに電話してきてくれたのにはとても驚きました。
Ben hastayken sevgilimin bir saat arayla telefon etmesine çok şaştım.

2-1) 彼らが私の考えに賛同してくれるのであれば、この計画で共同作業をしたい。
Onlar fikrime katılırlarsa, bu planda iş birliği yapmak isteriz.

2-2) 私があなたの考えに賛成しなければ、どうするつもりですか？
Düşüncenize katılmazsam, ne yapacaksınız?

3-1) ―あなたはいつ日本に来たのですか？　―私はまだ日本に来たばかりです。
―Siz ne zaman Japonya'ya geldiniz?　―Ben Japonya'ya daha yeni geldim.

3-2) あなたも食卓 (sofra) へどうぞ、私たちはまだ食べ始めたばかりです。
Siz de buyurun soframıza, biz daha yeni yemeye başladık.

[第27課]＜27. Ders 2＞ pp.94-95.

27-2. Zeynep'e Mektup (2)　「ゼイネプへの手紙 (2)」

　どう思う、このコンクールに応募してみようか？　僕の考えが適切だと思えば、君のところにある僕の手紙を僕にすぐ航空便で送っておくれ。というのもコンクール応募期限の締切までほんのわずかしか残っていないから。もし僕らが入賞すればその成功は僕ら二人のものになる。コンクールには僕ら二人の名前で共同で応募しようよ。

　僕らの手紙でコンクールに応募するのが適切だと君が思わなければ、そのことを僕に知らせておくれ。君に一つお願いがある：一緒にコンクールに応募しようと思っても、決してそのことを誰にも言わないで、いいかい？　もし僕らが入賞すれば、家の者に驚きをもたらすことになるから。もし入賞できなかったら、コンクールに応募したことを誰にも言わないでおこう、(そうしたら) 僕ら二人だけの秘密になる。

　君の返事を待っています。挨拶と愛を込めて、僕の親友。

(アズィズ・ネスィン：『今の子供たちは最高だ』/TDK 6: pp.99-100.)

1-1) どう思いますか、この花瓶 (vazo) を君のお母さんにプレゼントしましょうか (hediye et-) ?
Ne dersin, bu vazoyu annene hediye edelim mi?

1-2) 明日お天気がよければ (hava güzelse) 一緒にピクニックへ行くのはどうですか (-meye ne dersin) ?

— 154 —

　　　　Yarın hava güzelse beraber pikniğe gitmeye ne dersin?

2-1)　ついに卒論提出（mezuniyet tezini teslim etme）期限が切れるまであと2週間を残すだけになった。
　　　Artık mezuniyet tezini teslim etme süresinin dolmasına 2 hafta daha kaldı.

2-2)　下の息子が大学を出る（üniversiteyi bitir-）まであと2年となった。
　　　Küçük oğlumun üniversiteyi bitirmesine 2 yıl kaldı [2 yıl daha var].

3-1)　もし合格できなかったら、私がその試験を受けた（sınava gir-）ことを誰にも言わないでください。
　　　Kazanamazsam, o sınava girdiğimi kimseye söylemeyin.

3-2)　もし宝クジが当たらなかったら、クジ券（bilet）を買ったのを誰にも言わないでおこう。
　　　Piyango çıkmazsa, bilet aldığımızı kimseye söylemeyelim.

[第28課]＜28. Ders 1＞ pp.96-97.

28-1. Kitaba Hürmet (1)　「本への愛着（1）」

　あなたは読書が好きですか？
　そんな質問は許されますか？　もちろん好きですよね；もし好きでなかったら、この新聞を買うこともなかったでしょうし、この文章の行も読まなかったでしょう。たとえどんな人であろうとも、ある作家に声をかけられた人は、きっと読書の好きな人です。しかし、人によってはたくさん読む人もいれば、わずかしか読まない人もいます。私は先の問いかけをして、とくに以下のことが知りたいのです：つまり、あなたがわずかしか読まない部類の人なのか、たくさん読む部類の人なのか、ということなのです。もしあなたが前者のグループの人なら、あなたの主張は説得力に欠けます。なぜならわずかしか読まないことはほとんど全然読まないことと同じだからです。私はあなたが本好きになるように誘うことにします。
　世界で本より素晴らしいものとして一体何があるでしょうか？　ほら、あなたの前に200、300ページの本があります…　それがどんな本か、何について書かれたものかわからないでしょう。ただ書名だけが見えます。単にわかることは、それが小説であるということだけです…。

1-1)　君はトルコ語を勉強するのが好きでなかったらトルコまで行かなかったでしょう。
　　　Sen Türkçe öğrenmeyi sevmeseydin Türkiye'ye kadar gitmezdin.

— 155 —

1-2) アリとアイシェはお互い (birbirlerini) 愛し合っていなかったら二人はきっと (kesinlikle) 結婚しなかったでしょう。
Ali ve Ayşe birbirlerini sevmeseydiler kesinlikle evlenmezlerdi.

2-1) たったそれほど (sadece o kadarcık) しか食べないのは、私にしてみれば (bana göre) ほとんどまったく食べていないのと同じだ。
Sadece o kadarcık yemek bana göre hemen hemen hiç yememekle birdir.

2-2) 魚にとって (balık için) 泳ぐのは人間にとって歩くのとほとんど同じです。
Balık için yüzmek insan için yürümekle hemen hemen birdir.

3-1) 私の友人アリは私をネコ好き (kedi dostu) になるようにしつこく (ısrarla) 誘ってくる。
Arkadaşım Ali beni kedi dostu olmaya ısrarla davet ediyor.

3-2) 私は自分の子供たちを本好きになるようにしきりと誘ったがダメだった。
Kendi çocuklarımı kitap dostu olmaya o kadar davet ettim, ama olmadı.

［第28課］＜28. Ders 2＞ pp.98-99.

28-2. Kitaba Hürmet (2) 「本への愛着（2）」

すぐに開いてごらんなさい、（そうすれば）たぶんその本の中で、その苦しみ、喜び、愛情あるいは憎しみにあなたの関心が引きつけられる一人もしくは数人の人間と知り合うことになるでしょう。そういう人と数時間あるいは数日の間一緒に生活し、その人たちの秘密をおそらくあなた自身の秘密よりもより一層よく知ることになるでしょう。そしておそらくそういう人たちの友となることでしょうし、彼らの苦悩に涙を流し、彼らの幸せで喜びを感じることになるでしょう。彼らもあなたの友になるでしょう；どんなに苦しくて辛い日々であってもいつの日にか小説の主人公があなたのところへやって来るのが見えるようになり、「あなたは知らないのですか？　私もかつてあなたのようだったのですよ」と言うのが聞こえてくることでしょう。たくさん読み、短編小説や（長編）小説を読んで過ごす時間というものは無駄に消え去るものでないと確信している人は、その人生において決して孤独になりません。

　読んでください、（とにかく）何を見つけても読んでください；少なくとも一度は開いてください。それがとてもひどい内容だと思いましたか？　（その時には）それを手放すのは困難なことではないはずです！...

(ヌールッラー・アタチ：『日記』/TDK 6: p.121.)

1-1) <u>その内容</u>（içerik）が<u>みんなの関心を引く</u>ニュースはありますか？
　　İçeriği herkesi ilgilendiren bir haber var mı?
1-2) きっと（herhalde）その<u>監督</u>（yönetmen）が<u>私の関心を一番引いた</u>トルコ映画は『友』("Arkadaş") でしょう。
　　Herhalde yönetmeni en çok beni ilgilendiren Türk filmi, "Arkadaş"tır.
2-1) あなたたちは彼らの<u>冗談</u>（şaka）<u>に笑い</u>、彼らの話（konuşma）<u>で楽しむこと</u>でしょう。
　　Onların şakalarına gülecek, konuşmaları ile eğleneceksiniz.
2-2) 私たちの<u>不満</u>（şikâyet）<u>を聞いて</u>あなたたちの誰もが<u>驚き</u>、最後には（sonunda）<u>怒ることになるでしょう</u>。
　　Hepiniz şikâyetlerimize şaşacak, sonunda kızacaksınız.
3-1) 人の話を<u>よく聞く</u>（dinle-）<u>人</u>も人生において決して独孤になることはないと言えるだろうか？
　　Çok dinleyen insan da ömründe asla yalnız kalmaz denilir [denebilir] mi?
3-2) 日本では<u>よく寝る</u>（uyu-）<u>子</u>（bebek）はよく育つと言われている。
　　Japonya'da çok uyuyan bebek çok büyür denilir [denilmektedir].

[第29課] ＜29. Ders 1＞ pp.100-101.

29-1. Konuşma ve Hoşgörü (1) 「会話と寛大さ（1）」

　寛大になることとは、私たちに話しかける人の言った内容を、何らかの先入観にとらわれて議論抜きに拒否することではなく、その話された内容に耳を傾け公平な見方でもって十分検討してから判断することです。
　他人の考えを全く検討もしないでどうして拒否できましょうか？　どうしてその考えを軽視して対応できましょうか？　少しなりとも真実の要素はないのでしょうか、その言葉には？　私たちにそのようなことを言った人は全く熟考しなかったのでしょうか？　（→そんなことはないでしょう）
　それゆえにあなたたちに話しかけた人の考えをそんな風によく聴かず理解しないまま拒否しようとしないでください。相手の考えを十分検討してください。そうすればきっと何か発見があるでしょう！　当然ながら、全ての人の考えに見られるように、良い面、悪い面があるのが見え、正しい点、間違った点にも気づくことでしょう。
　それなら、認めることのできる部分をはっきりと認めてください；そして残りの

部分に関しては丁寧に議論してください。根拠を提示してください、しかし相手側の根拠にも耳を傾けてください。

1-1) 私たちは他人の提案 (teklif) を全く検討しないでどうして受け入れる (kabul et-) ことができましょうか？
Başkasının teklifini hiç incelemeden neden kabul edebilelim?

1-2) 私は他人の車を許可 (izin) も得ずにどうして使用できましょうか？
Başkasının arabasını izin almadan neden kullanayım?

2-1) 少しなりとも値引き (indirim) の部分がないのですか、このカーペット (halı) には？
Biraz olsun indirim payı yok mudur bu halıda?

2-2) 少しなりとも怠け (tembellik) た要素はないのかね、君が仕事を解雇されたことには (işten atıl-)？
Biraz olsun tembellik payı yok mudur senin işten atılmanda?

3-1) あなたの考えを述べなさい、しかし相手の考えにも耳を傾けなさい。
Fikirlerinizi söyleyin, fakat karşı tarafın fikirlerini de dinleyin.

3-2) 君は自身の希望 (istek) ばかり言わないで、相手の希望も聴くべきだ。
Sadece kendi isteklerini söyleme, karşı tarafın isteklerini de dinlemelisin.

[第29課] <29. Ders 2> pp.102-103.

29-2. Konuşma ve Hoşgörü (2)　「会話と寛大さ (2)」

論理の法則に従って議論してください、感情にとらわれてではなくて。
　あなたが話している人の言葉に寛大な心をもって対応することを学んだときには、誰もがあなたの話に感心するでしょう。何らかの先入観、個人的な考えにとらわれて、他人を怒らせることももうなくなるでしょう。会話から真新しい喜びを得はじめることになるでしょう。
　他人の言った言葉において正しい側面を受け入れるのに困難を覚えることはないでしょう；あなたが話している人もあなたに対して同様にふるまい、あなたの考えの真実である点を喜んで受け入れ、あなたを喜ばせるようになるでしょう。
　このような方法でそれぞれ両者とも社会生活の全ての規則に従ったことになるでしょう。自然は、人それぞれの間で様々な性格、好みそして思考を生み出しましたが、それは、そのような全ての議論の結果、人間の利益に資するような思想が生まれるためであったのです。

(サン・ローラン:『話す技術』<ジェヴデト・ペリン訳>/TDK 6: p.127.)

1-1) 予定に従って行動しなさい (hareket et-)、気分 (keyif, -yfi) にとらわれてではなくて。
Programınıza uyarak hareket edin, keyfinize kapılarak değil.

1-2) こちらの空き時間 (boş zaman) に合わせて来てください、あなた自身の空き時間に合わせてではなくて。
Benim boş zamanıma uyarak gelin, kendi boş zamanınıza uyarak değil.

2-1) 君たちは何らかの先入観にとらわれて、もう他人を軽蔑する (küçük gör-) こともないでしょう。
Birtakım peşin yargılara kapılarak, artık başkalarını küçük görmeyeceksiniz.

2-2) 君は自分自身の個人的な感情にとらわれて、もう私の気分を害し (beni kır-) 怒らせることはないでしょう。
Kendi kişisel düşüncelerine kapılarak, artık beni kırıp kızdırmayacaksın.

3-1) 君はトルコ語を懸命に勉強すれば (Türkçeye iyi çalış-) 4年後にはトルコの小説を読むのに苦労しないでしょう。
Türkçeye iyi çalışırsan 4 yıl sonra Türk romanlarını okumak konusunda zorluk çekmeyeceksin.

3-2) 太郎はトルコの高校を卒業した (-den mezun ol-) ので難なくトルコ語を理解する。
Taro bir Türk lisesinden mezun olduğu için Türkçe anlamak konusunda hiç zorluk çekmiyor.

[第30課] <30. Ders 1> pp.104-105.

30-1. Bir Günüm (1)　「私の一日 (1)」

　　　　　　　　　　　　　　　　　　　　　7月7日、水曜日。
　朝の食事は最高だった。朝食のテーブルには様々なチーズ、ジャム、クッキーが並べられていました。
　ジャンダン姉さんは予定を知らせました。「さあみんな、まずはじめにお城の中をさっと見物しましょう、いいですね。そのあと、デュデン滝、ペルゲへ行き、時間が残っていれば、デュズレル・チャム（松）とギュヴェル・ウチュルム（絶壁）へ行きます」と言って、手を叩いた:

— 159 —

「私はお城の中がすごく気に入りました。私は古代都市や古代の街路のほうが新しい時代のものよりも好きだと思います。ここにもまたとても狭くて敷石で舗装された通りや出窓の家があります。道は所々狭まり、人が三人横に並んでやっと通れるほどでした。昔、人々は城壁で囲まれたこんなところで暮らしていたそうです」
　私たちは海辺へ降りましたが、またしても多数のレストラン、喫茶店が並んでいました。港では観光船が旗で飾りたてられていました。何人かの男性が遊覧船のお客を集めようと大声で叫んでいました。

1-1) 友達よ、まずホテルの部屋をさっと見てみることにしよう、いいですね。
　　 Arkadaşlar, önce otel [otelin] odasını şöyle bir görelim, bir fikriniz olsun.
1-2) 学生諸君よ、まずこのテーマについて（üzerine）少し議論して（tartış-）みよう、いいですね。
　　 Öğrenciler, önce bu konu üzerine şöyle bir tartışalım, bir fikriniz olsun.
2-1) 私は茶色の（kahve rengi）靴のほうが黒いのより好きだと思います。
　　 Sanırım ben kahve rengi ayakkabıları, siyahlara yeğliyorum.
2-2) 私は小型車のほうが大型よりはるかに（daha çok）好きだと思います。
　　 Sanırım ben küçük arabaları, büyüklere daha çok yeğliyorum.
3-1) その通りでは多くの店や大型店（mağaza）が並んでいました。
　　 O caddede çok sayıda dükkân, mağaza yan yanaydı.
3-2) その街角（köşe）では中古の携帯電話（ikinci el cep telefonu）を売る多くの店が並んでいるか、または（veya）向かい合って（karşı karşıya）いる。
　　 O köşede ikinci el cep telefonu satan çok sayıda dükkân yan yana veya karşı karşıyaydı.

[第30課] <30. Ders 2> pp.106-107.

30-2. Bir Günüm (2)　「私の一日（2）」

　そのあと私たちはデュデン滝へ行きました。ペルゲはよく知られた遺跡の場所です；壊れた円柱、石材...
　「こんな石ばかり見るのはもううんざりだ」どうやら暑さと遺跡に次ぐ遺跡でナーミはもう辛抱できなくなってしまったようだ。
　「よくないですか、あなたの教養が高まるんですよ」とゼイネプは言った。ナーミを（わざと）怒らせるために。
　「何の教養だというんだよ、え、僕はもう身も心も石になってしまったよ」とナ

ーミが大声で叫んだのでみんな息切れするほど大笑いしました。
　私たちはふたたびアンタリアに戻りました。もう少し通りをぶらつきました。椰子の生い茂る通りがいくつもあって、アンタリヤはまさに休暇の町です。道路沿いにある喫茶公園の一つで腰かけ、何かを食べて飲みました。そのあとホテルへ戻りました。
　食事のあと海辺へ降りました。あちこちから音楽が鳴り響いていました。夜はとても暖かく、とても神秘的であったので、夕方はずっと港をぶらついて過ごしました。

（イペキ・オングン『自分自身の足の上で』/TDK 6: pp.143-144.）

1-1)　もう勉強する（ders çalış-）のはうんざりだ！
　　　Ders çalışmaktan bıktım artık.

1-2)　毎日パンを食べるのにはもううんざりした。
　　　Her gün ekmek yemekten bıktım artık.

2-1)　試験と試験の恐怖（sınav korkusu）でアリはもう辛抱できなくなったようだ。
　　　Sınav ve sınav korkusu Ali'nin sabrını taşırmıştı anlaşılan.

2-2)　毎日雨が降り太陽が出ないこと（güneşin çıkmaması）で、その幼い女の子は辛抱できなくなったようだ。
　　　Her gün yağmurun yağması ve güneşin çıkmaması, o küçük kızın sabrını taşırmıştı anlaşılan.

3-1)　昨日はとても寒かったので私は終日家で小説を読んで過ごしました。
　　　Dün öylesine soğuktu ki bütün günü evde roman okuyarak geçirdim.

3-2)　私の友人は今日はとても忙しかった（meşgul, -lü）ので終日食事もとらずに過ごしたらしい。
　　　Arkadaşım bugün öylesine meşguldü ki bütün günü yemek yemeden geçirdi anlaşılan.

語　彙　集

1 ）収録対象とした語彙は、各課におけるテキスト本文および作文練習問題でヒントとして（　）で示された全てのトルコ語語彙である。
2 ）各記号は以下の用途で用いた。；は語義範疇の区別、語義や用例等の区切り、（　）は省略可能もしくは補足説明、［　］は直前の語と交換可能、矢印→もしくは←は関連事項、参照を示す。
3 ）各見出し語のあとの（　）内の数字は、テキストにおける出現回数を示す；abla (6) は、Tuğçe abla (3), Candan abla (1), ablamlar (2) として、計6回出現していることを示す。
4 ）語義は、原則的にはテキストにおける語義を記した；boş うわの空の（←"暇な"などの語義は非記載）。
5 ）説明中の＊は、所有接尾辞（私の、君の、彼の、…）などを示す；(-im/m, -in/n, -i/si, ...)．
6 ）動詞は、- による動詞語幹の形で示し、直後の（　）内にその「超越形」を記す；acık-(ır)．
7 ）動詞は、拡張形（受動形、使役形、再帰形、相互形）を個別の見出し語として示した；tanı-(r), tanın-(ır), tanıt-(ır), tanış-(ır)．
8 ）格支配は、たとえば「与格」の場合、語義の後に (-e) で示すか、トルコ語表現の中で -e として示した；acı-(r) ～をかわいそうだと思う (-e)、-e katkıda bulun- ～に貢献する。
9 ）代名詞は原則的には、その主格形に集約した；sen ← seni, senin, senden, seninle, sendeki... ただし、不規則形は個別に見出し語として記した；bana, sana, benim.
10）人名は（　）内にその性別を記し、両性で用いられるものは原テキストの内容、イラストなどから性別を判断し、下線で男女を区別した；Cansu ジャンス（名/男・<u>女</u>）。また、『作家事典』で確認可能であったものに限り、その生没年を記した；Aziz アズィズ（名・男）Aziz NESİN (1919-1995)

— 162 —

11) 本語彙集を作成するにあたり以下のフリーソフトの恩恵を受けた。ここにその名を記して謝意を表したい。*Concordance Generating Program*, ver. 1.76 beta, Dec. 1993, Copyright 1989-1992 John Thomson and the Summer Insititute of Linguistics, 7500 West Camp Wisdom Road, Dallas, TX 75236, USA.

****

<a, A>

abla	(6)	姉；ablamlar 私の姉の家（族）
acaba	(2)	～だろうか？
acı	(4)	痛み
acı-(r)	(1)	～をかわいそうだと思う (-e)
acık-(ır)	(1)	空腹を覚える；karın* acık- 腹がへる、腹をすかす
aç-(ar)	(5)	（翼を）拡げる；（本を）開く；（議論を）始める (-e)
açı	(2)	観点；manevî açıdan 精神的に
açıcı	(1)	→ iç açıcı ほっとさせる、安心できる
açık	(3)	開いた；açık hava 野外；gözler* açık git- 願いが叶わないまま死ぬ
açıkça	(1)	はっきりと
açıklamalı	(1)	解説付きの
açıl-(ır)	(9)	（学校、コンクールが）始まる；開校される；開かれる；hava açıl- 天候が回復する
açtır-(ır)	(1)	（学校を）開校させる
ad	(7)	名前
ada	(1)	島
adam	(10)	男
aday	(1)	志願者；aktör adayı 俳優志願者
âdet	(1)	習慣

— 163 —

Afrika	(1)	アフリカ
ağaç	(8)	木、樹木
ağır	(1)	重い
ağız(-ğzı)	(1)	口；testere ağızları ノコギリの歯
ağla-(r)	(4)	泣く
Ağrı	(1)	アール（地名）；Ağrı Dağı アララト山
ağrı-(r)	(2)	痛む
Ağustos	(2)	8月
aile	(2)	家族、家庭
ailece	(1)	家族で
ait	(3)	〜に属す；〜のもの（後置詞：-e）
ak-(ar)	(1)	流れる
Akbal	(1)	アクバル（姓）Oktay AKBAL（1923-）
Akdeniz	(3)	地中海
akıl(-klı)	(5)	知恵；頭
akıllı	(1)	賢い
akşam	(2)	夕方、晩
aktar-(ır)	(1)	伝える
aktör	(1)	俳優（男）
aktörlük	(1)	俳優業
akvaryum	(1)	水槽
al-(ır)	(16)	（受け/引き）取る、得る、つかむ、抱える、買う、採り入れる
alan	(3)	分野
aldat-(ır)	(2)	騙す
âlem	(1)	世界
alışık	(1)	（見）慣れた（-e）
alışkanlık	(1)	慣れ
Ali	(5)	アリ（名・男）
Aliağa	(1)	アリアー（地名；イズミル県）

Allah	(1)	神；Aman Allah'ım そりゃ大変だ
Alman	(1)	ドイツ人
Almanya	(1)	ドイツ
alt(-tı)	(4)	下
altı	(1)	6
ama	(15)	しかし
amaç	(1)	目的
aman	(3)	何てこった！ そりゃ大変だ！ すごい！
amca	(2)	オジ（父方）
an	(8)	時、瞬間；her an いつ何時；şu anda 目下、今は
ana	(1)	母；ana baba 両親
Anadolu	(1)	アナトリア（小アジア半島）
anahtar	(1)	鍵
anapara	(1)	資本
ancak	(5)	しかしながら、ただ；かろうじて、～してはじめて...する（← -ebil 形と共に）
anı	(1)	回想、追悼
anımsa-(r)	(2)	覚えている；思い出す
aniden	(2)	急に
Ankara	(1)	アンカラ
anket(-ti)	(1)	アンケート
anla-(r)	(11)	わかる、理解する
anlam	(2)	意味；-le eş anlama gel- ～と同じ意味になる
anlaş-(ır)	(1)	理解し合う
anlaşıl-(ır)	(1)	解明される；～ anlaşılan ～であるようだ（文修飾）
anlat-(ır)	(9)	表現する；語る、話して聞かせる、説明する
anlatıl-(ır)	(2)	語られる
anlatım	(1)	表現
anma	(1)	回想、追悼

anne	(28)	母；anne ile baba 両親；Anneler Günü 母の日
ansızın	(2)	突然、急に
ansiklopedi	(3)	百科事典
Antalya	(2)	アンタリヤ（地名；アンタリヤ県）
ara	(8)	間、間隔；aradan それから
ara-(r)	(3)	探す
aracılık	(1)	介在、仲介
araç	(3)	乗物；手段；araç gereç 機械・道具類
araştırıl-(ır)	(3)	研究される
araştırma	(3)	研究、調査
arat-(ır)	(1)	探させる
ardınca	(1)	連なって
arka	(6)	後ろ、後方；satırların arkası 行間
arkadaş	(18)	友人、友達
armağan	(2)	プレゼント、贈り物；armağan et- プレゼントする
art	(2)	後ろ；ardından yetiş- あとから追いつく
art-(ar)	(1)	増える
artık	(7)	もう、もはや
artır-(ır)	(1)	増やす
askerî	(1)	軍の
askerlik	(1)	兵役
asla	(1)	決して〜でない（否定表現で）
aslında	(1)	実際には
Asya	(1)	アジア
aşırı	(1)	激しい、過度の
at-(ar)	(2)	捨てる
Ataç	(1)	アタチ（姓）Nurullah ATAÇ (1898-1957)
Atatürk	(9)	アタチュルク（姓）(Mustafa) Kemal ATATÜRK (1881-1938)

atık	(2)	廃棄物
atıl-(ır)	(2)	捨てられる、投下される
atla-(r)	(1)	とばし読みする
atom	(3)	原子；atom bombası 原爆
Atuf	(1)	アトゥフ（名・男）Ceyhun Atuf KANSU（1919-1978）
avaz	(2)	大声；avaz avaz bağır- 大声で叫ぶ
avlanma	(1)	漁
Avrupa	(1)	ヨーロッパ
avuç	(1)	手のひら
ay	(2)	月；1 aydan beri 1カ月前から
ayak	(4)	足；-i ayağa kaldır- ～を立ち上がらせる
ayakkabı(-yı)	(1)	靴
ayır-(ır)	(1)	引き離す
aynı	(4)	同じ、同一の
ayrıl-(ır)	(11)	立ち去る、別れる、離れる、退職する；逸れる；割り当てられる
Ayşe	(1)	アイシェ（名・女）
az	(7)	少ない、わずかな
Aziz	(2)	アズィズ（名・男）Aziz NESİN（1919-1995）

<b, B>

baba	(12)	父
bacak	(1)	脚
bağ	(1)	絆
bağdaş	(1)	あぐら；bağdaş kur- あぐらをかく
bağımsızlık	(1)	自主、独立
bağır-(ır)	(3)	叫ぶ
bağışla-(r)	(1)	許す
bağlı	(1)	関係した（-e）

bağrış-(ır)	(1)	叫びあう、がなりあう
bahçe	(8)	庭、校庭、公園；菜園、果樹園
bak-(ar)	(12)	見る、診る；ほら（← bak!）
bakakal-(ır)	(1)	ぼうぜんと見つめる
bakan	(2)	大臣
bakıl-(ır)	(1)	見られる
bakım	(1)	観点；ekonomik bakımdan 経済的には
bakıma	(1)	見方；bir bakıma ある見方では、一見
Baki	(1)	バーキー（名・男）Baki KURTULUŞ
balık	(1)	魚
balıkçı	(1)	漁師
bambaşka	(3)	全く異なった
bana	(8)	私に
Bandırmalı	(1)	バンドゥルマル（姓）Halil BANDIRMALI
banka	(2)	銀行
banyo	(1)	入浴
Baraz	(1)	バラズ（姓）Nesrin BARAZ
bardak	(1)	コップ
barış	(4)	平和；dünya barışı 世界平和；barış dolu 平和な
barış-(ır)	(1)	仲直りする
bastır-(ır)	(2)	（寒さが）襲う；抱きしめる
baş	(9)	頭；身の上；baştan başa 全くの；yanı baş* すぐそば；baş dönmeleri めまい；başlı baş*a それだけで
başarı	(2)	成功
başarılı	(3)	成功裏の、実り多い、効果的な
başka	(8)	他の、異なった；başkası 他人
başkan	(1)	委員長
başla-(r)	(15)	始まる；～を始める (-e)
başlı	(1)	それだけで（→ başlı baş*a）

başlıca	(1)	主な
bat-(ar)	(1)	沈没する
batı	(1)	西；西洋
bayrak	(1)	旗
bayram	(17)	バイラム、祝祭（日）
bazen	(2)	時には、時折；所々
bazı	(9)	幾つかの、何らかの；bazıları 幾人かは、幾つかは
beğenil-(ir)	(1)	好まれる
Behreng	(1)	ベフレング（人名？）
bekçilik	(1)	見張り役
bekle-(r)	(4)	待つ
belge	(1)	文書、記録
belir-(ir)	(1)	現れる
belirli	(1)	ある（特定の）
belirt-(ir)	(2)	定義する；明らかにする
belki	(5)	おそらく、たぶん
ben	(34)	私
benim	(9)	私の；私のもの
benimse-(r)	(1)	受け入れる
bense	(1)	私はといえば（← ben ise）
benze-(r)	(2)	真似る、似る（-e）
beraber	(1)	一緒に
beri	(2)	～以来（後置詞：-den）
besbelli	(1)	全く明らかな
bestele-(r)	(1)	作曲する
beş	(3)	5
beyaz	(2)	白い
bık-(ar)	(1)	飽きる、うんざりする（-den）
bırak-(ır)	(4)	手放す；やめる；-i bir yana bırak- ～を除外する

biçim	(2)	形
bil-(ir)	(15)	知る
bildik	(1)	よく知られた
bildir-(ir)	(1)	知らせる
bile	(5)	さえ、すら、でも
bilet(-ti)	(1)	チケット、券；milli piyango bileti 宝クジ券
bilgi	(9)	知識、情報
bilgin	(3)	学者
bilgisayar	(2)	コンピュータ
bilim	(10)	学問
bilimsel	(2)	学問の
bilinçsiz	(1)	無自覚な
bin	(3)	1,000
bina	(1)	建築物
bindir-(ir)	(1)	乗せる
binlerce	(3)	数千の、何千もの
bir	(149)	1；ある～；bir şeyler 何か；bir daha .... 二度と ... しない（←否定表現で）；bir tek たった一つの；bir 動詞(～) ki.... とても～したのでその結果 .... となる（←bir は強調の副詞）；-le birdir ～と同じ
biraz	(3)	少し
birbir*	(4)	それぞれ、お互い
birçok	(5)	多くの～（←後続名詞は"単数形"）；birçokları 多くの人々
birden	(4)	急に、突然
birdenbire	(2)	急に、突然
biri	(10)	～のうちの一つ［一人］（← -lerden biri）；ある～（←"単数名詞"-in biri）；ある人
birinci	(2)	第1番目の

birkaç	(8)	2～3の、いくつかの（← 後続名詞は"単数形"）
birlik	(10)	共同（作業）（← iş birliği）；birlikte 一緒に
birtakım	(3)	何らかの、ひとかたまりの（← 後続名詞は"複数形"）
bit-(er)	(1)	終わる
bitir-(ir)	(3)	枯渇させる；-i bitir- ～を終える［仕上げる］
biz	(12)	私たち；bizde 私たちの国［所］では
bizim	(6)	私たちの
boğulma	(1)	窒息死、溺死
Bolu	(1)	ボル（地名；ボル県）
bomba	(2)	爆弾；atom bombası 原爆
borç	(1)	借金
borçlu	(1)	～に負っている、～のおかげ（-e）
boş	(1)	うわの空の
boşan-(ır)	(1)	離婚する
boşanma	(1)	離婚
boşuna	(2)	いたずらに、無駄に
boyan-(ır)	(1)	色づく
boyu	(1)	～に渡って
boyunca	(1)	～に渡って
bölge	(2)	地域、所
böyle	(2)	こんな風（に）、このまま
böylece	(4)	こんな風にして
bu	(86)	これ、それ；この、その；bundan sonra 今後；bu sırada その時；bu seferki ～ 今回の～
buçuk	(1)	半分；bir buçuk 1.5
bugün	(7)	今日（きょう、こんにち）；bugünlerde 最近
buhar	(1)	水蒸気
buharlaş-(ır)	(2)	蒸発する
buhran	(1)	不況

bul-(ur)	(11)	見つける；～だと思う
bulgu	(1)	発見
bulun-(ur)	(3)	いる；-e katkıda bulun- ～に貢献する
buluş	(2)	発明；発見
buluş-(ur)	(1)	出会う
bulutlu	(1)	曇った
bunca	(3)	これほど多くの
bura*	(9)	ここ；buralara こんなところまで
Burcu	(7)	ブルジュ（名・女）
Burdurlu	(1)	ブルドゥルル（姓）İbrahim Z. BURDURLU
burun(-rnu)	(1)	鼻
buzağı	(1)	子牛
büfe	(1)	（バイキング式の）テーブル
bütün	(10)	全ての～（複数名詞）、bütün mallar 全財産；全～（単数名詞）；bütün akşam 夕方ずっと；bütün yaşam 全生涯
büyü-(r)	(3)	大きくなる、高まる
büyük	(7)	大きい

<c, C>

cadde	(6)	大通り；車道
cami	(1)	モスク
Candan	(1)	ジャンダン（名/男・<u>女</u>）
cankurtaran	(1)	救急車
Cansu	(9)	ジャンス（名/男・<u>女</u>）
ceket(-ti)	(1)	ジャケット、上着
Cemal	(1)	ジェマル（姓）Hasan CEMAL
Cengiz	(3)	ジェンギズ（名・男）
cennet(-ti)	(1)	楽園、パラダイス
cep	(2)	ポケット；cep telefonu 携帯電話

cesaret(-ti)	(1)	勇気
cevap	(1)	返事、返答
Cevdet	(1)	ジェヴデト（名・男）Cevdet PERİN
Ceyhun	(1)	ジェイフン（名・男）Ceyhun　Atuf　KANSU (1919-1978)
cıvıl	(4)	活発な；にぎやかな（←cıvıl cıvıl の形で）
coş-(ar)	(1)	感動する
coşku	(1)	興奮、わくわくした気持ち
cumbalı	(1)	出窓のある
Cumhurbaşkanı	(1)	大統領
Cumhuriyet(-ti)	(4)	共和国、共和制；(新聞名；「ジュムフーリイェト紙」)
Cüceloğlu	(1)	ジュジェロール（姓）Doğan CÜCELOĞLU

<ç, Ç>

çaba	(1)	努力
çabuk	(1)	素早く
çağdaş	(1)	現代
çal-(ar)	(3)	鳴る；ノックする；kapıyı çal- ドアをノックする
çalış-(ır)	(6)	動く；働く；努力する；ders çalış- 勉強する
çalışıl-(ır)	(1)	努力が払われる
çalışkanlık	(1)	勤勉ぶり
çalışma	(3)	仕事、活動；努力
çam	(1)	松
çamaşır	(1)	洗濯物
çanta	(2)	カバン
çarpışma	(1)	紛争、衝突
Çarşamba	(1)	水曜日
çay	(1)	（紅）茶
çek-(er)	(5)	（歯を）抜く；引く；撮る；zorluk çek- 苦労す

		る；resim çek- 写真を撮る
çekil-(ir)	(1)	抜かれる
çektir-(ir)	(3)	（写真を）撮ってもらう/撮らせる
çember	(1)	円；弧
çeşit	(7)	種類；çeşit çeşit 様々な（← 複数名詞）
çeşitli	(2)	様々な（← 複数名詞）
çev.	(1)	翻訳（← çeviri）；翻訳者（← çeviren, çevirmen）
çevre	(6)	周囲；環境
çevrili	(2)	囲まれた
çeyrek	(1)	四半分、1/4
çığlık	(1)	叫び、悲鳴
çık-(ar)	(19)	出る；飛び出す；上がる、登る；（宝クジが）当たる；-ile çık- ～とデートする；karşı çık- 反対する
çıkar-(ır)	(4)	脱がせる；引き出す；差し出す
çıkış	(1)	出ること；dersten çıkış zili 授業の終わりを告げるベル
çıkış-(ır)	(1)	とがめる（-e）
çıkmaz	(1)	行き詰まり
çırp-(ır)	(1)	（手を）叩く
çırpın-(ır)	(1)	羽根をばたつかせる
çiçek	(1)	花
çiftlik	(1)	農場
çiğne-(r)	(1)	轢く（ひく）
çimen	(1)	草原、草はら
çoban	(3)	牧童、羊飼い
çocuk	(20)	子供、児童
çoğal-(r)	(1)	増える
çok	(41)	多くの；とても、大変；çok sayıda ～ 多くの～（← 単数名詞）；çoktan ずっと以前に；çoktandır

		以前からずっと；çok geçmeden やがて；çok ama çok すごく（← çok の強調；口語的）
çök-(er)	(1)	崩壊する
çömlek	(1)	土器
çöp(-pü)	(6)	ごみ
çöplük	(2)	ごみ箱；ごみ捨て場
çöz-(er)	(1)	解く
çukur	(2)	穴
çünkü	(5)	なぜなら
çürü-(r)	(1)	朽ちる、腐る
çürük	(1)	朽ちた；çürük diş 虫歯

<d, D>

da	(36)	～しておきながら（接続詞）；～は（主題提起）；～も（また）；nasıl da 何と！；sonra da そのあとは
dağ	(7)	山；karşı dağ 向かいの山
dağıl-(ır)	(1)	散らばる
dağıt-(ır)	(1)	送付する
daha	(15)	より一層～な；まだ；さらに；daha da ますます；bir mektup daha さらにもう一通の手紙；bir daha hiç もう二度と…ない（否定表現で）；daha yeni… ～したばかり；biraz daha もう少し
dal	(4)	枝；分野
dal-(ar)	(2)	潜る；陥る；uykuya dal- 眠り込む
dalgalan-(ır)	(1)	波立つ
damla	(3)	しずく；bir damla su 一滴の水
danış-(ır)	(2)	相談する；-e akıl danış- ～に相談する
dansöz	(1)	女性ダンサー
daracık	(1)	とても狭い（道）

daral-(ır)	(1)	狭まる
dava	(2)	訴え、訴訟
davet(-ti)	(2)	招待、招き
davetiye	(1)	招待状
davran-(ır)	(1)	振る舞う
davranış	(2)	振る舞い
dayan-(ır)	(1)	基づく（-e）
dayı	(1)	オジ（母方）
Dayıoğlu	(1)	ダユオール（姓）Gülten DAYIOĞLU
de	(43)	→ da
de-(r)	(39)	～と言う；demektir 意味する；ne dersin? どう思う？；.... diyelim ...だと仮定しよう；A'ya B de- AをBと呼ぶ
dede	(3)	祖父、おじいちゃん
defter	(1)	ノート
değil	(10)	～でない；A değil B → AではなくてB；-ecek değil ～するつもりはない；～ değil mi? ～なんでしょう＜← 付加疑問＞
değiş-(ir)	(2)	変化する
değişiklik	(1)	変化
değişim	(1)	交換；öğrenci değişimi programı 学生交換プログラム
değiştir-(ir)	(1)	変化させる
dekor	(1)	景観、景色
delil	(2)	証拠；根拠
den-(ir)	(2)	言われる
deniz	(14)	海
deprem	(2)	地震
dere	(5)	川
dergi	(3)	雑誌

derin	(2)	深い
ders	(7)	授業、科目；教訓；ders çalış- 勉強する
dev	(1)	巨大な
devam	(1)	継続；-e devam et- 〜を続ける
devir-(ir)	(1)	倒す
devlet(-ti)	(4)	国家
deyince	(1)	〜と言えば
dış	(2)	外；içim dışım 私の身も心も
dışarı	(2)	外；dışarıda 外では；dışarıyı izle- 外を眺める
diğer	(2)	他の
dik-(er)	(2)	植える；gözlerini dik- 視線を向ける
diken	(1)	とげのある植物
dil	(8)	言語；dile gel- 言葉を発する
dile-(r)	(2)	願う；-den özür dile- 〜に詫びる
dilek	(2)	願い
Dilek(-ki)	(8)	ディレキ（名・女）
din-(er)	(1)	（雨が）やむ
dinle-(r)	(10)	聴く
dinleme	(3)	傾聴、聴くこと
dinlen-(ir)	(3)	休息する
dinsel	(1)	宗教的な
diş	(7)	歯
diye	(9)	…と（答える、尋ねる、考える、叫ぶ、泣く…）
dizanteri	(2)	赤痢
dizi	(1)	シリーズ
doğ-(ar)	(4)	生まれる；yeni doğmuş 〜 生まれたばかりの〜
doğa	(4)	自然
Doğa	(1)	ドア（名・男）
doğal	(3)	自然の、自然な
Doğan	(1)	ドアン（名・男）Doğan CÜCELOĞLU

— 177 —

doğru	(14)	〜へ向かって（後置詞：-e）；まっすぐ；正しい；真実［正しいもの］；doğrudan doğruya 直接
doğu	(1)	東；東洋
doğur-(ur)	(3)	生む、産む
doktor	(9)	医者；diş doktoru 歯医者
dokun-(ur)	(1)	織られる
dokuz	(1)	9
dol-(ar)	(1)	（期限が）満ちる
dolaş-(ır)	(3)	もつれる、引っかかる；見物する、ぶらつく
dolu	(3)	〜で満ちた（〜 ile）；barış dolu 平和な
don-(ar)	(1)	凍る；donakal-(ır) 立ちすくむ
dost(-tu)	(5)	友人、友達；kitap dostu 本の愛好家
dostluk	(2)	友情、友好
dosya	(1)	ファイル
doy-(ar)	(1)	（空腹を）満たす；iyice doydum すっかりお腹一杯になった
doyum	(1)	満足；飽きること；-e doyum olma- 〜に飽きることがない
doyur-(ur)	(1)	満たす
dök-(er)	(1)	まく、捨てる
dön-(er)	(8)	戻る、回る；（顔を）向ける
dönem	(1)	期、時代；Cumhuriyet dönemi 共和国期
dönüş-(ür)	(1)	〜に変化する（-e）
dört	(1)	4
döşek	(1)	ベッド
Dr.	(2)	博士（称号；Doktora）
duman	(1)	煙
dur-(ur)	(2)	止まる
durak	(1)	停留所；otobüs durağı バス停
durmadan	(2)	絶えず；すぐさま

durum	(3)	状況、状態
duvar	(1)	壁
duy-(ar)	(9)	聞く、聞こえる；感じる
duygu	(5)	感じ、感情、感覚
duygulandır-(ır)	(1)	感動させる
duyul-(ur)	(1)	感じられる
duyur-(ur)	(1)	聞かせる；sesi duyur- 発言［発信］する
Düden	(2)	デュデン（地名；アンタリヤ県）Düden Şelâlesi/ D. 滝
dün	(1)	昨日
dünya	(15)	世界、地球；dünya barışı 世界平和；dünyada ilk kez 世界ではじめて
düş-(er)	(3)	転げ落ちる；課される；yol* -e düş- 〜へ赴く；-e düşen görev 〜に課された責務
düşman	(1)	敵
düşün-(ür)	(9)	考える、思う
düşünce	(11)	考え、思考、思想、感情
düşürül-(ür)	(1)	落とし込まれる
düzenle-(r)	(1)	整理する、整える
düzgün	(1)	整った
Düzler	(1)	デュズレル（地名；アンタリヤ県）Düzler Çamı/ D. 松

<e, E>

ebe	(2)	（遊び・ゲームでの）鬼
ebelik	(1)	鬼の役
edebiyat(-tı)	(2)	文学；Türk edebiyatı トルコ文学
edil-(ir)	(2)	et- の受動形；kabul edil- 受け入れられる
edin-(ir)	(2)	得る
efendi	(4)	エフェンディ；〜氏；諸君（演説での呼びかけ→

		Efendiler!)
Ege	(2)	エーゲ（海）
egemen	(1)	支配；-e egemen ol- ～を支配する
egemenlik	(1)	主権、支配権
eğer	(2)	もし～ならば
eğit-(ir)	(1)	教育する
eğitim	(5)	教育；İngilizce eğitimi 英語教育
eğlen-(ir)	(3)	楽しむ
Ekim	(1)	10月
ekle-(r)	(1)	つけ加える
ekmek	(6)	パン
ekonomik	(3)	経済的な；ekonomik kriz 経済危機
eksik	(3)	欠けた、劣った、不足の
eksil-(ir)	(1)	消える
el	(7)	手；el ele ver- 協力する
elbette	(1)	もちろん、当然
elektrik	(1)	電気
elem	(1)	苦しみ
elli	(2)	50
emi	(1)	(← e mi?) いいか？、OKか？
Emin	(2)	エミン（名・男）Emin GÜNDÜZ, Emin ÖZDEMİR
Emine	(3)	エミネ（名・女）
emir(-mri)	(1)	命令
Emre	(1)	エムレ（名・男）
en	(12)	最も；en çok ～ 最も多くの～；どんなに～でも
endişelen-(ir)	(1)	心配する
endüstri	(1)	産業；endüstri atıkları 産業廃棄物
engel	(1)	妨げ
Engin	(1)	エンギン（名・男）Engin ÖZATALAY

— 180 —

eri-(r)	(1)	融ける
erkek	(1)	男
erkenden	(1)	早く；sabah erkenden 朝早く
Eroğlu	(2)	エロール（姓）Hamza EROĞLU
ertesi	(3)	翌〜；ertesi gün 翌日
es-(er)	(2)	（風が）吹く
eser	(5)	作品；建造物；tarihî eserler 歴史的建造物
eski	(7)	古い、古代の、元〜；eski muhtar 元村長
eskiden	(1)	以前（は）、昔（は）
eş	(2)	同じ、同一の；伴侶、妻もしくは夫
et-(eder)	(22)	〜する（複合動詞の一部）；merak et- 心配する；armağan et- プレゼントする；-i yok et- 〜を処分する；-i mutlu et- 〜を幸せにする；-i kabul et- 〜を受け入れる；-e devam et- 〜を続ける；-den söz et- 〜に言及する；iflas et- 倒産する
etkile-(r)	(2)	影響を及ぼす
ev	(21)	家；evdekiler 家の人たち
evet	(4)	はい；その通りです
Eylül	(1)	9月；Eylül sonu 9月末

<f, F>

fakat	(2)	しかし
fakülte	(1)	学部；tıp fakültesi 医学部
fare	(1)	ネズミ
fark	(4)	違い；-i fark et- 〜に気づく；farkında ol- 気づいている
Fatma	(1)	ファトゥマ（名・女）
fena	(2)	ひどい、いけない、ダメな
fırın	(1)	パン屋（店）
fırıncı	(10)	パン屋（職人）

fikir(-kri)	(5)	考え、思考、思想
film	(1)	映画
firma	(1)	会社
Fontaine	(1)	ラ・フォンテーヌ La Fontaine, Jean de (1621-1695)：フランスの詩人、『寓話詩』で有名。
futbolcu	(1)	サッカー選手

<g, G>

gakla-(r)	(1)	（カラスが）カーと鳴く
gazete	(3)	新聞
gazeteci	(1)	新聞記者
gece	(2)	夜
geç	(1)	遅れて；geç kal- 遅刻する
geç-(er)	(21)	（時間が）経過する；渡る、-den geç- ～を通る；kendi*den geç- 我を忘れる；baş*dan geç- ～の身に起こる；geçip git- 通り過ぎて行く；geçen gün 先日；çok geçmeden ほどなくして
geçil-(ir)	(1)	渡る（受動形・非人称形）
geçir-(ir)	(2)	（時を）過ごす
geçit	(1)	通路；yaya geçidi 横断歩道
geçmiş	(1)	過去（の）；geçmişte かつて、昔
gel-(ir)	(22)	来る；dile gel- 言葉を発する；akl*a gel- 思いつく；meydana gel- 生じる；-e gelince ～はと言えば；iç*den -mek gel- ～したくなる；telefon gel- 電話がかかってくる
gelecek	(3)	未来、将来
gelir	(2)	収入；gelir kaynağı 収入源
geliş-(ir)	(4)	発展する、進歩する；gelişmiş toplum 先進社会
gelişim	(1)	先進、発展
gelişme	(3)	発展、進歩

geliştir-(ir)	(3)	発展させる；育む
geliştiril-(ir)	(3)	発展させられる、進歩させられる
gemi	(2)	（大型）船；savaş gemisi 軍艦
gençlik	(3)	若者、青年（層）
gene	(1)	ふたたび；gene de それでも
genel	(1)	総〜；genel müdür 社長
ger-(er)	(1)	拡げる、張る
gerçek	(6)	真の、真実の、現実の；真相；gerçekten 実際に
gerçekçi	(1)	現実的な、現実主義の
gerçekleş-(ir)	(1)	実現する（← 自動詞）
gereç	(1)	材料 → araç gereç 機械・道具類
gerek	(2)	必要な；必要性；Gelmene gerek yok. 君が来る必要はない
gerek-(ir)	(6)	必要となる、必要である；-me*/-mek gerekir 〜しなければならない
gerekli	(1)	必要な
gereksiz	(1)	必要でない；〜するには及ばない
gerektir-(ir)	(1)	必要とする、要する
geri	(4)	元へ、後へ；geri ver- 返す；geri kalan kısım あとの部分；geri al- 返してもらう
getir-(ir)	(7)	持って［連れて］行く；持って［連れて］来る；A haline getir- Aの状態にする
getirt-(ir)	(1)	持って来させる
gez-(er)	(4)	〜を旅行［見物］［見学］［散歩］する (-i；他動詞の場合)
gezi	(4)	旅行，見物、観光、見学
gezin-(ir)	(1)	ぶらつく、散歩する
gibi	(25)	〜のように；〜のような；〜など；-diği* gibi 〜したとたんに［〜したように］；-ecek gibi ol- 〜しそうになる；-iyor gibi görün- 〜しているか

		のように見える
gider-(ir)	(2)	取り除く
gir-(er)	(9)	入る；okula gir- 入学する；sınava gir- 試験を受ける；yarışmaya gir- コンクールに応募する
git-(der)	(29)	行く；戻る；eve gitme zamanı 帰宅する時間；gözleri* açık git- 願いが叶わないまま死ぬ；ters git- うまく行かない［裏目に出る］；unutup git- 忘れ去る；sürüp git- （ずっと）続いていく
giy-(er)	(1)	着る
giyin-(ir)	(1)	服を着る（再帰形であるため目的語をとらない）
giysi	(3)	衣服
gizemli	(1)	神秘的な
gizli	(1)	秘められた、隠された
gizlice	(1)	ひそかに
Goethe	(1)	ゲーテ（名・男）
göğüs(-ğsü)	(1)	胸
gök	(2)	空、上空
Gökova	(1)	ギョコヴァ（地名；ムーラ県）
Göktürk	(1)	突厥
gökyüzü	(1)	大空
göl	(1)	湖；Van Gölü ヴァン湖
gölge	(4)	影、陰
göm-(er)	(2)	埋める
gönder-(ir)	(5)	送る、人を遣る、（学校へ）通わせる
gör-(ür)	(22)	見る、見える；見なす
göre	(3)	～にしたがって、～によって（後置詞：-e）
görev	(1)	責務
görevli	(1)	職員
görül-(ür)	(2)	見られる；uygun görül- 適切と見なされる
görün-(ür)	(2)	見える；思われる

— 184 —

görünme	(1)	様子、表情
görüntü	(2)	光景、景色
görüş	(2)	見方、見解、考え方
görüş-(ür)	(1)	出会う
göster-(ir)	(2)	示す；saygı göster- 尊重する
Göte	(1)	ゲーテ（→ Goethe）
götür-(ür)	(4)	連れて行く、運んで行く；牽引する
gövde	(1)	胴体
göz	(5)	目；視線；göz kamaştırıcı 目もくらむような；gözler* açık git- 願いが叶わないまま死ぬ
gözlemle-(r)	(1)	観察する
gram	(2)	グラム（分銅）
grup	(1)	グループ
güç	(7)	力、力量；-e güç* yetme- ～には*の力が及ばない
güçlü	(3)	強い、力強い
Gül	(1)	ギュル（姓）Metin GÜL
gül-(er)	(3)	笑う、微笑む
güle	(3)	喜んで；güle oynaya 大喜びで；güle güle yavrum いってらっしゃい、愛しのわが子よ［お前］
güler	(1)	笑った；güler yüzle 笑顔で
Gülten	(1)	ギュルテン（名・男）Gülten DAYIOĞLU
gün	(37)	日；günümüzde 今日（こんにち）；günlerce 何日も（の間）
günah	(1)	（宗教的な）罪
günaydın	(2)	おはよう
günce	(2)	日記
güncel	(1)	目下の、日々の；güncel konu 時の話題
Gündüz	(1)	ギュンドゥズ（姓）Emin GÜNDÜZ

güneş	(9)	太陽
güney	(1)	南
günlük	(2)	日常の
Güntekin	(1)	ギュンテキン（姓）Reşat Nuri GÜNTEKİN (1889-1956)
gürültü	(1)	騒ぎ
güven	(1)	安心；安全
güven-(ir)	(1)	信用［信頼］する (-e)
güvenli	(1)	安全な
güvenlik	(1)	安全
Güver	(1)	ギュヴェル（地名；アンタリヤ県）G. Uçurumu（絶壁）
güvercin	(8)	鳩
güzel	(10)	美しい、素晴らしい
güzellik	(3)	美しさ、素晴らしさ

＜h, H＞

haber	(3)	知らせ；兆し；-den haberim yoktu 私は～を知らなかった
hafif	(2)	軽い
hafta	(6)	週；trafik haftası 交通（安全）週間
hak(-kkı)	(1)	権利：insan hakları 人権
hakim	(1)	支配；-e hakim ol- ～をマスターする
hakkında	(2)	～に関して；Türkiye hakkında トルコに関して
haklı	(2)	（主張などが）正しい、正当な
haksız	(1)	（主張などが）正当でない、説得力に欠ける
haksızlık	(1)	不正、ごまかし；haksızlık yap- ごまかしをする
hal(-li)	(1)	野菜市場；Ulus hali ウルス野菜市場（アンカラ）
hal/hâl(-li)	(3)	状態、状況
hâlâ	(1)	まだ、未だに

halı	(1)	カーペット；Türk halısı トルコカーペット
Halil	(1)	ハリル（名・男）Halil BANDIRMALI
halk	(1)	国民
hamsi	(1)	イワシ
Hamza	(2)	ハムザ（名・男）Hamza EROĞLU
hangi	(1)	いずれの；hangimiz 私たちのうちどちらが［誰が］
hanım	(1)	～さん（← 女性への敬称）
hapishane	(1)	刑務所
hareket(-ti)	(2)	行動；出発；hareket et- 行動する；出発する
harika	(2)	最高の；すごい
Hasan	(1)	ハサン（名・男）Hasan CEMAL
hasret(-ti)	(1)	切望；-e hasret kal- ～を切望する
hastahane	(5)	病院
hastalık	(8)	病気；hastalık yap- 病気を引き起こす
hastane	(2)	病院（← hastahane）
hatta	(1)	さらに～でも
hava	(11)	気温、大気；天候；açık hava 野外；havaya kalk- （手が）上に挙がる；hava açıl- 天候が回復する；hava raporu 天気予報
havaalanı	(1)	飛行場
havalan-(ır)	(1)	飛び立つ
hayat(-tı)	(1)	人生、生涯
hayır	(2)	いいえ
hayır (-yrı)	(1)	利益
hayran	(2)	感心した；-e hayran kal- ［ol-］ ～に感心する
hayranlık	(1)	感心；hayranlık duyul- 感心される
hayvan	(3)	動物
hazırlan-(ır)	(1)	準備する；sınava hazırlan- 試験の準備をする
hazırlık	(1)	準備；A hazırlığı yap- Aの準備をする

hedef	(1)	目標；satış hedefi 売り上げ目標
hem	(2)	AもBも（← hem A hem de B）
hemen	(11)	すぐに；-den hemen sonra 〜のすぐあと；hemen hemen ほとんど
hep(-pi)	(12)	いつも；全ての、hepiniz あなたたち全員、ekmeklerin hepsi 全てのパン；hepsi 全員
her	(25)	毎〜、各々の、全ての；her gün 毎日；her zaman いつも；her iki taraf 両側［方］とも
herhangi	(1)	何らかの；herhangi bir kent ある都市
herkes	(3)	誰もが、みんな
heykel	(1)	彫刻
hırka	(1)	キルティング
hız	(10)	速度；hızlı hızlı 足早に；hızla［hızlı］急速に；bütün hızıyla 渾身の力で
hiç	(16)	全く〜ない、一つもない；hiç olmazsa 少なくとも
hiçbir	(10)	いかなる〜も ... ない、全く ... でない；hiçbir şey 何も ... ない；hiçbir zaman 決して ... ない；hiçbir yer どこも ... でない
hile	(1)	ごまかし
Hiroşima	(10)	ヒロシマ（広島）；Hiroşimalar olmasın ノーモアー・ヒロシマ
hitap	(2)	話しかけること；-e hitap et- 〜に話しかける
Hitit(-ti)	(1)	ヒッタイト（人）
hizmet(-ti)	(2)	貢献、奉仕；A'nın hizmetine sunul- Aに役立てられる
Hoca	(6)	ナスレッティン・ホジャ、Nasrettin Hoca
hoşgörü	(2)	寛大、寛容
hoşgörülü	(1)	寛大な、寛容な
hoşlan-(ır)	(1)	気に入る；-den hoşlan- 〜を気に入る

Hun	(1)	フン（族）
huy	(1)	性格
hükümet(-ti)	(1)	政府；Türk Hükümeti トルコ政府
hürmet(-ti)	(1)	尊重、愛着、敬愛

<ı, I>

ılık	(1)	暖かい
ısın-(ır)	(1)	暖かくなる
ıstıraplı	(1)	苦しい
ışık	(3)	明かり；yeşil ışık "緑信号" → 青信号
ıvır zıvır	(1)	がらくた

<i, İ>

İbrahim	(1)	イブラヒム（名・男）İbrahim Z. BURDURLU
iç	(20)	中、内、内心；iç açıcı ほっとさせる；içim dışım 私の身も心も；iç* iç*e sığma- 気持ちが抑えられない；iç*den -mek gel- 〜したい気持ちになる；〜 içinde 〜の中で
iç-(er)	(2)	飲む；酒を飲む
içecek	(1)	飲み物
içerde	(1)	中で（← 口語的）= içeride
içeri	(1)	中、内部
için	(33)	〜にとって、〜のために（後置詞）
iddia	(1)	主張
idi	(3)	〜であった（連辞3人称単数）；idim 私は〜であった
ifade	(1)	表情、boş ifade うわの空の表情
iflas	(1)	倒産；iflas et- 倒産する
iki	(10)	2；ikimiz 私たち二人；her iki taraf 両者［方］とも

ile	(14)	～と（後置詞）（← A ile B「AとB」）；～で（手段、原因）；～と共に；～ ile çık- ～とデートする；～ ile uyum içinde ～と調和して
ileri	(1)	先、前方
ilerle-(r)	(1)	進歩する
ilerletil-(ir)	(1)	進歩させられる、成長させられる
iletişim	(6)	通信、コミュニケーション
ilgi	(3)	興味［関心］、ilgi*i çek- ～の興味を引く
ilgilen-(ir)	(1)	～に関心を示す；～ に関わる（～ ile）
ilgilendir-(ir)	(1)	～の関心を引く (-i)
ilgili	(4)	～と関係した、～に関連した（～ ile）
İlhan	(1)	イルハン（名・男）
ilişki	(1)	関係
ilk	(4)	最初の；dünyada ilk kez 世界ではじめて
ilkokul	(1)	小学校
İmparatorluk	(1)	帝国；Osmanlı İmparatorluğu オスマン帝国
in-(er)	(3)	降りる
inan-(ır)	(3)	信じる (-e)
inanç	(1)	信条；信仰
incele-(r)	(4)	調べる、十分検討する、研究・調査する
inek	(1)	牝牛
İngilizce	(1)	英語
inkılâp	(2)	革命
insan	(23)	人、人間、人類
insanca	(1)	人間的に；人間にふさわしい方法で
insanlık	(5)	人類
insanoğlu	(1)	人類
ip(-pi)	(1)	ひも
İpek	(1)	イペキ（名・女）İpek ONGUN
iri	(3)	大きな、iri iri gözler つぶらな瞳

ise	(5)	〜は（どうかと言えば）
ishal(-li)	(2)	下痢、ishal ol- 下痢になる
isim (-smi)	(1)	名前
İskenderun	(1)	イスケンデルン（地名；アンタキヤ県［＝ハタイ県］）
İstanbul	(3)	イスタンブル
istasyon	(1)	基地；uzay istasyonları 宇宙ステーション
iste-(r)	(23)	望む；要求する；-mek iste- 〜したいと思う；-mek isterdi（できることなら）〜したい；ister istemez いやおうなしに
istek	(2)	望み、願い；-mek isteğinde 〜することを願っている
iş	(10)	仕事、事、作業；iş birliği yap- 共同作業をする；iş aramak 就職活動する
işaret(-ti)	(1)	指示、合図
işçi	(1)	労働者；Türk işçi トルコ人労働者
işit-(ir)	(2)	聞く
işsizlik	(1)	失業
iştah	(1)	食欲、iştah* kesil- *の食欲がなくなる
işte	(1)	ほら
it-(er)	(1)	押す、押しやる
itfaiyeci	(1)	消防士
iyi	(11)	よく；よい；iyi yönde よい方向で、肯定的な方向で；en iyisi.... -mektir 一番いいことは...することだ；iyi ki.... 幸いにも...だ
iyice	(2)	十分（に）、かなり
iyileş-(ir)	(2)	よくなる、元気になる
iyileştir-(ir)	(1)	（病気を）治す
iyilik	(1)	よい振る舞い
iz	(2)	（傷）跡、足跡

izle-(r)	(3)	眺める、見る、観る（-i）；dışarıyı izle- 外を眺める
izlen-(ır)	(1)	追われる、フォローされる
izlenim	(1)	印象

<j, J>

Japon	(3)	日本人；日本の（名詞扱い）、Japon malları 日本製品

<k, K>

kabul(-lü)	(5)	受諾、承認；kabul et- 認める、受け入れる
kaç-(ar)	(1)	逃げ出す
kadar	(12)	〜まで（後置詞：-e）、yarına kadar bekle- 明日まで待つ；〜ほど、程度；iki yüz metre kadar 200メートルほど；ne kadar どれほど、いかに
kafa	(3)	頭；kafa yor- よく考える、kafa*a takıl- 気がかりである
kafe	(1)	カフェ、喫茶店
kafes	(1)	かご；kafese koy- かごに入れる
kahraman	(1)	（小説の）主人公
kahvaltı	(3)	朝食；軽食
kahve	(1)	コーヒー
kal-(ır)	(16)	残る、いる、滞在する、留まる；委ねられる；geri kal- あとに残る；-den uzak kal- 〜から遠ざかっている、離れている；-e hasret kal- 〜を切望する；geç kal- 遅刻する
kalabalık	(2)	人だかり、集団
kaldır-(ır)	(3)	持ち上げる；立たせる、-i ayağa kaldır- 〜を立ち上がらせる
kaldırım	(4)	石段；歩道；yaya kaldırımları 歩道

kale	(4)	城（塞）
kalem	(1)	鉛筆
kalıntı	(1)	遺構、遺跡
kalk-(ar)	(1)	（手が）挙がる
kalkış-(ır)	(1)	～しようとする
kamaştırıcı	(1)	目をくらませるばかりの；göz kamaştırıcı 目もくらむような
kamçıla-(r)	(1)	むち打つ；励ます
kanat(-tı)	(1)	翼；kanatlarını aç- その翼を拡げる
kanlı	(3)	流血の
kanser	(1)	癌（ガン）
Kansu	(1)	カンス（姓）Ceyhun Atuf KANSU (1919-1978)
kap-(ar)	(1)	つかむ
Kapalıçarşı	(1)	カパルチャルシュ（←イスタンブルのグランドバザール）
kapat-(ır)	(1)	閉める
kapı	(4)	ドア；kapı açıl- ドアが開く；kapıyı çal- ドアをノックする
kapıl-(ır)	(2)	～にとらわれる (-e)
kar	(13)	雪；kar gibi beyaz 雪のように白い
kara	(1)	黒い；zeytin karası（塩漬け）オリーブのように真っ黒な
Karabaş	(3)	カラバシュ（←犬の愛称"黒頭"）
Karadeniz	(2)	黒海
Karagöz	(1)	カラギョズ（←トルコの影絵芝居、その主人公）
karar	(2)	決定、判断；karar ver- 決定する、判断を下す
kardeş	(4)	兄弟姉妹；親しい友人
karga	(5)	カラス
karın (-rnı)	(2)	腹；karın* acık- 空腹を覚える、腹を空かせる；karn*ı doyur- 空腹を満たす

karış-(ır)	(2)	混乱する；混じる；cadde karşı- 道路が混乱する
karlı	(1)	雪の降った；karlı bir günde ある雪の日に
karşı	(15)	相手の；向かい（側）、直面、目の前；karşıya geç-（道の）向かい側へ渡る、-ile karşı karşıya 〜に直面した；karşı çık- 反対する；A karşısında Aに直面して
karşıla-(r)	(3)	対応する、出迎える（-i）
karşılan-(ır)	(1)	出迎えられる
karşılaş-(ır)	(8)	直面する、出くわす；〜 ile karşılaş- 〜と直面する［出くわす］
kartal	(3)	ワシ
kasaba	(1)	田舎町
kat(-tı)	(1)	倍
katıl-(ır)	(6)	参加する；賛同する；加えられる；息もできないほど〜する；düşünceme katıl- 私の考えに賛同する；gülmekten katıl- 息もできないほど大笑いする
katkı	(2)	貢献；-e katkıda bulun- 〜に貢献する
kavga	(2)	喧嘩
kavra-(r)	(1)	理解する、把握する
kavşak	(2)	交差点
kavuştur-(ur)	(1)	再会させる；再び元の〜な状態にする
kay-(ar)	(1)	滑る、滑り落ちる
kaybet-(-eder)	(4)	失う、損をする；（試験に）失敗する；kilo kaybet- 痩せる；sınavı kaybet- 試験に失敗する
kaybol-(ur)	(1)	失われる
kayıp	(1)	行方不明の
kaynak	(1)	源；gelir kaynağı 収入源
kaz-(ar)	(1)	掘る
kaza	(3)	事故；tarfik kazası 交通事故

kazan	(11)	大鍋、大釜
kazan-(ır)	(8)	勝つ；合格する；獲得する、儲ける；davayı kazan- 訴訟に勝つ、önem kazan- 重要性を帯びる；çok para kazan- 大儲けする
kazandır-(ır)	(1)	獲得させる
kazanıl-(ır)	(1)	獲得される
keçiboynuzu	(1)	イナゴマメ（学名；*Ceratonia Siliqua*, 地中海沿岸地方産の木）
keder	(1)	苦しみ、苦悩
kedi	(4)	猫
kelebek	(2)	蝶々
Kemal(-li)	(2)	ケマル（名・男）Mustafa Kemal
kenar	(4)	そば
kendi	(27)	自分自身（の/で）；kendi kendilerine yetiş- 自生する；kendi*den geç- 我を忘れる
kent(-ti)	(5)	都市、町；eski kent 古代都市、tatil kenti 休暇町（← cf. tatil köyü 休暇村）
kere	(1)	回、度
kesil-(ir)	(2)	途切れる、なくなる；iştah* kesil- 〜の食欲がなくなる
keşfet-(-eder)	(1)	発見する
keşke	(1)	〜だったらいいのに
kez	(2)	回、度；bir kez daha もう一度
kırık	(1)	壊れた
kırk	(2)	40
kırmızı	(1)	赤い；kırmızı ışık yan- 赤信号になる
kısa	(2)	短い
kısım (-smı)	(3)	部分、一部
kış	(1)	冬
kıvran-(ır)	(1)	身もだえする

kıyı	(11)	海岸；kıyı kenti 臨海都市
kıyım	(1)	大量殺戮；不当・不正な行為
kız	(4)	娘；kızım 我が娘よ、君（← 女友達への呼びかけ）
kızdır-(ır)	(2)	怒らせる
ki	(17)	何と〜だ（← 驚き、強調）；その結果〜だ；neler yok ki!（驚いたことに）何だってある！；iyi ki ... 幸いにも ... だ；öylesine 〜 ki ..... [bir 〜 ki.....] 大変〜したので（その結果）..... だ；bakmış ki..... ふと見たところ ..... だった；öyle bir an geldi ki..... ..... するような一瞬が来た；ne var ki.... しかし .... だ；biliyorsunuz ki.... あなたは .... であることを知っている
kilise	(1)	教会
kilitle-(r)	(1)	鍵をかける
kilo	(7)	キロ（重量）；bir kilo yağ 1 キロの油・脂；kilo kaybet- 痩せる
kim	(2)	誰；her kim olursa olsun（その人が）誰であろうとも
kimi	(3)	いくつかの；kimisi（そのうちの）ある者は［いくつかは］
kimse	(9)	人、者；誰も ... ない（← 否定表現で）
kirlet-(ir)	(7)	汚す、汚染する
kişi	(5)	人；üç kişi 3 人
kişilik	(1)	人格
kişisel	(2)	個人的な
kitap	(15)	本；kitap dostu 本の愛好家
koca	(2)	大きな；koca koca 巨大な
kol	(2)	腕
kolay	(3)	容易な、簡単な
koltuk	(2)	ひじ掛け椅子、（歯医者の）診察椅子

komisyon	(5)	（教科書編纂）委員会
komşu	(9)	隣人
kon-(ar)	(4)	舞い降りる、とまる
konu	(8)	テーマ；事；話題；件；A konusunda Aに関して
konuk	(2)	（訪問/招待）客
konukseverliği	(1)	客をもてなす心
konuş-(ur)	(2)	話す、話しかける、話題にする
konuşkan	(1)	お喋りな
konuşma	(5)	スピーチ、話すこと、会話
konuşul-(ur)	(1)	話される
kopar-(ır)	(2)	ちぎり取る、もぎ取る
kopukluk	(2)	断絶
kork-(ar)	(5)	恐れる（-den)
korku	(3)	恐れ
korkul-(ur)	(1)	恐れられる；korkulacak bir hastalık 恐（れ）るべき病気
koru	(1)	林
koskocaman	(1)	巨大な
koş-(ar)	(3)	走る；koşarcasına まるで走るかのように
koşul	(1)	条件；ön koşul 前提条件、第一条件
koy-(ar)	(3)	入れる；A-i B yerine koy- AをBとみなす
koycuk	(1)	小さな入り江（← koy 入り江）
koyun	(8)	羊
köpek	(2)	犬
köprü	(2)	橋
körfez	(2)	湾
köşe	(2)	隅；dört bir köşe 隅々
kötü	(2)	悪い
kötülük	(1)	悪いこと、ひどいこと

köy	(9)	村
köylü	(8)	村人
kriz	(1)	危機；ekonomik kriz 経済危機
kulak	(2)	耳
kullan-(ır)	(6)	使用する、用いる、利用する
kullanıl-(ır)	(4)	使用される、用いられる、利用される
kum	(1)	砂
kumar	(2)	ギャンブル
kur-(ar)	(8)	建設する、樹立する、設立する、築く、組む；bağdaş kur- あぐらをかく
kurabiye	(1)	クッキー
kural	(4)	規則、ルール；kurallara uy- 規則［ルール］に従う、trafik kuralları 交通規則
kurban	(1)	犠牲、生け贄；Kurban Bayramı 犠牲祭
kurtar-(ır)	(3)	救う
kurtul-(ur)	(1)	救われる
kurtuluş	(1)	クルトゥルシュ（姓）Baki KURTULUŞ
kurul-(ur)	(5)	設立される、樹立される、築かれる；bir bağ kurul- 絆が築かれる
kurum	(3)	協会；Türk Dil Kurumu トルコ言語協会；Türk Tarih Kurumu トルコ歴史協会
kurutul-(ur)	(1)	乾燥させられる
kuş	(2)	鳥
kuşak	(3)	世代；kuşaklar boyu 何世代にも渡って
kuşkusuz	(1)	疑いなく、きっと
kutla-(r)	(2)	祝う
kutlan-(ır)	(3)	祝われる
kuzu	(1)	子羊
küçük	(2)	小さな
küçümse-(r)	(1)	軽視する

kül	(1)	灰
kültür	(6)	文化；教養
kümes	(1)	鶏小屋
kütüphaneci	(1)	図書館司書

<l, L>

la	(1)	フランス語の定冠詞；La Fontaine ラ・フォンテーヌ → Fontaine
lağım	(1)	下水路
lamba	(1)	電灯；lambayı yakıp söndür- 電気をつけたり消したりする
lapa	(1)	かゆ；pirinç lapası 米のかゆ
Laurent	(1)	（サン・）ローラン（人名）
liman	(2)	港
limon	(1)	レモン

<m, M>

maaş	(1)	給料
mahalle	(2)	地区、街区
mahkeme	(1)	裁判所
Makbule	(1)	マクブーレ（名・女）
mal	(2)	財産；製品；bütün mallar 全財産；Japon malları 日本製品
manevî	(1)	精神的な；manevî açıdan 精神的に
mantık	(1)	論理
manzara	(1)	景色
Marmara	(1)	マルマラ；Marmara denizi マルマラ海
marul	(3)	レタス
masal	(2)	昔話
masum	(1)	無実の

— 199 —

matematik	(1)	数学
maydanoz	(3)	パセリ
Mayıs	(1)	5月
mektup	(13)	手紙
mele-(r)	(1)	（羊が）メーと鳴く
memur	(1)	サラリーマン；sıradan bir memur 普通のサラリーマン
merak(-kı)	(2)	心配、気がかり；興味；merak et- 心配する
meşgul(-lü)	(1)	多忙な；kafa* ～ ile meşgul ～で頭が一杯
Metin	(1)	メティン（名・男）Metin GÜL
metot	(1)	方法；eğitim metodu 教育方法
metre	(1)	メートル（長さ）
mevsim	(1)	季節
meydan	(1)	広場；meydana gel- 生じる、起こる
mı/mi/mu/mü	(24)	疑問の助詞（～か？）；～ değil mi? ～なんでしょう<← 付加疑問>
mide	(1)	胃
milletvekili	(1)	国会議員、代議士
milli	(2)	国民の；milli piyango çık- 宝クジが当たる
milliyet	(1)	国籍；新聞名「ミッリイェト紙」
milyon	(1)	百万
mimarlık	(1)	建築
minik	(1)	小さい；minik bir kuş 小鳥
misafir	(1)	客人
mobilya	(1)	家具
model	(1)	モデル、型
motor	(1)	モーター、エンジン
muhabbet(-ti)	(1)	愛情
muhakkak	(1)	きっと
muhtar	(1)	村長

muhteşem	(1)	見事な
musluk	(1)	（水道の）蛇口
Mustafa	(4)	ムスタファ（名・男）Mustafa Kemal
mutlaka	(2)	ぜひ、必ず
mutlu	(4)	幸せな
mutluluk	(2)	幸せ
mutsuz	(1)	不幸な
müdür	(1)	（組織・機関の）長；genel müdür 社長
müşteri	(2)	顧客
müze	(2)	博物館、美術館
müzik	(3)	音楽

<n, N>

Nami	(3)	ナーミ（名・男）
nasıl	(10)	いかに、どのように；nasıl da 何と（←驚き、感嘆）；nasıl bir katkı どのような貢献
Nasrettin	(1)	ナスレッティン・ホジャ（名）；Nasrettin Hoca
ne	(29)	何；どんな；ne zaman いつ；ne kadar どれほど、いかに；ne ölçüde どの程度；ne var ki しかし；ne dersin? どう思いますか？、どうですか？；ne kültürü? 何の教養？
neden	(13)	どうして、なぜ；理由；X-in -mesinin nedeni X が〜した理由；bu nedenle こういう［そういう］理由で；-e neden ol- 〜の原因となる、〜を引き起こす
Nedim	(2)	ネディム（名・男）
nefes	(1)	一息；rahat bir nefes ほっとした一息
nefret(-ti)	(1)	嫌悪
nere*	(4)	どこ；neresi どこ（が）；nereden olursa olsun それがどこからのものであろうとも

Nesin	(2)	ネスィン（姓）Aziz NESİN (1915-1995)
Nesrin	(1)	ネスリン（名・女）Nesrin BARAZ
neşeli	(1)	陽気な
nezaket(-ti)	(1)	丁寧さ
nice	(1)	多くの、おびただしい
nihayet(-ti)	(1)	ついに
ninni	(1)	子守歌；ninniler söyle- 子守歌を歌う
Nisan	(2)	4月
nitelik	(1)	特性、特質、資質
nokta	(1)	点
Nuri	(1)	ヌーリ（名・男）Reşat Nuri GÜNTEKİN (1889-1956)
Nurullah	(1)	ヌールッラー（名・男）Nurullah ATAÇ (1898-1957)
nükleer	(1)	原子の、核の；nükleer güç 原子力

<o, O>

o	(34)	彼、彼女、それ、あれ；その、あの；o sırada その時、その頃、o zaman その時、その当時
oda	(2)	部屋
ofis	(1)	職場
oğlan	(1)	少年；Küçük Oğlan「リトル・ボーイ」
oğul (-ğlu)	(5)	息子；oğlum 私の息子、息子よ（←呼びかけ）
Oktay	(1)	オクタイ（名・男）Oktay AKBAL (1923-)
oku-(r)	(27)	読む、学ぶ
okul	(32)	学校；okula devam et- 学校へ通う；okuldan ayrıl- 学校を中退する；okulu bırak- 学校をやめる；okula yazıl- 入学する
okuma	(3)	読書；学ぶこと
okut-(ur)	(2)	学ばせる、学校へやる

okuyucu	(3)	読者
ol-(ur)	(95)	なる；成り立つ；〜である；起こる；-miş ol- 〜してしまう／〜したことになる；-de olan ... 〜にある ...；-den ol- 〜を失う；yok ol- なくなる；farkında olmadan そのことに気づかずに；olmamış 効果がなかったらしい；Hiroşimalar olmasın ノーモア・ヒロシマ；hiç olmazsa 少なくとも；〜 olsun 〜としよう（←取り決め）；biraz olsun 少しなりとも；-e zararlı ol- 〜に有害となる；-le ilgili olarak 〜に関連して；başarılı ol- 成功する
olanaksız	(1)	不可能な、あり得ない
olarak	(3)	〜となって；〜として；gram olarak グラム（分銅）として；tam olarak 完全に（は）
olay	(2)	出来事；kanlı olay 流血の出来事［惨事］；olay yeri 現場
olgu	(1)	現象
olumlu	(2)	肯定的な、建設的な
olumsuz	(1)	否定的な
oluş-(ur)	(1)	形成される、成り立つ
oluştur-(ur)	(1)	築く
on	(3)	10
Ongun	(1)	オングン（姓）İpek ONGUN
onlar	(17)	彼ら、彼女ら、それら
ora*	(3)	そこ
orman	(3)	森
orta	(7)	中央；あたり；ortada 明白である；ortaya çık- 姿を現す、明らかになる；ortaya çıkar- 明らかにする；ortaya koy- 提示する
ortak	(1)	共同で

Osmanlı	(2)	オスマン（人）; Osmanlı İmparatorluğu オスマン帝国
otel	(2)	ホテル
otlat-(ır)	(1)	草を食べさせる; kuzuları otlat- 子羊たちに草を食べさせる
otobüs	(1)	バス; otobüs durağı バス停
otur-(ur)	(4)	座る; -e otur- 〜へ座る
oturt-(ur)	(1)	座らせる; onu koltuğa oturt- 彼を診察椅子に座らせる
ova	(1)	草原
oyna-(r)	(8)	遊ぶ、プレーする; oyun oyna- ゲーム遊びをする; kumar oyna- ギャンブルをする; güle oynaya 大喜びで
oysa	(4)	しかし
oyun	(7)	遊び、ゲーム; 踊り; 芝居; gölge oyunu 影絵芝居

<ö, Ö>

öde-(r)	(1)	支払う; borçlar*1 öde- 自分の借金を返済する
ödül	(1)	賞
ödünç	(2)	借りの; ödünç ver- 貸す
öfke	(1)	怒り
öğren-(ir)	(12)	習得する、学習する、学ぶ、知る
öğrenci	(4)	生徒、学生; öğrenci değişimi programı 学生交換プログラム
öğrenil-(ir)	(1)	習得される
öğrenim	(1)	学習、教育
öğretmen	(5)	先生、教師
öl-(ür)	(8)	死ぬ; ölmüş 〜 亡き〜
ölçü	(1)	程度; ne ölçüde どの程度、どれほど

öldür-(ür)	(1)	殺す
ölüm	(2)	死；ölüm döşeğindeyken 臨終のベッドで
ömür(-mrü)	(2)	人生、生涯；愉快な、ウイットに富んだ（人）
ön	(5)	前；ön koşul 前提条件、第一条件
önce	(7)	まず最初(は)；önceleri 最初は、当初は；1200 yıl önceki 1200年前の；birkaç ay öncesine kadar 数カ月前までは
öncülük	(1)	先導、先駆；-e öncülük et- 〜を先導する
önem	(7)	重要さ；-e önem ver- 〜を重視する
önemli	(3)	重要な
önemsen-(ir)	(1)	重視される
önle-(r)	(1)	妨げる
önlük	(1)	（学童の）制服
öp-(er)	(1)	キスをする；iki yanağımdan öp- 僕の両頬にキスをする
ören	(2)	遺跡、廃墟
örnek	(3)	模範（的な）；実例；örneğin 例えば
öteki	(1)	他の
övün-(ür)	(1)	誇る
öykü	(3)	短編（小説）；物語
öyle	(5)	そうである、そのように；öyle 〜 ki..... → とても〜なので(その結果)..... だ、← .... するほど〜だ；öyleyse それなら
öylesine	(4)	そのように、実に；öylesine 〜 ki..... → とても〜なので（その結果）..... だ、← .... するほど〜だ
Özatalay	(1)	オザタライ（姓）Engin ÖZATALAY
Özdemir	(1)	オズデミル（姓）Emin ÖZDEMİR
özdeyiş	(2)	格言、金言
özellikle	(3)	とくに、とりわけ
Özgeciğim	(1)	オズゲちゃん；Özge（名・男/<u>女</u>）

Özgür	(1)	オズギュル（名・女）
özgürlük	(3)	自由
özle-(r)	(1)	懐かしく思う、恋しく思う
özür	(1)	詫び；-den özür dile- 〜に詫びる

<p, P>

palmiye	(2)	椰子（樹木）
palto	(1)	オーバー（コート）
pancarcı	(1)	砂糖大根（ビート）生産者
pansuman	(1)	傷の手当
para	(3)	お金
parasız	(2)	無料の；一文なしの；parasız kal- 一文なしになる
parça	(5)	切れ端、一部、一片
park(-kı)	(1)	公園
parke	(1)	敷石で舗装された
parla-(r)	(1)	輝く、照る
parmak	(1)	指
parti	(1)	パーティー
patla-(r)	(1)	破裂する、割れる
pay	(1)	部分、要素
pazar	(1)	市場（いちば、しじょう）
pek	(3)	かなり；pek çok かなり多くの
pencere	(4)	窓
pençe	(2)	（動物の）かぎ爪
Perge	(2)	ペルゲ（地名；アンタリヤ県）
Perin	(1)	ペリン（姓）Cevdet PERİN
peşin	(2)	前もっての；peşin yargılar 先入観
peynir	(1)	チーズ
pirinç	(1)	米

piyango	(2)	宝クジ；milli piyango bileti 宝クジ券
plastik	(1)	プラスティック；plastik su şişeleri 水のペットボトル
Poçi	(1)	ポチ；bizim sevgili köpeğimiz Poçi うちの愛犬ポチ
polis	(2)	警察官
portakal	(1)	オレンジ
posta	(1)	郵便（物）；uçak postasıyla 航空便で
postala-(r)	(1)	投函する
Prof.	(2)	教授（← Profesör：称号）
program	(2)	予定；プログラム

<r, R>

radyo	(1)	ラジオ；radyoda ラジオで
rağbet(-ti)	(1)	愛好；rağbet gör- 人気を得る
rahat(-tı)	(2)	ほっとした、落ち着いて；rahat bir nefes ほっとした一息；rahat yaşa- 落ち着いて暮す
rahatlat-(ır)	(2)	リラックスさせる；安心させる
rakı	(2)	ラク（トルコの地酒）
rapor	(2)	報告書；hava raporu 天気予報
rasgele	(1)	任意の
reçel	(1)	ジャム
reddet-(-eder)	(3)	拒否する
renk(-gi)	(3)	色
resim(-smi)	(7)	絵画；写真
resmî	(2)	公的な；正規の
restoran	(1)	レストラン
Reşat	(1)	レシャット（名・男）Reşat Nuri GÜNTEKİN (1889-1956)
Rıza	(1)	ルザ（名・男）Ali Rıza Efendi

roman	(10)	（長編）小説；Türk romanı トルコ小説
rüzgâr	(6)	風

<s, S>

saat(-ti)	(4)	時間、時刻；saat 8.16 olduğunda 8時16分になったとき；yarım saattir 半時間ずっと（← 文修飾）
sabah	(7)	朝；sabah erkenden 朝早く；sabahları 朝（副詞）；sabaha kadar 徹夜で
sabır (-brı)	(2)	辛抱、忍耐力
sadece	(2)	ただ .... だけ、単に ... だけ
Safranbolu	(1)	サフランボル（地名；ゾングルダク県）
sağ	(1)	右
sağıl-(ır)	(1)	搾られる
sağla-(r)	(4)	確保する、得る；可能にする
sağlık	(4)	健康；保健
sağlıklı	(1)	健康な
sahil	(2)	海岸、浜辺
sahip	(2)	所有者；A hakkında bilgi sahibi ol- Aに関して情報を持つ
Saint	(1)	サン（名）サン（・ローラン）Saint-Laurent
sakın	(1)	決して（← 否定表現で）
sakla-(r)	(3)	保存する
saklambaç	(1)	かくれんぼう
saklayıcı	(1)	保存・保持するもの
saman	(1)	わら
san-(ır)	(3)	思う、考える
sana	(6)	君に、お前に；sana güven- 君を信用する
sanat(-tı)	(16)	芸術、美術；技術、技法；okuma sanatı 読む技術；güzel sanatlar "美的芸術"（← 造形芸術のみ

ならず文学・音楽・演劇などを含む「芸術一般」を指す）

sanatçı	(3)	芸術家
sanatsız	(1)	芸術抜きに
sanıl-(ır)	(1)	思われる；sanıldı ki... ...だと思われる
saniye	(2)	秒
saniyelik	(1)	秒間（の）
sanki	(3)	あたかも
santral(-li)	(3)	発電所；termik santral 火力発電所
saptırıl-(ır)	(1)	逸脱させられる
sar-(ar)	(1)	包む；yaralarını sar- その傷の手当をする
Sarıkız	(1)	牝牛（"薄茶の娘"：俚言）
sarıl-(ır)	(1)	くるまる
sars-(ır)	(1)	揺する
sarsıntı	(1)	揺れ
satış	(1)	売り上げ
sat-(ar)	(2)	売る
satır	(3)	（文章の）行；satırların arkası 行間
savaş	(5)	戦争；savaş gemisi 軍艦
savrul-(ur)	(1)	舞い上がる
say-(ar)	(2)	数える；見なす
saye	(2)	お陰；A sayesinde A のお陰で
sayfa	(1)	ページ
sayfalık	(1)	ページ分の
saygı	(1)	尊重、敬意；saygı göster- 尊重する
sayı	(2)	数；çok sayıda A（← 単数名詞）多くの A
sayıl-(ır)	(2)	見なされる
sayın	(1)	〜さん［様、殿］；sayın yargıç! 裁判官殿！
sayısız	(1)	無数の
sayışma	(1)	遊びで"鬼"を決めること

seç-(er)	(1)	選ぶ
seçim	(1)	選択
seçme	(1)	選集
sefer	(1)	回；bu seferki 今回の
sekiz	(2)	8
seksen	(2)	80
selam/selâm	(2)	挨拶
Selânik	(3)	サロニカ（現ギリシア領テサロニキ）
Selçuklu	(1)	セルジューク（人）
sen	(23)	君、お前；senin gibi idim 私は君のようだった
sergi	(1)	美術展、展覧会
sergilen-(ir)	(1)	並べられる
sert	(2)	厳格な；（酒が）強烈な
sertlik	(1)	厳しさ
serüven	(2)	冒険
ses	(7)	声、音、せせらぎ、さえずり
seslen-(ir)	(1)	声をかける（-e）
sessizce	(1)	黙って
sev-(er)	(15)	好む、愛する、気に入る、大切にする、；seve seve 喜んで
sevgi	(4)	愛、愛着；sevgilerimle 愛を込めて（← 手紙の結び）
sevgili	(2)	親愛なる；愛すべき
sevil-(ir)	(1)	愛される
sevin-(ir)	(2)	喜ぶ
sevinç	(3)	喜び；sevinçle 喜んで
sevinçli	(3)	喜んだ、嬉しい
sevindir-(ir)	(3)	喜ばせる
seyahat(-ti)	(3)	旅行
Seyfettin	(2)	セイフェッティン（名・男）

seyret-(-eder)	(2)	見る；televizyon seyret- テレビを見る
sıcak	(3)	暑い；暑さ
sığ-(ar)	(1)	おさまる；iç* iç*e sığmaz 気持ちが抑えられない
sık	(2)	しばしば、ひんぱんに（← sık sık）
sıkı	(2)	しっかりと
sıkıl-(ır)	(1)	飽きる、退屈する
sınav	(3)	試験；sınava gir- 試験を受ける；sınavı kaybet- 試験に失敗する
sınıf	(4)	クラス、学年；グループ
sınır	(1)	限界；国境
sınırlı	(1)	限られた、限界のある
sır(-rrı)	(1)	秘密
sıra	(6)	時；順番；bu sırada（ちょうど）その時；o sırada その時［当時］；tarih sırasına göre 日付順に；sıradan 普通の
sıradağlar	(1)	山並み；山脈
sız-(ar)	(1)	しみこむ
simsiyah	(1)	真っ黒な
Sinan	(1)	スィナン（名・男）
siren	(1)	サイレン
siz	(9)	あなた
skandal	(1)	スキャンダル
soba	(1)	まきストーブ
soğan	(1)	タマネギ；taze soğan 青ネギ
soğu-(r)	(2)	寒くなる、冷え込む
soğuk	(2)	寒い；寒さ
sohbet(-ti)	(1)	話、お喋り
sok-(ar)	(2)	入れる；近づける
sokak	(4)	通り、道路

sol	(1)	左
soluk	(1)	呼吸、息
son	(13)	最後の；終わり；son yıllarda 近年；sonu gelmeyen ... 絶えることのない ...；sonunda 最後には、ついに；Eylül sonu 9月末
sonra	(20)	後；その後；〜のあと（後置詞：-den）；birkaç gün sonra 数日後；bundan sonra 今後；-dikten sonra 〜したあと
sonuç	(3)	結果
sor-(ar)	(5)	求める；尋ねる；kazanı sor- 大鍋を求める；soru sor- 質問する
soru	(6)	質問、疑問；（試験）問題；bu sorunun yanıtı この質問［疑問］の答
sorun	(1)	問題
sosyal	(1)	社会的な
soy	(1)	種（しゅ）；一族
söğüt	(1)	柳
Söğütlü	(1)	ソユトゥル（地名；不詳） Söğütlü Köyü ソユトゥル村
söndür-(ür)	(1)	消す
söyle-(r)	(21)	言う、話す；歌う；yalan söyle- 嘘をつく；ninniler söyle- 子守歌を歌う
söylen-(ir)	(3)	つぶやく；言われる
söz	(19)	言葉；約束：söz ver- 約束する (-e)；-den söz et- 〜に言及する
sözlü	(1)	口頭の；sözlü sınav 口頭試験
sözlük	(1)	辞書、辞典
spor	(1)	スポーツ
su	(10)	水；yer altı suları 地下水
sunul-(ur)	(2)	提供される；-in hizmetine sunul- 〜に役立てら

		れる
sur	(1)	城壁
sür-(er)	(5)	続く；sürüp git-（ずっと）続いていく
sürdür-(ür)	(1)	続ける
süre	(5)	期間；bir süre しばらく、一時期；kısa sürede 短期間に、見てる間に；-e katılma süresi ～の応募期間
sürekli	(1)	継続的に、ずっと
sürpriz	(1)	驚き、サプライズ
sürü	(2)	群
sürül-(ür)	(1)	旋回する
süs	(1)	飾り
süslen-(ir)	(1)	飾られる
süt(-tü)	(2)	ミルク
sütun	(1)	円柱

<ş, Ş>

şans	(1)	運
şarkı	(1)	歌
şaş-(ar)	(1)	驚く (-e)
şaşır-(r)	(2)	驚く (-e)、うろたえる (-i)；ne diyeceğini şaşır- どう答えていいのかわからずにうろたえる
şaşırt-(ır)	(1)	驚かせる
şaşkınlık	(2)	戸惑い
şehir(-hri)	(1)	町、都市
şeker	(1)	キャンディー
şekerli	(1)	甘い（トルココーヒーなど）
şekil(-kli)	(1)	形；aynı şekilde davran- 同じように振る舞う
şelâle	(2)	滝
Şemsi	(2)	シェムスィ（名・男）Şemsi Efendi

şemsiye	(1)	傘
şey	(9)	もの、事；hiçbir şey 何も…ない（否定表現で）；bir şeyler 何か
şiddetle	(1)	激しく
şiir	(1)	詩
şikayet(-ti)	(1)	不満；-i şikayet et- 〜を訴える
şimdi	(7)	今；さあ、それでは；şimdiki 今の
şirin	(1)	美しい、麗しの
şişe	(1)	瓶（ビン）
şöyle	(4)	次のように、以下のように；şöyle de- 以下のように言う；şöyle bir ちょっと（副詞）
şu	(6)	その（←相手の注意を促して"ほら、その〜"）；次のような；şu anda 今、目下

<t, T>

tabii	(1)	当然（ながら）
tablo	(1)	絵画
tahlil	(1)	分析、検査
tak-(ar)	(1)	付ける
takıl-(ır)	(1)	引っかかる
tam	(6)	完全な；まさに；tam olarak 完全に；tam anlamıyla（その語の）完全な意味で
tane	(7)	粒；kar tanesi 雪片
tanı	(1)	診断（結果）
tanı-(r)	(3)	知る、認識する
tanın-(ır)	(1)	知られる、認識される
tanış-(ır)	(1)	知り合う（-ile）
tanıt-(ır)	(1)	知らせる、紹介する
tank(-kı)	(1)	戦車、タンク；düşman tankı 敵の戦車
taraf	(8)	側、側面；方（面）；her iki taraf 両側［者］と

		も；karşı taraf 相手方；A tarafından A によって
tarafsız	(1)	公平な
tarih	(7)	歴史；Türk İnkılâp Tarihi トルコ革命史；tarih alanında 歴史学の分野で
tarihçi	(1)	歴史家
tarihî	(7)	歴史的な、歴史的由緒ある；tarihî eserler 歴史的作品［建造物］
tarla	(3)	畑
tart-(ar)	(4)	計る、計量する
tartı	(1)	計ること
tartış-(ır)	(6)	議論［討論、検討］する
tartışma	(2)	議論、討論
taş	(3)	石
taşı-(r)	(1)	運ぶ
taşın-(ır)	(1)	引っ越す
taşır-(ır)	(1)	限界を越えさせる；A-nın sabrını taşır- A に辛抱できなくする
taşıt(-tı)	(7)	乗物、車輌
taşlı	(1)	石の；parke taşlı 敷石の
tat	(4)	味；醍醐味；風味、rakı tadı ラクの風味
tatil	(2)	休暇；yaz tatili 夏休み
tatlı	(2)	ぽかぽかと（← tatlı tatlı）；菓子
taze	(2)	新鮮な；taze soğan 青ネギ
TDK	(1)	トルコ語教科書（← Türkçe Ders Kitabı/＜注＞本書のみでの略語）
tedavi	(2)	治療
tehlike	(2)	危険、危機
tek	(2)	唯一の；bir tek たった一つの
teker	(2)	一人ずつ（← teker teker）

— 215 —

teklif	(2)	提案
tekne	(1)	舟、ボート
teknoloji	(1)	科学技術
tekrar	(1)	ふたたび
telaşlan-(ır)	(3)	慌てふためく
telaşlandır-(ır)	(1)	慌てさせる
telefon	(4)	電話；telefonda 電話で；cep telefonu 携帯電話
televizyon	(2)	テレビ
tembelleş-(ir)	(1)	怠ける
temiz	(5)	清潔な、澄んだ、汚染のない、美しい
temizle-(r)	(4)	清掃する
temizlen-(ir)	(2)	清掃される
Temmuz	(1)	7月
tencere	(1)	鍋
tepe	(3)	丘、丘陵
terazi	(1)	計り
tereyağı	(2)	バター
termik	(3)	熱の；termik santral 火力発電所
ters	(1)	逆に；ters git- うまく行かない［裏目に出る］
tertemiz	(2)	真新しい；tertemiz defter 真新しいノート；tertemiz giyin- 真新しい服を着る
testere	(1)	ノコギリ
teşekkür	(1)	感謝；teşekkür mektubu お礼状
teyze	(3)	オバ（母方）
tırmık	(1)	くま手
tırtıllı	(1)	刻み目のある、ぎざぎざ状の
titre-(r)	(2)	震える
tiyatro	(2)	劇場；演劇
top(-pu)	(5)	ボール；top oyna- ボール遊びをする
topla-(r)	(3)	集める

toplan-(ır)	(3)	集まる
toplum	(3)	社会
toprak	(4)	土地、土
torun	(1)	孫
tören	(1)	式典
trafik	(11)	交通；trafik polisi 交通警官、trafik kuralları 交通規則
traktör	(1)	トラクター
tren	(1)	汽車
tsunami	(1)	津波
Tuğçe	(3)	トゥーチェ（名・女）
turist(-ti)	(4)	旅行者
turistik	(1)	旅行者用の、観光の；turistik otel 観光ホテル
turizm	(6)	観光；観光業；turizm cenneti 観光の楽園
tur	(1)	遊覧；gemi turları 船による遊覧
tut-(ar)	(1)	保つ；eli X-in altına tut- 手をXの下に差し出す
tutam	(1)	一つまみ；bir tutam yeşil わずか一つまみの緑
tüken-(ir)	(1)	尽きる；bitip tükenmez 尽きることがない
tüket-(ir)	(1)	絶やす、枯渇させる
tüm	(5)	全ての（後続名詞は複数形）；全〜（後続名詞は単数形）；tüm insanlık 全人類
Türk	(20)	トルコ人、トルコ民族；トルコの（名詞扱い）Türk kültürü トルコ文化；Türk Hükümeti トルコ政府；Türk işçi トルコ人労働者
Türkçe	(5)	トルコ語
Türkiye	(4)	トルコ（国）；Türkiye seyahati トルコ旅行
türkü	(1)	民謡
türlü	(3)	様々な、諸〜（後続名詞は複数形）；türlü nedenlerle 様々な理由で；bir türlü まったく…でない（否定表現で）

<u, U>

uç-(ar)	(3)	飛ぶ、舞い上がる
uçak	(3)	飛行機
uçur-(ur)	(1)	飛び立たせる
uçurtma	(1)	凧（たこ）
Uçurum	(1)	ウチュルム（地名；アンタリヤ県）Güver Uçurumu G. 絶壁
uçuş-(ur)	(1)	飛び交う
ufuk(-fku)	(2)	地平線；水平線；視界
uğur	(1)	幸運
uğurla-(r)	(1)	見送る
ulaşım	(1)	運輸、輸送
ulus	(4)	国民、民族；ウルス（← アンカラの地区名）
ulusal	(3)	国民の、民族の
ulusça	(1)	国民［民族］によって
unut-(ur)	(2)	忘れる；unutup git- 忘れ去る
ustalıkla	(1)	巧みに
utan-(ır)	(1)	恥じる (-den)
utanç	(1)	恥ずかしさ；utanç'dan 恥ずかしくて
uy-(ar)	(4)	従う、守る、則する (-e)
uyan-(ır)	(1)	目覚める
uygarlaş-(ır)	(2)	文明化する
uygulamalı	(1)	応用の、実用の
uygun	(2)	適切な；uygun görül- 適切だと見なされる
Uygur	(1)	ウイグル（人）
uyku	(1)	眠り；uykuya dal- 眠り込む
uyu-(r)	(2)	眠る
uyum	(1)	調和；-ile uyum içinde ～と調和して
uyut-(ur)	(1)	寝かせる
uzak	(6)	遠い；-den uzak kal- ～から遠ざかっている；

		uzaklara ずっと遠くへ；uzaktan bakıldığı zaman 遠くから見（られ）ると
uzan-(ır)	(3)	横たわる、寝そべる、延びる
uzat-(ır)	(1)	のばす
uzay	(2)	宇宙
uzun	(3)	長い；uzun uzun anlat- 長々と説明する

< ü, Ü >

ücretsiz	(1)	無料で
üç(-çü)	(3)	3
üfür-(ür)	(1)	吹き飛ばす
ülke	(15)	国；ada ülkesi 島国
ünite	(1)	ユニット
ünlü	(2)	有名な
üretim	(1)	製造
ürk-(er)	(1)	怯える、びくびくする
üst(-tü)	(8)	上；üst üste 続けて；cadde üstündeki 道路沿いの
üstelik	(1)	さらに、おまけに
üşü-(r)	(1)	寒さを覚える
üye	(1)	委員
üzere	(2)	間際；-mek üzere- 連辞　今にも〜するところ
üzeri	(4)	上；〜について；A-nın üzerine Aの上へ；A üzerine Aに関して
üzül-(ür)	(2)	悲しむ
üzüntü	(1)	悲しみ

< v, V >

Van	(1)	ヴァン；Van Gölü ヴァン湖
vapur	(1)	船、汽船

var	(11)	ある、存在する；ne var ki.... しかし ...
varıl-(ır)	(1)	達する（-e；非人称形）
varlık	(1)	存在
varlıklı	(1)	裕福な
vazgeç-(er)	(1)	断念する（-den）
vb.	(1)	など（← ve başkaları / ve benzeri）
ve	(68)	そして；A と B（← A ve B）
ver-(ir)	(23)	与える；戻す；geri ver- 返す；söz ver- 約束する；-e karar ver- 〜を決定する、〜に判断を下す；el ele ver- 協力する；-e haber ver- 〜に知らせる；-e önem ver- 〜を重視する；-e yanıt ver- 〜に返答する；ödünç ver- 貸す
veril-(ir)	(4)	与えられる
vesikalık	(1)	証明書用の；vesikalık resim 証明書用写真
veya	(3)	あるいは
vur-(ur)	(1)	写る
vücut	(1)	身体

<y, Y>

ya	(3)	.... だろ（← 強調）
yabancı	(1)	外国の；yabancı ülkeler 諸外国
yağ	(5)	脂、油；バター
yağ-(ar)	(1)	（雨、雪などが）降る
yağmur	(3)	雨
yahut	(1)	あるいは
yak-(ar)	(2)	燃やす、焼く；(明かりを) 灯す、lambayı yak- 電気をつける
yaka	(1)	襟
yakala-(r)	(2)	つかむ、つかまえる
yakın	(2)	近い

yakınlık	(1)	親近感
yaklaş-(ır)	(2)	近づく
yaklaşık	(1)	およそ、約
yalan	(2)	嘘；yalan söyle- 嘘をつく
yalat-(ır)	(1)	なめさせる
yalnız	(5)	一人で；ただ…だけ；孤独の；yalnız kal- 孤独になる
yan	(11)	そば；yan yana 横に並んで；-i bir yana bırak- 〜を除外する；yanı baş*da 〜のすぐそばで；-den yana 〜に賛成の
yan-(ar)	(4)	（明かりが）灯る；燃える；yeşil ışık yan- 青信号になる
yanak	(2)	頬（ほほ）；iki yanağımdan öp- 僕の両頬にキスをする
yanık	(1)	やけど；焼けた
yanıt(-tı)	(5)	返答；yanıt ver- 答える
yanıtla-(ır)	(1)	答える (-i)；soruları yanıtla- 質問［疑問］に答える
yani	(1)	つまり
yanlış	(3)	間違った；間違い；yanlışlarla dolu 間違いだらけ
yansıt-(ır)	(1)	反映させる
yap-(ar)	(27)	する；作る；resimler yap- 絵を描く；geziler yap- 旅行する；pansuman yap- 傷の手当をする；-i A yap- 〜をAにする（← hırkalarımızı yastık yap- 僕らのキルティングを枕代わりにする）；-le iş birliği yap- 〜と共同作業をする
yapıcı	(1)	建設的な
yapıl-(ır)	(4)	なされる
yapıt(-tı)	(1)	作品

yara	(1)	傷
yara-(r)	(2)	役立つ、資する（-e）
yaralı	(3)	傷ついた；負傷者
yarar	(1)	利益
yararlan-(ır)	(4)	利用する（-den）
yararlı	(1)	有益な
yarat-(ır)	(3)	創出する、作り出す
yaratıcı	(1)	創造的な
yaratıcılık	(1)	創造性
yargı	(2)	判断
yargıç	(3)	裁判官
yarı	(2)	半ば〜；yarı su, yarı buhar halinde 半ば水、半ば水蒸気の状態で
yarım	(2)	半〜；yarım saat 半時間
yarın	(1)	明日；yarına kadar bekle- 明日まで待つ
yarışma	(8)	コンテスト
yasa	(1)	法律、規則
yasak	(1)	禁止令
yasla-(r)	(1)	もたせかける；başını koltuğa yasla- 頭を診察椅子にもたせかける
yastık	(1)	枕
yaş	(4)	年齢；on bir yaşındaki ben 11才の私
yaşa-(r)	(11)	生きる、生活する；経験［体験］する；味わう、満喫する；yaşasın güzel okulum 素晴らしい僕の学校万歳；boşuna yaşa- 無駄に人生を過ごす
yaşam	(5)	生活、人生、生涯；günlük yaşamda 日常生活で
yaşan-(ır)	(2)	経験される；住める、yaşanacak hal 住める状態
yaşantı	(1)	生活；günlük yaşantı 日常生活
Yatağan	(1)	ヤタアーン（地名；ムーラ県）
yat-(ar)	(1)	寝る

yatılı	(4)	寄宿制の
yavaşca	(2)	そっと、ゆっくりと
yavru	(1)	子；yavrum 愛しのわが子よ（←呼びかけ）
yaya	(3)	歩行者；yaya geçidi 横断歩道
yayımlan-(ır)	(1)	出版される
yaz	(2)	夏；yazları 夏場（副詞）；yaz tatili 夏休み
yaz-(ar)	(10)	書く
yazar	(6)	作家；Türk yazarları トルコ人作家たち
yazı	(2)	文字；文章；書き物
yazık	(1)	気の毒な；yazık ki.... 気の毒なことに...だ
yazıl-(ır)	(2)	書かれる；okula yazıl- 入学する
yazılı	(1)	文字の記された
ye-(r)	(6)	食べる；-den ye- ～（の一部）を食べる
yedir-(ir)	(1)	食べさせる
yeğle-(r)	(1)	より好む；X-i Y-e yeğle- X を Y より好む
yemek	(3)	食事、料理；Türk yemeği トルコ料理；yemek ye- 食事をとる
yemyeşil	(1)	ま緑の、みずみずしい
yen	(2)	円；yüz milyon yen 1億円
yeni	(17)	新しい；～したばかり、yeni doğmuş ～ 生まれたばかりの～
Yenice	(2)	イェニジェ（地名）Yenice Köyü イェニジェ村
yenil-(ir)	(1)	食べられる
yenilik	(1)	新しさ、新奇性
yepyeni	(1)	真新しい
yer	(23)	地面、土地、場所、所；her yerde いたる所で；-i yerine getir- ～を叶える；X-i Y yerine koy- X を Y と見なす；bir yerlerde どこかで
yerleş-(ir)	(1)	移り住む (-e)
yerleştir-(ir)	(2)	入れる、収める

yeryüzü	(5)	地表、地上
yeşil	(5)	緑の；yeşil ışık 青信号（← 緑信号）
yet-(er)	(2)	及ぶ；-e güç* yetme- ～には*の力が及ばない
yeterince	(1)	十分に
yetiş-(ir)	(2)	生える；追いつく；kendi kendilerine yetiş- 自生する；ardından yetiş- あとから追いつく
yıka-(r)	(3)	洗う
yıkan-(ır)	(1)	洗われる
yıl	(9)	年；geçen yıl 去年；bu yıl 今年；binlerce yıldır .... 何千年にも渡ってずっと ..... だ；son yıllarda 近年；1990 yılları 1990年代
yine	(7)	ふたたび
yirmi	(1)	20
yiyecek	(1)	食べ物
yoğunlaş-(ır)	(1)	厳しくなる、深刻化する
yok	(13)	ない；-i yok et- ～を処分する；yok ol- なくなる、消える；-den haberim yoktu 私は～を知らなかった
yoksa	(3)	そうでなければ；いなければ
yoksul	(1)	貧しい
yol	(16)	道；方法；yol kenarında 道端で；X-e yol aç- X を引き起こす；okula gitmenin yolları 学校へ通う方法；yol* -e düş- *が～へ赴く；anket yoluyla アンケートによって
yontu	(1)	彫刻
yontuculuk	(1)	彫刻（作品）
yorgunluk	(1)	疲れ
yor-(ar)	(1)	疲れさせる；kafa yor- よく考える、熟考する
yön	(3)	方向；olumlu yönde 肯定的な方向で；olumsuz yönde 否定的な方向で

yönlü	(1)	方向をもった；çok yönlü 多面性を帯びた
yudum	(1)	ひと飲み；bir yudum temiz su 一口の澄んだ水
yumul-(ur)	(1)	顔を伏せる
yumurta	(1)	卵
yurt	(5)	祖国、国；yurt sevgisi 国を愛する気持ち
yüksek	(2)	高い
yüksel-(ir)	(1)	（高らかに）鳴り響く；上昇する
yün	(1)	（羊）毛
yürü-(r)	(2)	歩く
yüz	(9)	100；yüzlerce 数百の、何百もの
yüz	(3)	表面；顔；su yüzünde 水面で；güler yüzle 笑顔で
yüz- (er)	(1)	泳ぐ
yüzyıl	(3)	世紀

<z, Z>

zafer	(1)	勝利、戦勝；Zafer Bayramı 戦勝記念日（バイラム）
zaman	(20)	時、時間、時代；ne zaman いつ；hiçbir zaman 決して...ない；her zaman いつも；-diği* zaman 〜した時；-diği* bir zamanda 〜したある時には；eve gitme zamanı gel- 家に帰る時間が来る
zarar	(2)	害
zararlı	(1)	有害な；sağlığa zararlı ol- 健康に有害となる
zaten	(1)	実は、もともと
zengin	(3)	豊かな、豊富な
zerrecik	(1)	微粒
zevk(-ki)	(2)	喜び、好み
Zeynep	(3)	ゼイネプ（名・女）
zeytin	(1)	オリーブ

zıpla-(r)	(1)	飛び跳ねる
zıvır	(1)	がらくた（→ ıvır zıvır のセット表現で）
zil	(1)	ベル
ziyaret(-ti)	(2)	訪問；見舞い；-i ziyarette git- 〜を見舞い［訪問］に行く
zor	(3)	困難な；-e zor gel- 〜には困難に思われる；-mek zorunda kal- 〜しなければならない
zorla-(r)	(1)	強制する；-meye zorla- 〜 しようと強制する
zorluk	(1)	困難、苦労；-mek konusunda zorluk çek- 〜するのに苦労する［困難を覚える］
Zübeyde	(1)	ズゥベイデ（名・女）

［付録］＜頻度順語彙リスト＞

　以下は［語彙集］に収録された語彙を出現頻度の高いものから低いもの（ただし、2回以上）へと並べたものである。表示に際して、1）「頻度数」、2）「見出し語（アルファベット順）」、3）「語義」（一部表示）の順で並べ、各項目をスペースの制約および煩雑さを避けることを考慮して1行表示にまとめた。当然ながら、この頻度順語彙リストがトルコ語語彙全体の頻度を完全に反映しているとは言えないが、意欲的なトルコ語学習者にとって語彙の習得およびその確認の一助になれば幸いである。

(149)	bir	1；ある～；bir şeyler 何か；bir daha ....
(95)	ol-(ur)	なる；成り立つ；～である；起こる；-miş ol-
(86)	bu	これ、それ；この、その；bundan sonra 今後
(79)	da/de	～しておきながら（接続詞）；～は（主題提起）
(68)	ve	そして；A と B（← A ve B）
(41)	çok	多くの；とても、大変；çok sayıda ～ 多くの～
(39)	de-(r)	～と言う；demektir 意味する；ne dersin?
(37)	gün	日；günümüzde 今日（こんにち）；günlerce
(34)	ben	私
	o	彼、彼女、それ；その、あの；o sırada その時
(33)	için	～にとって、～のために（後置詞）
(32)	okul	学校；okula devam et- 学校へ通う；okuldan
(29)	git-(der)	行く；戻る；eve gitme zamanı 帰宅する時間
	ne	何；どんな；ne zaman いつ；ne kadar どれほど
(28)	anne	母；anne ile baba 両親；Anneler Günü 母の日
(27)	kendi	自分自身（の/で）；kendi kendilerine yetiş-
	oku-(r)	読む、学ぶ

— 227 —

	yap-(ar)	する；作る；resimler yap- 絵を描く；geziler
(25)	gibi	～のように；～のような；～など；-diği* gibi
	her	毎～、各々の、全ての；her gün 毎日
(24)	mı/mi/mu/mü	疑問の助詞（～か？）；～ değil mi?
(23)	insan	人、人間、人類
	iste-(r)	望む、要求する；-mek iste- ～したいと思う
	sen	君、お前；senin gibi idim 私は君のようだった
	ver-(ir)	与える；戻す；geri ver- 返す；söz ver- 約束する
	yer	地面、土地、場所、所；her yerde いたる所で
(22)	et-(eder)	～する（複合動詞の一部）；merak et- 心配する
	gel-(ir)	来る；dile gel- 言葉を発する；akl*a gel-
	gör-(ür)	見る、見える；見なす
(21)	ev	家；evdekiler 家の人たち
	geç-(er)	（時間が）経過する；渡る、-den geç- ～を通る
	söyle-(r)	言う、話す；歌う；yalan söyle- 嘘をつく
(20)	çocuk	子供、児童
	iç	中、内、内心；iç açıcı ほっとさせる；içim dışım
	sonra	後；その後；～のあと（後置詞：-den）
	Türk	トルコ人、トルコ民族；トルコの（名詞扱い）
	zaman	時、時間、時代；ne zaman いつ；hiçbir zaman
(19)	çık-(ar)	出る；飛び出す；上がる、登る；～ ile çık-
	söz	言葉；約束：söz ver- 約束する（-e）；-den söz
(18)	arkadaş	友人、友達
(17)	bayram	バイラム、祝祭（日）
	ki	何と～だ（←驚き、強調）；その結果～だ
	onlar	彼ら、彼女ら、それら
	yeni	新しい；～したばかり、yeni doğmuş ～
(16)	al-(ır)	（受け/引き）取る、得る、つかむ、抱える、
	hiç	全く～ない、一つもない；hiç olmazsa
	kal-(ır)	残る、いる、滞在する、留まる；委ねられる

	sanat(-tı)	芸術、美術；技術、技法；okuma sanatı
	yol	道；方法；yol kenarında 道端で；X-e yol aç-
(15)	ama	しかし
	başla-(r)	始まる；～を始める (-e)
	bil-(ir)	知る
	daha	より一層～な；まだ；さらに；daha da ますます
	dünya	世界、地球；dünya barışı 世界平和；dünyada
	karşı	相手の；向かい（側）、直面、目の前；karşıya
	kitap	本；kitap dostu 本の愛好家
	sev-(er)	好む、愛する、気に入る、大切にする、
	ülke	国；ada ülkesi 島国
(14)	deniz	海
	doğru	～へ向かって（後置詞：-e）；まっすぐ（副詞）
	ile	～と（後置詞）（← A ile B「AとB」）
(13)	kar	雪；kar gibi beyaz 雪のように白い
	mektup	手紙
	neden	どうして、なぜ；理由；X-in -mesinin nedeni
	son	最後の；終わり；son yıllarda 近年
	yok	ない；-i yok et- ～を処分する；yok ol- なくなる
(12)	baba	父
	bak-(ar)	見る、診る；ほら (← bak!)
	biz	私たち；bizde 私たちの国［所］では
	en	最も；en çok ～ 最も多くの～；どんなに～でも
	hep(-pi)	いつも；全ての、hepiniz あなたたち全員
	kadar	～まで（後置詞：-e）、yarına kadar bekle-
	öğren-(ir)	習得する、学習する、学ぶ、知る
(11)	anla-(r)	わかる、理解する
	ayrıl-(ır)	立ち去る、別れる、離れる、退職する；逸れる
	bul-(ur)	見つける；～だと思う
	düşünce	考え、思考、思想、感情
	hava	気温、大気；天候；açık hava 野外
	hemen	すぐに；-den hemen sonra ～のすぐあと

	iyi	よく；よい；iyi yönde よい方向で
	kazan	大鍋；大釜
	kıyı	海岸；kıyı kenti 臨海都市
	trafik	交通；trafik polisi 交通警官、trafik kuralları
	var	ある、存在する；ne var ki.... しかし ....
	yan	そば；yan yana 横に並んで；-i bir yana bırak-
	yaşa-(r)	生きる、生活する；経験［体験］する；味わう
(10)	adam	男
	bilim	学問
	biri	～のうちの一つ［一人］（← -lerden biri）
	birlik	共同（作業）（← iş birliği）；birlikte 一緒に
	bütün	全ての～（複数名詞）、bütün mallar 全財産
	değil	～でない；A değil B → AではなくてB
	dinle-(r)	聴く
	fırıncı	パン屋（職人）
	güzel	美しい、素晴らしい
	hız	速度；hızlı hızlı 足早に；hızla［hızlı］急速に
	hiçbir	いかなる～も ... ない、全く ... でない；hiçbir şey
	Hiroşima	ヒロシマ（広島）；Hiroşimalar olmasın
	iki	2；ikimiz 私たち二人；her iki taraf 両者とも
	iş	仕事、事、作業；iş birliği yap- 共同作業をする
	nasıl	いかに、どのように；nasıl da 何と（← 驚き、
	roman	（長編）小説；Türk romanı トルコ小説
	su	水；yer altı suları 地下水
	yaz-(ar)	書く
(9)	açıl-(ır)	（学校、コンクールが）始まる；開校される
	anlat-(ır)	表現する；語る、話して聞かせる、説明する
	Atatürk	アタチュルク（姓）(Mustafa) Kemal
	baş	頭；身の上；baştan başa 全くの
	bazı	幾つかの、何らかの；bazıları 幾人かは
	benim	私の；私のもの
	bilgi	知識、情報
	bura*	ここ；buralara こんなところまで
	Cansu	ジャンス（名/男・<u>女</u>）

	diye	…と（答える、尋ねる、考える、叫ぶ、泣く…）
	doktor	医者；diş doktoru 歯医者
	duy-(ar)	聞く、聞こえる；感じる
	düşün-(ür)	考える、思う
	gir-(er)	入る；okula gir- 入学する；sınava gir-
	güneş	太陽
	kimse	人、者；誰も…ない（←否定表現で）
	komşu	隣人
	köy	村
	siz	あなた
	şey	もの、事；hiçbir şey 何も…ない（否定表現で）
	yıl	年；geçen yıl 去年；bu yıl 今年
	yüz	100；yüzlerce 数百の、何百もの
(8)	ağaç	木、樹木
	an	時、瞬間；her an いつ何時；şu anda 目下、今は
	ara	間、間隔；aradan それから
	bahçe	庭、校庭、公園；菜園、果樹園
	bana	私に
	başka	他の、異なった；başkası 他人
	birkaç	2〜3の、いくつかの（←後続名詞は"単数形"）
	dil	言語；dile gel- 言葉を発する
	Dilek(-ki)	ディレキ（名・女）
	dön-(er)	戻る、回る；（顔を）向ける
	güvercin	鳩
	hastalık	病気；hastalık yap- 病気を引き起こす
	karşılaş-(ır)	直面する、出くわす；〜 ile karşılaş-
	kazan-(ır)	勝つ、合格する；獲得する、儲ける
	konu	テーマ、事、話題、件；A konusunda
	koyun	羊
	köylü	村人
	kur-(ar)	建設する、樹立する、設立する、築く、組む
	oyna-(r)	遊ぶ、プレーする；oyun oyna-
	öl-(ür)	死ぬ；ölmüş 〜 亡き〜
	taraf	側、側面；方（面）；her iki taraf 両者とも

	üst(-tü)	上；üst üste 続けて；cadde üstündeki
	yarışma	コンテスト
(7)	ad	名前
	artık	もう、もはや
	az	少ない、わずかな
	bugün	今日（きょう、こんにち）；bugünlerde 最近
	Burcu	ブルジュ（名・女）
	büyük	大きい
	çeşit	種類；çeşit çeşit 様々な（← 複数名詞）
	dağ	山；karşı dağ 向かいの山
	ders	授業、科目；ders çalış- 勉強する；教訓
	diş	歯
	el	手；el ele ver- 協力する
	eski	古い、古代の、元～；eski muhtar 元村長
	getir-(ir)	持って［連れて］行く；持って［連れて］来る
	güç	力、力量；-e güç* yetme- ～には*の力が及ばな
	kilo	キロ（重量）；bir kilo yağ 1キロの油・脂
	kirlet-(ir)	汚す、汚染する
	orta	中央、あたり；ortada 明白である、ortaya çık-
	oyun	遊び、ゲーム；踊り；芝居；gölge oyunu
	önce	まず最初（は）；önceleri 最初は、当初は
	önem	重要さ；-e önem ver- ～を重視する
	resim(-smi)	絵画；写真
	sabah	朝；sabah erkenden 朝早く；sabahları
	ses	声、音、せせらぎ、さえずり
	şimdi	今；さあ、それでは；şimdiki 今の
	tane	粒；kar tanesi 雪片
	tarih	歴史；Türk İnkılâp Tarihi トルコ革命史
	tarihî	歴史的な、歴史的由緒ある；tarihî eserler
	taşıt(-tı)	乗物、車輛
	yine	ふたたび
(6)	abla	姉；ablamlar 私の姉の家（族）
	arka	後ろ、後方；satırların arkası 行間
	bizim	私たちの

— 232 —

	cadde	大通り；車道
	çalış-(ır)	動く；働く；努力する；ders çalış- 勉強する
	çevre	周囲；環境
	çöp(-pü)	ごみ
	ekmek	パン
	gerçek	真の、真実の、現実の；真相；gerçekten 実際に
	gerek-(ir)	必要となる、必要である；-me*/-mek gerekir
	hafta	週；trafik haftası 交通（安全）週間
	Hoca	ナスレッティン・ホジャ、Nasrettin Hoca
	iletişim	通信、コミュニケーション
	katıl-(ır)	参加する；賛同する；加えられる
	kullan-(ır)	使用する、用いる、利用する
	kültür	文化；教養
	rüzgâr	風
	sana	君に、お前に；sana güven- 君を信用する
	sıra	時；順番；bu sırada（ちょうど）その時；o sırada
	soru	質問、疑問；(試験) 問題；bu sorunun yanıtı
	şu	その（← 相手の注意を促して"ほら、その〜"）
	tam	完全な；まさに；tam olarak 完全に
	tartış-(ır)	議論［討論、検討］する
	turizm	観光；観光業；turizm cenneti 観光の楽園
	uzak	遠い；-den uzak kal- 〜から遠ざかっている
	yazar	作家；Türk yazarları トルコ人作家たち
	ye-(r)	食べる；-den ye- 〜（の一部）を食べる
(5)	aç-(ar)	（翼を）拡げる；（本を）開く
	akıl(-klı)	知恵；頭
	Ali	アリ（名・男）
	ancak	しかしながら、ただ；かろうじて
	belki	おそらく、たぶん
	bile	さえ、すら、でも
	birçok	多くの〜（← 後続名詞は"単数形"）
	çek-(er)	（歯を）抜く；引く；撮る；zorluk çek-
	çünkü	なぜなら
	dere	川

dost(-tu)	友人、友達；kitap dostu 本の愛好家
duygu	感じ、感情、感覚
eğitim	教育；İngilizce eğitimi 英語教育
eser	作品、建造物；tarihî eserler 歴史的建造物
fikir(-kri)	考え、思考、思想
gönder-(ir)	送る、人を遣る、(学校へ) 通わせる
göz	目；視線；göz kamaştırıcı 目もくらむような
hastahane	病院
insanlık	人類
ise	～は（どうかと言えば）
kabul(-lü)	受諾、承認；kabul et- 認める、受け入れる
karga	カラス
kent(-ti)	都市、町；eski kent 古代都市、tatil kenti
kişi	人；üç kişi 3人
komisyon	(教科書編纂) 委員会
konuşma	スピーチ、話すこと、会話
kork-(ar)	恐れる (-den)
kurul-(ur)	設立される、樹立される、築かれる
oğul (-ğlu)	息子、oğlum 私の息子、息子よ（← 呼びかけ）
öğretmen	先生、教師
ön	前；ön koşul 前提条件、第一条件
öyle	そうである、そのように；öyle ～ ki....
parça	切れ端、一部、一片
savaş	戦争；savaş gemisi 軍艦
sor-(ar)	求める；尋ねる；kazanı sor- 大鍋を求める
sür-(er)	続く；sürüp git- (ずっと) 続いていく
süre	期間；bir süre しばらく、一時期；kısa sürede
temiz	清潔な、澄んだ、汚染のない、美しい
top(-pu)	ボール；top oyna- ボール遊びをする
tüm	全ての (後続名詞は複数形)；全～
Türkçe	トルコ語
yağ	脂、油；バター
yalnız	一人で；ただ...だけ；孤独の；yalnız kal-
yanıt(-tı)	返答；yanıt ver- 答える
yaşam	生活、人生、生涯；günlük yaşamda 日常生活で

	yeryüzü	地表、地上
	yeşil	緑の；yeşil ışık 青信号（← 緑信号）
	yurt	祖国、国；yurt sevgisi 国を愛する気持ち
(4)	acı	痛み
	ağla-(r)	泣く
	alt(-tı)	下
	ayak	足；-i ayağa kaldır- ～を立ち上がらせる
	aynı	同じ、同一の
	barış	平和；dünya barışı 世界平和；barış dolu 平和な
	bekle-(r)	待つ
	bırak-(ır)	手放す；やめる；-i bir yana bırak- ～を除外する
	birbir*	それぞれ、お互い
	birden	急に、突然
	böylece	こんな風にして
	cıvıl	活発な；にぎやかな（← cıvıl cıvıl の形で）
	Cumhuriyet(-ti)	共和国、共和制
	çıkar-(ır)	脱がせる、引き出す、差し出す
	dal	枝；分野
	devlet(-ti)	国家
	doğ-(ar)	生まれる；yeni doğmuş ～ 生まれたばかりの～
	doğa	自然
	efendi	エフェンディ；～氏；諸君（演説での呼びかけ→
	evet	はい、その通りです
	fark	違い；-i fark et- ～に気づく；farkında ol-
	geliş-(ir)	発展する、進歩する；gelişmiş toplum 先進社会
	geri	元へ、後へ；geri ver- 返す；geri kalan kısım
	gez-(er)	～を旅行［見物］［見学］［散歩］する
	gezi	旅行、見物、観光、見学
	gölge	影、陰
	götür-(ür)	連れて行く、運んで行く；牽引する
	ilgili	～と関係した、～に関連した（～ ile）
	ilk	最初の；dünyada ilk kez 世界ではじめて
	incele-(r)	調べる、十分検討する、研究・調査する
	kaldırım	石段；歩道；yaya kaldırımları 歩道

— 235 —

kale	城（塞）
kapı	ドア；kapı açıl- ドアが開く；kapıyı çal-
kardeş	兄弟姉妹；親しい友人
kaybet-(-eder)	失う、損をする；(試験に) 失敗する
kedi	猫
kenar	そば
kız	娘；kızım 我が娘よ、君（← 女友達への呼びかけ）
kon-(ar)	舞い降りる、とまる
kullanıl-(ır)	使用される、用いられる、利用される
kural	規則、ルール；kurallara uy- 規則に従う
Mustafa	ムスタファ（名・男）Mustafa Kemal
mutlu	幸せな
nere*	どこ；neresi どこが；nereden olursa olsun
otur-(ur)	座る；-e otur- 〜へ座る
oysa	しかし
öğrenci	生徒、学生；öğrenci değişimi programı
öylesine	そのように、実に；öylesine 〜 ki.....
pencere	窓
saat(-ti)	時間、時刻；saat 8.16 olduğunda
sağla-(r)	確保する、得る；可能にする
sağlık	健康；保健
sevgi	愛、愛着；sevgilerimle 愛を込めて
sınıf	クラス、学年；グループ
sokak	通り、道路
şöyle	次のように、以下のように；şöyle de-
tart-(ar)	計る、計量する
tat	味；醍醐味；風味、rakı tadı ラクの風味
telefon	電話；telefonda 電話で；cep telefonu
temizle-(r)	清掃する
toprak	土地、土
turist(-ti)	旅行者
Türkiye	トルコ（国）；Türkiye seyahati トルコ旅行
ulus	国民、民族；ウルス（← アンカラの地区名）
uy-(ar)	従う、守る、則する (-e)
üzeri	上；〜について；A-nın üzerine Aの上へ

	veril-(ir)	与えられる
	yan-(ar)	（明かりが）灯る；燃える；yeşil ışık yan-
	yapıl-(ır)	なされる
	yararlan-(ır)	利用する（-den）
	yaş	年齢；on bir yaşındaki ben 11才の私
	yatılı	寄宿制の
(3)	açık	開いた；açık hava 野外；gözler* açık git-
	ait	〜に属す；〜のもの（後置詞：-e）
	Akdeniz	地中海
	alan	分野
	aman	何てこった！ そりゃ大変だ！ すごい！
	ansiklopedi	百科事典
	ara-(r)	探す
	araç	乗物；手段；araç gereç 機械・道具類
	araştırıl-(ır)	研究される
	araştırma	研究、調査
	atom	原子；atom bombası 原爆
	bağır-(ır)	叫ぶ
	bambaşka	全く異なった
	başarılı	成功裏の、実り多い、効果的な
	beş	5
	bilgin	学者
	bin	1,000
	binlerce	数千の、何千もの
	biraz	少し
	birtakım	何らかの、ひとかたまりの
	bitir-(ir)	枯渇させる；-i bitir- 〜を終える［仕上げる］
	bulun-(ur)	いる；-e katkıda bulun- 〜に貢献する
	bunca	これほど多くの
	büyü-(r)	大きくなる、高まる
	Cengiz	ジェンギズ（名・男）
	çal-(ar)	鳴る；ノックする；kapıyı çal-
	çalışma	仕事、活動；努力
	çektir-(ir)	（写真を）撮ってもらう／撮らせる

çoban	牧童、羊飼い
damla	しずく；bir damla su 一滴の水
dede	祖父、おじいちゃん
dergi	雑誌
dinleme	傾聴、聴くこと
dinlen-(ir)	休息する
doğal	自然の、自然な
doğur-(ur)	生む、産む
dolaş-(ır)	もつれる、引っかかる；見物する
dolu	～で満ちた（～ ile）；barış dolu 平和な
durum	状況、状態
düş-(er)	転げ落ちる；課される；yol* -e düş- ～へ赴く
eğlen-(ir)	楽しむ
ekonomik	経済的な；ekonomik kriz 経済危機
eksik	欠けた、劣った、不足の
Emine	エミネ（名・女）
ertesi	翌～；ertesi gün 翌日
gazete	新聞
gelecek	未来、将来
gelişme	発展、進歩
geliştir-(ir)	発展させる；育む
geliştiril-(ir)	発展させられる、進歩させられる
gençlik	若者、青年（層）
giysi	衣服
göre	～にしたがって、～によって（後置詞：-e）
güçlü	強い、力強い
gül-(er)	笑う、微笑む
güle	喜んで；güle oynaya 大喜びで；güle güle
güzellik	美しさ、素晴らしさ
haber	知らせ；兆し；-den haberim yoktu
hal/hâl(-li)	状態、状況
hayvan	動物
herkes	誰もが、みんな
ışık	明かり；yeşil ışık "緑信号" → 青信号
idi	～であった（連辞3人称単数）；idim

ilgi	興味［関心］、ilgi*i çek- ～の興味を引く
in-(er)	降りる
inan-(ır)	信じる（-e）
iri	大きな、iri iri gözler つぶらな瞳
İstanbul	イスタンブル
izle-(r)	眺める、見る、観る（-i）；dışarıyı izle-
Japon	日本人；日本の（名詞扱い）、Japon malları
kafa	頭；kafa yor- よく考える、kafa*a takıl-
kahvaltı	朝食；軽食
kaldır-(ır)	持ち上げる；立たせる、-i ayağa kaldır-
kanlı	流血の
Karabaş	カラバシュ（←犬の愛称"黒頭"）
karşıla-(r)	対応する、出迎える（-i）
kartal	ワシ
kaza	事故；trafik kazası 交通事故
kısım (-smı)	部分、一部
kimi	いくつかの；kimisi（そのうちの）ある者は
kolay	容易な、簡単な
korku	恐れ
koş-(ar)	走る；koşarcasına まるで走るかのように
koy-(ar)	入れる；A-i B yerine koy- AをBとみなす
kurtar-(ır)	救う
kurum	協会；Türk Dil Kurumu トルコ言語協会
kuşak	世代；kuşaklar boyu 何世代にも渡って
kutlan-(ır)	祝われる
marul	レタス
maydanoz	パセリ
müzik	音楽
Nami	ナーミ（名・男）
okuma	読書；学ぶこと
okuyucu	読者
olarak	～となって、～として；gram olarak
on	10
ora*	そこ
orman	森

önemli	重要な
örnek	模範（的な）；実例；örneğin 例えば
öykü	短編（小説）；物語
özellikle	とくに、とりわけ
özgürlük	自由
para	お金
pek	かなり；pek çok かなり多くの
reddet-(-eder)	拒否する
renk(-gi)	色
sakla-(r)	保存する
san-(ır)	思う、考える
sanatçı	芸術家
sanki	あたかも
santral(-li)	発電所；termik santral 火力発電所
satır	（文章の）行；satırların arkası 行間
Selânik	サロニカ（現ギリシア領テサロニキ）
sevinç	喜び；sevinçle 喜んで
sevinçli	喜んだ、嬉しい
sevindir-(ir)	喜ばせる
seyahat(-ti)	旅
seyret-(-eder)	見る；televizyon seyret- テレビを見る
sıcak	暑い；暑さ
sınav	試験；sınava gir- 試験を受ける；sınavı kaybet-
sonuç	結果
söylen-(ir)	つぶやく；言われる
tanı-(r)	知る、認識する
tarla	畑
taş	石
telaşlan-(ır)	慌てふためく
tepe	丘、丘陵
termik	熱の；termik santral 火力発電所
teyze	オバ（母方）
topla-(r)	集める
toplan-(ır)	集まる
toplum	社会

	Tuğçe	トゥーチェ（名・女）
	türlü	様々な、諸〜（後続名詞は複数形）
	uç-(ar)	飛ぶ、舞い上がる
	uçak	飛行機
	ulusal	国民の、民族の
	uzan-(ır)	横たわる、寝そべる、延びる
	uzun	長い；uzun uzun anlat- 長々と説明する
	üç(-çü)	3
	veya	あるいは
	ya	....だろ（←強調）
	yağmur	雨
	yanlış	間違った；間違い；yanlışlarla dolu
	yaralı	傷ついた；負傷者
	yarat-(ır)	創出する、作り出す
	yargıç	裁判官
	yaya	歩行者；yaya geçidi 横断歩道
	yemek	食事、料理；Türk yemeği トルコ料理
	yıka-(r)	洗う
	yoksa	そうでなければ、いなければ
	yön	方向；olumlu yönde 肯定的な方向で
	yüz	表面；顔；su yüzünde 水面で；güler yüzle
	yüzyıl	世紀
	zengin	豊かな、豊富な
	Zeynep	ゼイネプ（名・女）
	zor	困難な；-e zor gel- 〜には困難に思われる
(2)	acaba	〜だろうか？
	açı	観点；manevî açıdan 精神的に
	ağrı-(r)	痛む
	Ağustos	8月
	aile	家族、家庭
	akşam	夕方、晩
	aldat-(ır)	騙す
	amca	オジ（父方）
	anımsa-(r)	覚えている；思い出す

— 241 —

aniden	急に
anlam	意味；-le eş anlama gel- 〜と同じ意味になる
anlatıl-(ır)	語られる
ansızın	突然、急に
Antalya	アンタリヤ（地名；アンタリヤ県）
armağan	プレゼント、贈り物；armağan et-
art	後ろ；ardından yetiş- あとから追いつく
at-(ar)	捨てる
atık	廃棄物
atıl-(ır)	捨てられる、投下される
avaz	大声；avaz avaz bağır- 大声で叫ぶ
ay	月；1 aydan beri 1カ月前から
Aziz	アズィズ（名・男）Aziz NESİN
bakan	大臣
banka	銀行
bastır-(ır)	（寒さが）襲う；抱きしめる
başarı	成功
bazen	時には、時折；所々
belirt-(ir)	定義する；明らかにする
benze-(r)	真似る、似る（-e）
beri	〜以来（後置詞：-den）
beyaz	白い
biçim	形
bilgisayar	コンピュータ
bilimsel	学問の
birdenbire	急に、突然
birinci	第1番目の
bomba	爆弾；atom bombası 原爆
boşuna	いたずらに、無駄に
bölge	地域、所
böyle	こんな風（に）、このまま
buharlaş-(ır)	蒸発する
buluş	発明；発見
cep	ポケット；cep telefonu 携帯電話
çanta	カバン

çeşitli	様々な（← 複数名詞）
çevrili	囲まれた
çöplük	ごみ箱、ごみ捨て場
çukur	穴
dal-(ar)	潜る；陥る；uykuya dal- 眠り込む
danış-(ır)	相談する；-e akıl danış- ～に相談する
dava	訴え、訴訟
davet(-ti)	招待、招き
davranış	振る舞い
değiş-(ir)	変化する
delil	証拠；根拠
den-(ir)	言われる
deprem	地震
derin	深い
dış	外；içim dışım 私の身も心も
dışarı	外；dışarıda 外では；dışarıyı izle- 外を眺める
diğer	他の
dik-(er)	植える；gözlerini dik- 視線を向ける
dile-(r)	願う；-den özür dile- ～に詫びる
dilek	願い
dizanteri	赤痢
dostluk	友情、友好
Dr.	博士（称号；Doktora）
dur-(ur)	止まる
durmadan	絶えず；すぐさま
Düden	デュデン（地名；アンタリヤ県）Düden Şelâlesi
ebe	（遊び・ゲームでの）鬼
edebiyat(-tı)	文学；Türk edebiyatı トルコ文学
edil-(ir)	et- の受動形；kabul edil- 受け入れられる
edin-(ir)	得る
Ege	エーゲ（海）
eğer	もし～ならば
elli	50
Emin	エミン（名・男）Emin GÜNDÜZ
Eroğlu	エロール（姓）Hamza EROĞLU

es-(er)	（風が）吹く
eş	同じ、同一の；伴侶、妻もしくは夫
etkile-(r)	影響を及ぼす
fakat	しかし
fena	ひどい、いけない、ダメな
gece	夜
geçir-(ir)	（時を）過ごす
gelir	収入；gelir kaynağı 収入源
gemi	（大型）船；savaş gemisi 軍艦
gerek	必要な；必要性；Gelmene gerek yok.
gider-(ir)	取り除く
gök	空、上空
göm-(er)	埋める
görül-(ür)	見られる；uygun görül- 適切と見なされる
görün-(ür)	見える、思われる
görüntü	光景、景色
görüş	見方、見解、考え方
göster-(ir)	示す；saygı göster- 尊重する
gram	グラム（分銅）
günaydın	おはよう
günce	日記
günlük	日常の
hafif	軽い
hakkında	～に関して；Türkiye hakkında トルコに関して
haklı	（主張などが）正しい、正当な
Hamza	ハムザ（名・男）Hamza EROĞLU
hareket(-ti)	行動；出発；hareket et- 行動する；出発する
harika	最高の；すごい
hastane	病院（← hastahane）
hayır	いいえ
hayran	感心した；-e hayran kal- ［ol-］ ～に感心する
hem	AもBも（← hem A hem de B）
hitap	話しかけること；-e hitap et- ～に話しかける
hizmet(-ti)	貢献、奉仕；A'nın hizmetine sunul-
hoşgörü	寛大、寛容

iç-(er)	飲む；酒を飲む
inkılâp	革命
ishal(-li)	下痢、ishal ol- 下痢になる
istek	望み、願い；-mek isteğinde
işit-(ir)	聞く
iyice	十分（に）、かなり
iyileş-(ir)	よくなる、元気になる
iz	（傷）跡、足跡
kalabalık	人だかり、集団
kapıl-(ır)	～にとらわれる（-e）
Karadeniz	黒海
karar	決定、判断；karar ver- 決定する、判断を下す
karın (-rnı)	腹；karın* acık- 空腹を覚える、腹を空かせる
karış-(ır)	混乱する；混じる；cadde karış- 道路が混乱する
katkı	貢献；-e katkıda bulun- ～に貢献する
kavga	喧嘩
kavşak	交差点
kelebek	蝶々
Kemal(-li)	ケマル（名・男）Mustafa Kemal
kesil-(ir)	途切れる、なくなる；iştah* kesil-
kez	回、度；bir kez daha もう一度
kırk	40
kısa	短い
kızdır-(ır)	怒らせる
kim	誰；her kim olursa olsun 誰であろうとも
kişisel	個人的な
koca	大きな；koca koca 巨大な
kol	腕
koltuk	ひじ掛け椅子、（歯医者の）診察椅子
konuk	（訪問/招待）客
konuş-(ur)	話す、話しかける、話題にする
kopar-(ır)	ちぎり取る、もぎ取る
kopukluk	断絶
köpek	犬
köprü	橋

körfez	湾
köşe	隅；dört bir köşe 隅々
kötü	悪い
kulak	耳
kumar	ギャンブル
kuş	鳥
kutla-(r)	祝う
küçük	小さな
liman	港
mahalle	地区、街区
mal	財産；製品；bütün mallar 全財産
masal	昔話
merak(-kı)	心配、気がかり；興味；merak et- 心配する
milli	国民の；milli piyango çık- 宝クジが当たる
mutlaka	ぜひ、必ず
mutluluk	幸せ
müşteri	顧客
müze	博物館、美術館
Nedim	ネディム（名・男）
Nesin	ネスィン（姓）Aziz NESİN (1915-1995)
Nisan	4月
oda	部屋
okut-(ur)	学ばせる、学校へやる
olay	出来事；kanlı olay 流血の出来事［惨事］
olumlu	肯定的な、建設的な
Osmanlı	オスマン（人）；Osmanlı İmparatorluğu
otel	ホテル
ödünç	借りの；ödünç ver- 貸す
ölüm	死；ölüm döşeğindeyken 臨終のベッドで
ömür(-mrü)	人生、生涯；愉快な、ウイットに富んだ（人）
ören	遺跡、廃墟
özdeyiş	格言、金言
palmiye	椰子（樹木）
parasız	無料の；一文なしの；parasız kal-
pençe	（動物の）かぎ爪

Perge	ペルゲ（地名；アンタリヤ県）
peşin	前もっての；peşin yargılar 先入観
piyango	宝クジ；milli piyango bileti 宝クジ券
polis	警察官
Prof.	教授（← Profesör：称号）
program	予定；プログラム
rahat(-tı)	ほっとした；落ち着いて；rahat bir nefes
rahatlat-(ır)	リラックスさせる；安心させる
rakı	ラク（トルコの地酒）
rapor	報告書；hava raporu 天気予報
resmî	公的な；正規の
sabır (-brı)	辛抱、忍耐力
sadece	ただ....だけ、単に...だけ
sahil	海岸、浜辺
sahip	所有者；A hakkında bilgi sahibi ol-
saniye	秒
sat-(ar)	売る
say-(ar)	数える；見なす
saye	お陰；A sayesinde A のお陰で
sayı	数；çok sayıda A（← 単数名詞）多くの A
sayıl-(ır)	見なされる
sekiz	8
seksen	80
selam/selâm	挨拶
sert	厳格な；(酒が) 強烈な
serüven	冒険
sevgili	親愛なる；愛すべき
sevin-(ir)	喜ぶ
Seyfettin	セイフェッティン（名・男）
seyret-(eder)	見る；televizyon seyret- テレビを見る
sık	しばしば（← sık sık）
sıkı	しっかりと
soğu-(r)	寒くなる、冷え込む
soğuk	寒い；寒さ
sok-(ar)	入れる；近づける

sunul-(ur)	提供される；-in hizmetine sunul-
sürü	群
süt(-tü)	ミルク
şaşır-(ır)	驚く（-e）、うろたえる（-i）
şaşkınlık	戸惑い
şelâle	滝
Şemsi	シェムスィ（名・男）Şemsi Efendi
tartışma	議論、討論
tatil	休暇；yaz tatili 夏休み
tatlı	ぽかぽかと（← tatlı tatlı）
taze	新鮮な；taze soğan 青ネギ
tedavi	治療
tehlike	危険、危機
tek	唯一の；bir tek たった一つの
teker	一人ずつ（← teker teker）
teklif	提案
televizyon	テレビ
temizlen-(ir)	清掃される
tereyağı	バター
tertemiz	真新しい；tertemiz defter 真新しいノート
titre-(r)	震える
tiyatro	劇場；演劇
ufuk(-fku)	地平線；水平線；視界
unut-(ur)	忘れる；unutup git- 忘れ去る
uygarlaş-(ır)	文明化する
uygun	適切な；uygun görül- 適切だと見なされる
uyu-(r)	眠る
uzay	宇宙
ünlü	有名な
üzere	間際；-mek üzere- 連辞　今にも〜するところ
üzül-(ür)	悲しむ
yak-(ar)	燃やす、焼く；（明かりを）灯す
yakala-(r)	つかむ、つかまえる
yakın	近い
yaklaş-(ır)	近づく

yalan	嘘；yalan söyle- 嘘をつく
yanak	頬（ほほ）；iki yanağımdan öp-
yara-(r)	役立つ、資する（-e）
yargı	判断
yarı	半ば〜；yarı su, yarı buhar halinde
yarım	半〜；yarım saat 半時間
yaşan-(ır)	経験される；住める、yaşanacak hal
yavaşça	そっと、ゆっくりと
yaz	夏；yazları 夏場（副詞）；yaz tatili 夏休み
yazı	文字；文章；書き物
yazıl-(ır)	書かれる；okula yazıl- 入学する
yen	円；yüz milyon yen 1億円
Yenice	イェニジェ（地名）Yenice Köyü イェニジェ村
yerleştir-(ir)	入れる、収める
yet-(er)	及ぶ；güç* yetme- 〜には*の力が及ばない
yetiş-(ir)	生える；追いつく；kendi kendilerine yetiş-
yüksek	高い
yürü-(r)	歩く
zarar	害
zevk(-ki)	喜び、好み
ziyaret(-ti)	訪問；見舞い；-i ziyarette git-

著者紹介

勝田　茂［かつだ・しげる］大阪外国語大学教授（トルコ語学・文学）

目録進呈　落丁本・乱丁本はお取替えいたします。

平成19年9月10日　　©第1版発行

中級トルコ語　読解と応用作文	著者　勝田　茂
	発行者　佐藤政人
	発行所
	株式会社　大学書林
	東京都文京区小石川4丁目7番4号
	振替口座　00120-8-43740
	電話　(03)3812-6281〜3
	郵便番号　112-0002

ISBN978-4-475-01882-1　TMプランニング・横山印刷・牧製本

大学書林
語学参考書

著者	書名	判型	頁数
勝田 茂 著	トルコ語文法読本	Ａ５判	312頁
勝田 茂 著	オスマン語文法読本	Ａ５判	280頁
勝田 茂／アイシェシン・エムレ 著	トルコ語を話しましょう	Ｂ６判	144頁
竹内和夫／勝田 茂 訳注	トルコ民話選	Ｂ６判	234頁
竹内和夫 著	トルコ語辞典（改訂増補版）	Ａ５判	832頁
竹内和夫 著	日本語トルコ語辞典	Ａ５判	864頁
竹内和夫 著	トルコ語辞典（ポケット版）	新書判	544頁
水野美奈子 著	全訳中級トルコ語読本	Ａ５判	184頁
松谷浩尚 著	中級トルコ語詳解	Ａ５判	278頁
竹内和夫 編	トルコ語基礎1500語	新書判	152頁
松谷浩尚 編	トルコ語分類単語集	新書判	384頁
水野美奈子 著	トルコ語会話練習帳	新書判	238頁
林 徹／アイデン・ヤマンラール 著	トルコ語会話の知識	Ａ５判	304頁
松長 昭 著	アゼルバイジャン語文法入門	Ａ５判	256頁
松谷浩尚 編	アゼルバイジャン語会話練習帳	新書判	168頁
竹内和夫 編	現代ウイグル語基礎1500語	新書判	172頁
小沢重男 著	現代モンゴル語辞典（改訂増補版）	Ａ５判	976頁
小沢重男 著	モンゴル語の話	Ｂ６判	158頁
小沢重男 著	蒙古語文語文法講義	Ａ５判	336頁
津曲敏郎 著	満洲語入門20講	Ｂ６判	176頁
池田哲郎 著	アルタイ語のはなし	Ａ５判	256頁

―目録進呈―